国学与社会核心价值观微课平台建设——MBA 学院人文素养模块
"课程思政"课堂创新(YJG2018113)

MBA、MPM 浙商本土案例 Ⅲ

乜 标　程兆谦 主编

浙江工商大学出版社|杭州
ZHEJIANG GONGSHANG UNIVERSITY PRESS

图书在版编目(CIP)数据

MBA、MPM 浙商本土案例. III / 乜标,程兆谦主编.
—杭州:浙江工商大学出版社,2019.6
ISBN 978-7-5178-2960-7

Ⅰ. ①M… Ⅱ. ①乜… ②程… Ⅲ. ①工商行政管理—
案例—浙江 Ⅳ. ①F123.82

中国版本图书馆 CIP 数据核字(2018)第 206971 号

MBA、MPM 浙商本土案例 III

MBA、MPM ZHESHANG BENTU ANLI III

乜　标　程兆谦　主编

责任编辑	吴岳婷
封面设计	许寅华
责任印制	包建辉
出版发行	浙江工商大学出版社
	(杭州市教工路 198 号　邮政编码 310012)
	(E-mail:zjgsupress@163.com)
	(网址:http://www.zjgsupress.com)
	电话:0571-88904980,88831806(传真)
排　　版	杭州朝曦图文设计有限公司
印　　刷	杭州恒力通印务有限公司
开　　本	710mm×1000mm　1/16
印　　张	17
字　　数	315 千
版印次	2019 年 6 月第 1 版　2019 年 6 月第 1 次印刷
书　　号	ISBN 978-7-5178-2960-7
定　　价	49.00 元

浙江工商大学出版社营销部邮购电话　0571-88904970

本教材是以下项目的成果：

· 浙江省特色国际化高校建设成果(项目编号：2016TSGJ0103)

· 浙江省示范性中外合作办学项目建设成果(项目编号：2017HZSF0105)

· 浙江工商大学高教项目"网网交互作用视角下中外合作办学项目培养模式创新研究：以 MPM 为例"建设成果(项目编号：XGY17055)

· 浙江工商大学 MBA 学院项目管理与组织战略研究所研究成果(项目编号：2018XMZZ0102)

序 吾辈当矢志创新创业

吾辈当矢志创新创业。商贾之道，奇正相生。奇者，因时而变、推陈出新；正者，脚踏实地，一往直前。浙商走遍千山万水、道尽千言万语、想尽千方百计、尝尽千辛万苦，走出敢为人先创新路，写下坚忍不拔创业篇。创新无止境、创业无穷期。历史眷顾坚定者、奋进者、搏击者，不等待犹豫者、懈怠者、畏难者。新时代，吾辈当坚守创业之心、永葆创新之志，坚定信心、奋发图强，先人一步、快人一拍、居安思危、永不懈怠。唯此，方无愧名扬天下商帮之称号。

——引自"第四届世界浙商大会《浙商宣言》

"吾辈当矢志创新创业"，既是新时代浙商发展的宣言，也是这个时代的最强音。中国经济发展到今日，制度创新、技术进步以及企业家创业成为其发展内在的动力，这样的动力让中国始终具备持续发展的态势和能力。回顾过去十年，恰逢互联网、物联网、云计算等新技术走向成熟，掀起了第四次产业革命，为创业和创新提供了层出不穷的机会，也成就了中国经济的活力。

当然，在中国经济的另一部分，那些按照传统模式经营的行业与企业，遇到了很大的问题。大批企业或关闭、停产，或迁移内陆，远走国外。所以，关于中国经济、中国企业，有"一半是海水，一半是火焰"之说。如果企业不想坠入海水，而是希望凤凰涅槃的话，创新的精神、创业（再创业）的欲望和能力可以说是唯一的途径。

须略做辨别的是，创新和创业听起来很接近，但又有不同。创新的重点是"新"，新的原材料、新工艺、新技术、新产品、新的组织和管理方式等等，多种多样。在这本案例集中，我们就看到了温州石化施行的管理创新，它不仅取得良好

1

的经济效果,还让企业变得"温暖"起来;亚朵酒店的服务创新,将酒店与文化(读书、摄影)密切结合,并引入 O2O、众筹等方式,激活了酒店客户所掌握的资源,创造了新的商业模式。将 IT 系统引入组织,为业务赋能,其实也是一种创新,成为其与同类企业竞争的厉害武器。

创业的重点是"业",一般是指开办一家新企业。很多创业没什么创新,但我们的确更希望看到以某种创新为核心开展的创业,这才是高水平的创业。如果成功的话,不仅能为自己带来利润,也意味着为社会增加了新的、独特的价值。从更高层面来看,这样的创业利于整个商业生态多样性的提升,错位竞争,差异生存,善莫大焉。案例集中提到的亚朵、云树,都有如此渊源,顺势而生,也成就了独特的自己。

现在创业还有一个新的趋势,就是一家老公司也可以创业的心态开辟新的业务,称为公司创业——当然很多时候称其为转型。坦白说,"创业"的"创"更能反映其中的勇气、探索的意味。纸指天下案例中的雾美隐地、上佰电商及其合作伙伴美的,就不乏这样的勇气,勇于尝试、敏于学习,走出了一条新的发展路径。

浙江工商大学 MBA 学院始终将"创新创业伙伴、事业成长平台"作为自身发展的使命,而且也在不断通过自身的努力加以践行,其中扎根浙江本土的案例教学就是其中颇有成效的举措之一。作为浙江省重点建设大学优势特色专业之一的工商管理学科,为 MBA 学院案例挖掘的理论深度、实践导向和社会服务效果起到了强有力的支撑,10 篇全国百篇优秀案例以及浙江省中外合作示范项目体现出 MBA 学院在案例教学中孜孜不倦、深耕细作的努力。

2017 年浙江工商大学 MBA 学院先后获得中国高质量 MBA 教育认证(CAMEA)以及英国工商管理硕士学会认证(AMBA),正式跻身 MBA 教育高水平、国际化发展的新时期!

新时期、新征程、新起点!吾辈当矢志创新创业!创新创业,正当时!

MBA 学院院长　它标教授

于西子湖畔

2018 年 1 月 8 日

｜目　录｜

案例一　互联网创业

纸醉"巾"迷——"纸指天下"商业模式的迭代创新 / 丛国栋　江　辛

　　…………………………………………………………………… 003

安存,建立无纸化世界坐标 / 吴　波　邱　静 …………………… 018

案例二　"＋互联网"转型

李宁的电商战略:潜行与挑战 / 楼天阳 …………………………… 049

挚友是怎样炼成的:上佰电商的供应链协同之道 / 肖　迪　杨瑞星

　　胡玮玮 …………………………………………………………… 074

案例三　IT 赋能

不走寻常路:西子联合巧妙推进信息化建设 / 孙　元　贺圣君…… 103

正泰集团企业信息化建设之路 / 孙　元　朱亚丽　王　曼　姚迪琪

　　彭新敏 …………………………………………………………… 138

1

案例四　服务创新

不止是有温度:亚朵酒店的服务创新 / 肖　迪　郑麒棋　汪　峰

·· 155

"充分准备"行动:服务速度和个性化的提升与平衡 / 陈　觉　易开刚

·· 182

云树酒店:民宿改造的决策与创意之路 / 赵秀敏　林坚玮　童嘉颖

·· 209

案例五　管理创新

体验式管理:中国石化温州公司基层员工激励模式新探索 / 江　辛

温巧巧 ······································· 237

案例一　互联网创业

纸醉"巾"迷

——"纸指天下"商业模式的迭代创新①

　　摘　要:如何利用"互联网+"的国家战略机遇,破解传统行业的转型升级难题? 本案例呈现了雾隐公司如何成功实现了与移动互联网的对接,取得了良好的经济和社会效益。它的成功经验证明:传统行业的转型升级,必须从价值主张、目标客户、分销渠道、顾客关系、核心能力、价值结构、伙伴承诺、收入流和成本结构等方面进行全方位的重新思考,并以迭代的方式不断实行商业模式创新,实现企业的可持续发展和成长。本案例为企业如何利用移动互联网进行商业模式创新提供了借鉴。

　　关键词:商业模式创新　战略管理　价值网络理论

PART ONE　案例阅读

一、引言

　　2014 年 5 月,杭州动漫节现场。杭州雾隐美地传媒有限公司(以下简称"雾隐")为推广"纸指天下"项目,放置了一台免费领取纸巾的智能派发机(VEM)。这台机器外观可爱,很快吸引了众多家长和孩子的注意力,就在后面排起了长队。可惜人一多,二级的网络就无法及时跟上,纸巾领取的速度开始减缓,引起部分家长的抱怨。听到一线的报告,雾隐董事长张磊喜忧参半,因为这种现象正好折射了公司商业模式的矛盾,也是他迫切需要解决的问题。

---

　　①　1.本案例由浙江工商大学旅游与城市管理学院的丛国栋和工商管理学院的江辛撰写,作者拥有著作权中的署名权、修改权、改编权。2.本案例授权中国管理案例共享中心使用,中国管理案例共享中心享有复制权、修改权、发表权、发行权、信息网络传播权、改编权、汇编权和翻译权。3.由于企业保密的要求,在本案例中对有关名称、数据等做了必要的掩饰性处理。4.本案例只供课堂讨论之用,并无意暗示或说明某种管理行为是否有效。

雾隐和旗下公司拥有国家发明专利几十项,拥有全球最大的彩色纸巾生产基地,彩色纸巾通过了包括 FDA、SGS、SIAA 在内的多国食品和药品检测认证。公司在发展的最初三年,和众多纸巾企业一样,面向大众消费者,生产物美价廉的纸巾及周边产品,利用公司的彩色纸巾生产优势,并不断尝试降低成本、拓宽渠道的方法。然而纸巾生产厂家的爆发式增长和日益激烈的低价竞争,行业很快便陷入了茫茫红海。

身处一个传统产业,张磊尤其清晰地感受到来自各方面的压力:法律方面,环境保护的压力对整个造纸行业的生产方式提出了更高要求,本地很多企业被迫关停;市场方面,产品的差异化越来越难,消费者的个性化需求也被市场无限地放大;技术方面,移动互联网技术的飞速发展,也迫使企业自愿或非自愿的与客户、供应商等结成合作伙伴,改变了企业的营销和服务模式,产业的边界越来越模糊。张磊意识到:如果仍然依靠降低成本和通过产品的差异化来提高利润,无异于落水前的挣扎,迟早被市场淘汰。既然价值链上各利益相关方的关系格局已经迥异于从前,为什么不利用强大的纸巾生产技术,与移动互联网结合?更重要的是,张磊有一种强烈的价值使命感——希望通过本企业的创新,能为整个价值链实现"整体价值最大化"。因此,他开始了在业内很多人看来是"折腾"的商业模式创新历程。

二、创新第一阶段

张磊出身于传统行业,20 世纪 90 年代末他创立了一家主营日本家居用品的公司,2008 年开厂生产彩色纸巾。目前绍兴的工厂已是国内最大的彩色纸巾生产基地。从制造业跨界进入移动互联网,源于张磊为客户生产纸巾的一个发现:一个来自加拿大的 OEM 订单深深触动了他。一改过去的纯装饰性花样,客户要求在彩色纸巾上印刷商业信息图案:GQ 杂志、玛莎拉蒂、伏特加、黑莓手机分布纸上,这批瞄准男性用户的纸巾将投放到当地酒吧中。

2011 年,二维码的出现,让张磊眼前一亮:也许在纸巾上印刷二维码,可以另辟蹊径,创造一种新的产品形式。相对于书、扇子这些物品,纸巾的独特优势在于:不会让用户觉得携带麻烦,而且随时随地都会使用。有了二维码,纸巾已经不单纯是一张纸,而变成了信息载体,也是一个促销物料。

用户扫描纸巾上的二维码,二维码入口连接商家与用户,直接导入商家页面;进入后有客服互动通道,或者在线达成交易。形象地说,在互联网时代,手机就是钥匙,二维码就像是一扇门,很多企业需要一个载体来呈现自己的"门",展示企业的信息。这种新颖的产品形式,受到了很多广告主的欢迎,广告投放迅速

图 1　游客免费领取的彩色纸巾

增长,公司效益也有了很大提高。这个模式的价值在于:一是将纸巾变成一个媒介,可以非常精准地把信息传递给用户;二是日常生活的互联网化,其实质是为商家创造和管理一个互联网的新的入口,或者整合多个入口。相应的,公司也演变成为一个终端消费者与广告主之间的中介,具备了平台的雏形。

如果说从前雾隐关注的焦点是如何让普通消费者喜爱自己的产品,现在则有了新的重点——在不断增加终端消费者的同时,竭尽全力拓展平台参与者。雾隐终端用户群的增长,进一步提高了广告主投放的积极性。这与门户网络、搜索引擎的模式类似,以巨大"流量"来吸引广告主。广告主就是价值链上典型的新参与者,也成为更大的收入源。

但发展中的问题也日益突出:一是产品推广遇到障碍,比如 2012 年试过通过宿舍管理员去发放纸巾,但是没有效果,数据也无法收集,反馈也做不出来——广告主不满意的是:一是看不到到底发没发,效果到底如何?二是那个时候二维码也有很多人不会也不习惯扫,印上的二维码纯粹成了点缀;三是很多人担心不卫生,并不接受彩色纸巾,尤其是印刷了二维码的纸巾。公司被迫请来NEC技术人员,经过多次技术改进,使纸巾使用起来更卫生更便利,才逐步获得了更多用户的认同。

三、创新第二阶段

现在扫码泛滥,许多扫码的场景并不符合实际情况,二维码扫码率极低已成业内共识。考虑纸巾的使用场景,张磊首先想到的是做酒类广告,投放到餐厅。进一步思考,张磊发现,这样做纸巾实际到达用户的数量将难以计量,投放也许会使从餐厅老板到厨师家都不用再买纸巾,用户点成本太高。张磊因此将眼光放到了户外。

由雾隐联合杭州旅游委员会(以下简称"杭州旅委")、文广集团于2013年9月推出了智能派发机(VEM)。杭州旅委看重的是公司强大的生产能力和市场推广能力,在纸巾上印刷了杭州西湖等主要风景名胜的信息。因为这种方式增加了了解杭州风景名胜的渠道,所以也得到了政策支持。因为可以免费为市民提供纸巾,且不定期会派送一些公益类主题的纸巾,为此被杭州市相关部门列为公益项目,他们在地铁站、火车站、校园等公共场所对其投放的终端机并不收取渠道费。借此东风,雾隐在地铁、机构、学校、影院、楼宇等公共场所投放了更多VEM,让消费者能够自主、便捷地拿到免费二维码彩色纸巾。纸巾上除了旅游二维码,还印有商家品牌及活动信息。

为了让用户使用更加便捷,公司也开发了"纸指天下"APP。"纸指天下"是一款具备领取免费纸巾、扫描二维码、获取资讯和在线互动等功能的APP,而旅游纸巾正是免费纸巾中的一类。用户可以通过这个APP附带的二维码扫描功能,扫描纸巾上的二维码接入网络,获得更多信息,如浏览视频、下载游戏、导航、做市场调查等,使线下二维码纸巾新媒体与线上移动智能手机屏充分结合,从而进行精准传播,实现用户与商家的即时互动。由于这一方式充分利用了消费者在等车、乘车、餐馆等上菜以及上卫生间等碎片时间,在随身携带的纸巾上实现了网络接入功能,为广告主创造了一个更方便和贴近眼球的广告传播渠道。旅游后,游客将纸巾带走作为留念,随时随地扫码欣赏美景、购买特色产品,还可通过纸指天下APP将旅游资讯分享到社交网络。对游客来说,旅游纸巾就像一位多功能贴身导游。

除了给游客和商家带来便利,它也为城市打造惠民形象。彰显了城市管理者的人性关怀和便民意识,有助于建立友好、温馨、智慧的城市形象;同时也有助于旅游城市整合本地资源,用更加人性化的方式引导游客,并为新的旅游规划提供参考。很多游客自发宣传杭州四个免费:"免费租赁自行车,免费wifi,免费游5A景区西湖,免费提供纸巾!"进一步提升了杭州的城市形象和旅游吸引力。

目前,雾隐已经在杭州等地的100多个场所设立了250台免费领取纸巾的VEM终端机,覆盖的人群数量约200万,有25万人成为其APP的注册用户,每天有2万人领取纸巾,纸巾扫码率为10%以上。随着VEM的推广,吸引了更多的广告客户,包括龙湖地产等多家知名企业。其中有一家客户通过用户扫描纸巾上的二维码,其宣传视频在3天内得到了8万余人的访问量。

图 2　"纸指天下"APP 界面

含有10个广告信息的纸巾,其投入产出比很高,依靠广告费用,甚至在生产之前就已经有了利润。而且,一台成本价为2万元的终端机的研发与投放,也可以为公司带来边际效应,譬如它的屏幕、机身及语音提示都可以产生商业价值。

这种模式的优点在于:VEM拓宽了市场渠道,移动互联的通道顺利打开;用户主动获取免费产品,广告派送没有变成一种骚扰;广告摆脱了传统媒介的限制,在移动端甚至云端可以完成广告投放,因而得到了更广阔的宣传空间和更大的信息传播量。这个"一云多媒"的概念:通过注册APP的用户获得云数据,基于此为客户进行精准的分众营销,营销的手法则包括了平面、视频、语音、内容分享等,相当于结合了传统与新媒体属性的媒介表现形式。

但是,公司也发现了模式的明显缺点:纸巾APP成为一级入口,纸巾上的二维码作为二级入口。这种两次入口并未考虑用户需求的特点;客户是否选用二级入口进入商家的平台并不可控,转化率也不高,商家广告效果不理想;而且,模式中最大的缺陷是用户对产品没有黏性,客户没有转换成本,容易流失。因此,商业模式的缺陷成为隐患,公司的发展势头并不能够一直持续。面对"纸指天下"发展进入了减缓期的现实,公司管理层开始了积极的思考和探索。

四、路在何方

回顾几年来的商业模式创新,张磊是欣慰的:自 2011 年开始的二维码纸巾,逐步培养了用户扫一扫的习惯,公司也成为国内市场上 O2O 的领先公司。更重要的是,目前公司"四加一"的市场推广模式已经成熟:

会展模式,面向低端人群,比如动漫节,优点是能获得庞大的数据信息,公司通过数据可以收集哪些人是经常到这些场所的;机场模式,面向商务人士,纸巾上的内容附带商业广告,以商务精英感兴趣的内容为主,包括车子、房子、酒类和旅游等方面信息;定制模式,面向政府、银行等企业,合作开发生产专用纸巾,或者在纸巾上印刷指定信息;CRM(客户关系管理)模式,面向高端人群,把顾客培育成会重复购买,目前已经有 5.5 万户高端用户的免费送达。推广方式是与物业分成,让物业直接入户,覆盖了几家大开发商在杭州的很多高端楼盘。这些直接发到住户家里的纸巾,上面的二维码广告内容也是量身定制,主要是高端客户感兴趣的汽车、银行、旅游、留学等,也取得了很好的广告效果和商业价值。此外,也获得了社会的认可:2014 年 6 月底,经过专家实地走访打分和读者网上投票两个环节,杭州雾隐美地传媒有限公司摘得首个"爬山虎·企明星成长计划"的"月明星"称号。

但是,面对移动互联世界中如火如荼的商业模式创新,张磊认为:商业模式一定要基于数据。信息社会的商业原则,就是在合适的时间、合适的地点,用合适的方法给合适的人。他认为公司近几年的成功,主要是以渠道创新为突破引领的商业模式迭代创新。可否主动优化价值主张、目标客户、顾客关系、核心能力和成本结构的更多要素,实现商业模式的更多迭代和创新? 为此,他和团队进行了多种尝试。

1. 移动纸巾社区

他首先研究了如何将这些模式引入大学,因为杭州的几个大学园区有巨大的发展潜力。受到微信的启发,他尝试通过建立移动纸巾社区的方式,让纸巾从目前的媒介升级成为社交载体,主要是基于如下考虑:在现有模式中,免费彩色纸巾的吸引力足够保证用户对一级入口的忠实度。而二级入口才是将用户引入移动互联的关键,因此完善后的模式应该在二级入口处对用户建立起强连接。主要方法是:基于本地化、生活化,实行社区实名制,加强互动模式,并强化O2O。线上部分,以现有 APP 为载体,通过在"纸指天下"APP 首页中加入"魅纸"这一社区模块实现社区与原有 APP 领纸模式对接,用积分作为最初载入点,建立完备的积分机制,实现社区对已有模式的嫁接。线下部分则打造线下真实社区网络,面向年轻人中的活跃群体,如社团、创业团队及拥有各类特长的人,以餐饮类优惠券等方式,为他们创造交流的空间和资源,保证他们参加线下社区活动的积极性。也可以考虑群组化发展,根据不同群组的特征人群来进行主题沙龙活动,如沙龙、茶话会、旅游等。

这种社区模式可以预期的好处在于:增强社区活跃度,吸引客户的持续参与,逐步增加对客户的黏性。以此为基础,获取用户数据资源,从而来实现初步的客户和商家的双向需求对接。如果进展顺利,未来可以发挥品牌效益,扩展产业链,渗透到客户生活的方方面面,包括衣食住行、兼职及二手交易等相关市场。同时对产业链加强整合,通过与产业链上下游企业建立战略联盟,实施纵向一体化,从而挖掘更大的潜在价值。

但是,最大的问题在于:即使不用纸巾,客户已经因为很多圈子而疲于奔命,为什么要加入纸巾的圈子? 而这个问题几乎是致命的。

2. O2O 突围

2013 年 8 月 8 日,中国首家二维码网购体验中心"跑码场"杭州地铁凤起路站旗舰店和 2 号店同时开张。"跑码场"与以往的 O2O 模式最大的不同就是顾客先线下体验,满意后再通过扫描商家二维码进行线上交易,所以它是一种反向的 O2O。它以地铁密集人群为其 C 端用户,旨在解决"网店线下引流和消化库存再引流"的问题,立志打造成任何网店卖家都可以临时使用的线下引流平台。

"跑码场"分为 A 区和 B 区,A 区是网购产品展示区,主要展示网购平台中的一些"爆款",可以让消费者看到产品实物再放心网购。每件产品旁边都有二维码,用智能手机扫描二维码快速链接到对应网站进行下单支付,后台会直接送到家。B 区则是清仓特卖区,这里的商品可以直接付款购买。每天基本都有 50家左右的网店在这里线下引流,清仓,推爆款。他们的目标是:通过线下与线上的互动,给顾客带来全新的体验,也提高卖家的资金周转率,实现多方互赢。可惜的是,效果目前也不理想。

图3 "跑码场"杭州地铁凤起路站旗舰店布局图

3.游戏模式

采用积分驱动的方式一层一层深化,纸上玩游戏赚来的金币可以换取现实的东西。用户领取纸巾的数量并非没有限制。每一个用手机号码注册纸指天下APP的用户,一个月可以免费领取的纸巾数量为 5 包。用户如果想领取更多数量的纸巾,则需要通过扫描二维码在微信朋友圈、微博等网络平台上分享其打开的页面内容,赚取积分兑换纸巾。比如 2013 推出的参与♯晒纸巾赢金币♯话题,在新浪微博上晒出自己领到的免费纸巾和心情,关注并@纸指天下 和您的三位微博好友,即可获得 100 个亮闪闪的金币! 转发量超过 8 还可额外获得188 个金币哦! 本活动 10 月 31 号之前有效,每周一统计发放奖励。张磊最初的本意是限定用户免费领取数量,但之后他发现通过用户在社交网络的分享成倍地放大了信息传播的价值。

4.将纸巾升级成为一个媒体平台

考虑推出以纸巾紧密关联的产品或服务,比如在 APP 中增加功能,或者推出专门的公众号,向订户推送与家居生活有关的文章,在公众号做大之后可以吸引风险投资,打造专门的媒体平台,再实现更多种类的商业价值。

五、结语

对于很多造纸企业而言,转型升级已经到了迫在眉睫的地步,但大多数企业并不知道如何实现这一美好而遥远的梦想。雾隐公司通过在产品上增加的二维码功能,将传统的纸巾变成了促销物料,成功实现了与移动互联网的对接,取得了良好的经济和社会效益。它的成功经验证明:传统行业的转型升级,必须突破单纯的产品思维,而要从价值主张、目标客户、分销渠道、顾客关系、核心能力、价值结构、伙伴承诺、收入流和成本结构等方面进行全方位的重新思考,并以迭代的方式不断实行商业模式创新。尤其是在"互联网＋"的国家战略机遇背景下,企业必须探索以商业模式创新带动企业管理和技术创新的途径,才能充分利用这一历史性战略机遇,实现企业的可持续发展和成长。

它近期的多次和多种尝试,目前尚未有明确的成功信号,也从另一个侧面证明了商业模式创新的艰难。但任何企业不能因此而失去创新的勇气和动力,反而要在风险可控的前提下,进行更多的借鉴、总结和探索,否则会难以发展,甚至影响到生存。

Wonderful Road Beyond Tissues—the Iterative Innovation of Business Model by a Tissue Factory

(School of Tourism and City Management, School of Business Administration, ZheJiang GongShang University, Hangzhou, 310012, China)

Abstract: How to take advantage of the 'Internet ＋' national strategic opportunity, and resolve the dilemma of the transformation and upgrading in traditional industries? This case presents how a tissue manufacturing enterprise successfully embraced the mobile Internet, and achieved excellent economic and social benefits. Its successful experience has shown that, the transformation and upgrading of traditional industries, must take rethinking about a full range of factors, including the value proposition, target customers, distribution channels, customer relationships, core competence, value structure, partners' commitment, revenue streams and cost structure, and so on. Only after the reconstruction of the value galaxy, and constantly execute the iterative innovation on the business model, will the sustainable development and growth of enterprises be realized. The case provided the reference for the enterprise how to exercise the business model innovation with the mobile Internet.

Key words: Business Model Innovation; Strategy Management; Value Network theory

PART TWO　案例使用说明

一、教学目的与用途

1.本案例可用于"管理学"或"战略管理"课程的商业模式创新部分。它讲述的是雾隐公司通过在产品上增加的二维码功能,将传统的纸巾变成了促销物料,成功实现了与移动互联网的对接,取得了良好的经济和社会效益。它的成功经验证明:传统行业的转型升级,必须突破单纯的产品思维,而要从价值主张、目标客户、分销渠道、顾客关系、核心能力、价值结构、伙伴承诺、收入流和成本结构等方面进行全方位的重新思考,并以迭代的方式不断实行商业模式创新。尤其是在"互联网+"的国家战略机遇背景下,企业必须探索以商业模式创新带动企业管理和技术创新的途径,才能充分利用这一历史性战略机遇,实现企业的可持续发展和成长。分析这些商业模式的迭代创新过程和移动互联网之间如何相互影响以及价值网络要素如何重构是这个案例的两个基本框架。

2.本案例的教学目的是通过如何利用移动互联网技术来分析和重构价值网络要素,来更深入、更全面地理解商业模式创新理论和实践这一战略管理的核心领域。我们希望借这个案例来探讨以下问题:面对"互联网+"的国家战略机遇,如何破解传统行业的转型升级难题?凭借先进的移动互联网技术,到底价值网络要素能否重构?重构的方式如何?并思考一个根本问题:商业模式创新如何引领管理和技术创新?显然,这是一个非常值得探讨的、重要的核心问题。

二、启发思考题

1.阶段一和阶段二分别属于哪种创新模式?主要针对价值网络的哪些要素进行了重构?

2.拓展信息内容的收费通道是否可行?

3.深化定制模式的方法有哪些?

4.根据商业模式创新的五种主要方式,该企业还可以考虑哪些方式的商业模式创新?

5.新的模式应当突出哪些特征?

三、分析思路

教师可以根据自己的教学目标(目的)来灵活使用本案例。这里提出本案例的分析思路,仅供参考。对案例的分析应由问题来引导:

1.阶段一:第三方市场下的企业商业模式创新。主要是价值主张、目标客户、分销渠道、核心能力、价值结构、收入流和成本结构。阶段二:逆向收入源推动企业商业模式创新。主要是价值主张、目标客户、分销渠道、核心能力、价值结构、收入流和成本结构。

2.可行。基本思路是拓展信息内容的收费通道。除广告商之外,随着网络经营者和顾客日益接受"信息内容有价"的观点,通过将新闻和数据等内容打包向其他网站或公司销售。

3.深化定制模式,实行差别定价。比如为房地产开发商定制纸巾,享受定制服务的客户可以得到专属产品开发、投放等便利,上面的广告体现更大的针对性:小区活动、新盘推介、业主群,等等。甚至鼓励开发商也拉广告,印刷在纸巾上,为开发商创造新的利润增长源。个人用户如果加入会员,也可享受纸巾定制,比如在纸巾盒子上印刷"×××专用"或指定图片等。也可引入车联网概念,在纸盒上安装定位芯片,创造另一个利润增长来源。游客游览到某个景点,免费领取的纸巾上印刷的是周边的全面信息,如餐饮等,为游客提供更大便利。

4.主要是组合价值让渡推动企业商业模式创新。通过结盟等方式联合更多参与者和更多产品,不断调整和扩增产品系列,向目标顾客提供满足其需求的产品组合。比如,可与开发商、超市、社区、网站等所有已经或者希望拥有大量会员的组织联合,将纸巾与这些组织的主导产品相结合,创造组合价值。

5.新颖,指创造新的交易结构、交易内容、交易参与者等;效率指新增模块融入率高,融入速度快,融入成本低等;连接,指顾客有较高的转换成本,具有正向网络效应,有用户黏性;效益,指可推广性强,或高实践性。

四、理论依据及分析

1.价值网络理论

这些不同类型的参与者,通过相互之间的业务合作关系,建立起直接或间接联系,互为依存、彼此联动构成了一个复杂的利益共同体,形成了企业间的价值星(Value Galaxy),即价值网络。价值网络形成过程是:企业以价值模块(是价值链中一组可以为企业带来特定产出能力要素的集合,是构成价值链的基本价值元素,这些价值元素是基于一定的资源基础,如知识、资产或流程等)为单位开始分解,分解后的价值模块又开始按照新的规则组合在一起,原有产业链逐渐开始纵向延伸,形成新的价值链。随后又进行横向扩展,形成了价值网络。最大限度满足顾客需求和使顾客价值最大化,便成了价值网络实现整体价值最大化的首要目标。

受竞争压力与技术变迁的推动,网络组织的价值创造逻辑呈现颠覆性变化:顾客价值创造与企业价值实现的分离。这种分离导致许多企业即使实现了顾客价值最大化也未必产生收入,尤其面对互联网的免费经济趋势,企业只有重构价值网络、拓展新的收入源才能实现盈利并保证商业模式的稳定性。

2. 价值网络的重构内容

企业商业模式的创新是一个不断重新解构并重构价值网络以实现参与者各方价值的过程,甚至是对现有价值网络的颠覆性创新和重组。

价值网络的重构内容包括:一是改变交易内容,调整参与者或产品、服务及知识组合,如引入新参与者或新的增值产品等;二是改变交易结构,重新定义参与者在网络中的角色和功能,如顾客分类模式和第三方市场模式;三是改变交易方式,变革参与者之间的价值交换关系,如逆向收入源。企业商业模式创新可以是其中任一方面的创新,也可以是多种创新路径的融合。

从价值网络的重构过程来看,顾客价值创造与企业价值实现并不是单维的链式交易过程,而是由多个参与者、多条价值链的交互作用构成的多维交易。价值创造与价值实现必须兼顾。企业能否将流量转化为收入的关键在于:是否能够多方位发掘企业收入来源及实现可能性。因此必须贯彻"单点突破、单链贯通、多链整合"的战略原则,提高原目标顾客与新用户群的互动支持效应,以及主导产品与附加产品之间的关联功能开发等。

3. 商业模式创新的五种主要方式

(1)逆向收入源推动企业商业模式创新。这种模式创新的特点是在不改变网络参与者的情况下,改变企业自身的网络定位和价值交易的收费通道。将传统上向买方收费的方式转为向卖方收费。收入通道的选择通常与市场结构和买卖双方的市场势力有关。

(2)第三方市场下的企业商业模式创新。这种模式创新的主要内容是拓展网络参与者,在价值网络中引入全新的迥异于原顾客群的新参与者,由他们承载收入源功能。该模式的显著特点是将两个或几个截然不同的用户群联结为一个网络,不同用户群之间通常是互相关联并协同支持的,焦点企业承担"平台"作用,通过适当的从各方收取费用使双边(或多边)保留在平台上。该模式也被称为"双边市场"模式,一般来说,一组参与者加入平台的收益取决于加入该平台的另一组参与者的数量。

（3）组合价值让渡推动企业商业模式创新。这种模式创新的主要内容是：通过结盟等方式联合更多参与者和更多产品，不断调整和扩增产品系列，向目标顾客提供满足其需求的产品组合，以集成的一站式产品或服务增加对顾客的吸引力，并提供了更高价格空间、更大的灵活性，从而创造更多利润。

（4）附加产品/增值产品推动企业商业模式创新。这种模式创新是在主导产品/服务基础上，充分挖掘附加产品或增值产品的价值，通过主导产品与附加产品的策略性互补，实现商业模式的盈利稳定性。其本质是"以 A 产品吸引顾客，通过 B 产品赚钱"，因此也被称为直接交叉补贴模式。

（5）顾客分类实现企业商业模式创新。这种模式创新的特点是对顾客群进行分类，将顾客划分为付费用户和免费用户，实现以免费用户产生流量，以付费用户创造收入的目的。由于顾客需求价格弹性的不同，一部分顾客愿意为那些可以帮他们节省时间、降低风险、能赢得身份和地位的稀缺产品买单。而大量免费用户的增长往往有助于吸引付费用户，从而提高企业的获利可能性。

五、建议课堂计划

本案例可以作为专门的案例讨论课来进行。如下是按照时间进度提供的课堂计划建议，仅供参考。

整体课程时间控制在 135 分钟左右（三节课），具体安排如下：

课前计划：

提前一周发放案例，提出课后启发思考题，请学生在上课前完成阅读，并分组进行小组讨论，针对启发思考题进行案例分析，对策略选择进行决策，做好课堂分享的准备。

课中计划：

简要的课堂前言，明确主题（2—5 分钟），引出商业模式创新问题后，就结合案例材料提出相应的问题，引导学生进行案例分析：价值网络是怎样的一个网络？有哪些要素？（15 分钟）雾隐采用了哪些创新模式？还有没有其他可行的模式？各个模式的利弊是什么？（10 分钟）我们应该怎样来进行模式的选择决策？（30 分钟）据此，企业应该选择哪个模式？（20 分钟）价值网络重构有哪些内容？会给其商业模式带来什么影响？（10 分钟）据此，应该建立怎样的迭代过程？（15 分钟）根据这样的过程，企业应该采取什么具体模式？（15 分钟）从这一案例分析中我们可以得到什么启示？（5 分钟）

在商业模式创新效果分析和决策时，可以让各个小组陈述自己的模式选择，随机抽取选择不同模式或者新模式的一个小组作为代表,用 5 分钟时间阐述观点、理由以及分析思路。让学生了解同学们相互的看法,知道不同的思考角度及结论。

在提出问题引导学生进行案例分析时,教师的任务主要是在黑板中列出学生的分析结果,黑板计划如图 4 所示。

最后,老师进行归纳和总结,阐述"价值网络重构与商业模式创新"中应该重点考虑的关键因素,帮助学生进一步梳理在环境限制明显的条件下,如何选择适当的激励模式,总结这一类问题的解决思路和处理技巧。(10 分钟)

问题:如何进行商业模式创新?

● 价值网络是怎样的一个网络? 有哪些要素?
价值主张、目标客户、分销渠道、核心能力、价值结构、收入流和成本结构……

● 雾隐采用了哪些创新模式?
第三方市场;逆向收入源下的企业商业模式创新。

● 价值网络重构有什么特殊性?
价值网络的重构内容和过程应当协调。

● 从这一案例分析中我们可以得到什么启示?
传统行业的转型升级,必须对价值网络进行全方位的重新思考,并以迭代的方式不断实行商业模式创新,实现企业的可持续发展和成长。

图 4 黑板计划

课后计划:

如有必要,请学员采用报告形式给出更加具体的解决方法,包括具体的职责分工,为后续章节内容做好铺垫。

六、参考文献

[1] 王琴. 基于价值网络重构的企业商业模式创新[J]. 中国工业经济,2011(1):79—88.

[2] Prabakar Kothandaraman, David T. Wilson. The Future of Competition Value-Creating Networks[J]. Industrial Marketing Management. 2001,30(4).

[3] James F. Moore. Business Ecosystem and the View from the Firm[J]. Auti-trust Bulletin, 2006,51(1).

[4] [美]克里斯·安德森. 免费:商业的未来[M]. 蒋旭峰,冯斌,璩静,译. 北京:中信出

版社,2009.

　　[5] 凌晓东.企业价值网的形成于模式分析[J].世界科学,2007(8).

　　[6] 孟庆红,戴晓天,李仕明.价值网络的价值创造、锁定效应及其关系研究综述[J].管理评论,2011(12).

　　[7] 刘雪梅.联盟组合:价值创造与治理机制[J].中国工业经济,2012(6).

　　[8] 董必荣.基于价值网络的企业价值计量模式研究[J].中国工业经济,2012(1).

安存,建立无纸化世界坐标^①

　　摘　要:比尔·盖茨十多年前就预言,"20 年后人类将实现办公无纸化,未来机构或个人来往的资料都将以电子数据形式在电脑和网络中出现"。随着办公以及日常生活的无纸化推进,比尔·盖茨的预言已基本实现。1999 年《合同法》在法律上承认了电子数据作为一项法律证据的效力,然而直至 2008 年,中国的电子数据保全与证明领域仍然一片空白。随后,安存网络科技(以下简称安存)开启了互联网与法治相结合的跨界创新,8 年来,逐步为政府事业单位、法律、金融、通信、电商、互联网、医疗、媒体、消费者等提供全方位的电子数据保全与证明服务。开创新的市场需求以及无人争抢的市场空间是安存创业成功的关键。本案例为互联网+时代背景下企业如何识别创业机会、克服新进入缺陷提供了借鉴。

　　关键词:电子数据　保全与证明　创业机会

PART ONE　案例阅读

一、引言

　　2016 年 1 月 9 日,在首届互联网金融消费者权益保护工作经验交流暨颁奖典礼上,主持人介绍道:"有这样一家企业,它不做互联网金融,却让平台和消费者大受感动。它用一套电子数据存管与证明体系,明确了网上交易的权利和义务,让虚拟的电子数据变得可追溯、可证明、可信赖,让交易在阳光下运转。在整

---

　　① 1.本案例由浙江工商大学工商管理学院的吴波、邱静共同撰写,作者拥有著作权中的署名权、修改权、改编权。2.本案例授权中国管理案例共享中心使用,中国管理案例共享中心享有复制权、修改权、发表权、发行权、信息网络传播权、改编权、汇编权和翻译权。3.由于企业保密的要求,在本案例中对有关名称、数据等做了必要的掩饰性处理。4.本案例只供课堂讨论之用,并无意暗示或说明某种管理行为是否有效。

个行业陷入乱象的时候,它的出现,让消费者重拾信心,让行业重现清澈。消费者说,它保障了虚拟世界里的真金白银。平台说,它增强了平台的公信力……"

当主持人念到他的名字的时候,他平静地走上领奖台,缓缓地说:上天给了猎豹强壮身体的同时,也赋予它追逐的使命。猎豹了解自己的身体,也了解自己的使命。它知道自己为什么追逐,又为什么能追逐……

徐敏表示自己天生就是具有创新精神的人,对未来充满好奇,做律师时就喜欢创新的工作模式和管理思路。虽然律师工作已经让他功成名就,但他不要做一只"兔子"。

1. 像猎豹那样去追逐

2008 年夏天,与好友吴晓波的一次对话——"未来的产业非互联网化即死"——就像是按下了一个启动按钮,触发了他深深的思考。谈话结束的那晚,他辗转反侧。这个曾经软硬件不分的法律人,开始为互联网大潮的奔涌来袭而焦虑。他开始思考在未来世界里,有哪些问题是法律不能解决的。他就是杭州安存网络科技总裁——徐敏。这样的思考让徐敏毅然放弃了当时功成名就的律师工作,也转化成了徐敏创业的第一个切入点。

2008 年 9 月 18 日,安存凭借 500 万元的创业资金创立于三墩小镇咖啡屋地下室中:三个人、三台电脑、一个梦想。安存总裁徐敏说,"选择九一八这个特殊的日子,是希望以抗战的决心用八年的时间创立一个知识产权的创新中国互联网民族品牌"。刚开始创业的人,总是容易低估困难而高估前景。"我是搞法律出身的,所以我想到的第一个思路是:当互联网产生,法律上不能解决的问题有哪些?",然而基于这一想法开发的"债易网"和"时效宝"都失败了,反而是时效宝当中附带的赠送产品,比如可以为邮件来往数据存证的"公正邮箱"受到了欢迎。

创业就是这样,常常是有心栽花花不开,无心插柳柳成荫。徐敏由此联想到2006 年前后时,一些义乌小商品市场的商户通过 QQ、MSN、邮件接收订单,发生纠纷后需要把网络记录打印下来作为证据,但法院又认为无法证明从网上打印下来的过程中记录没有被篡改,因此不能作为证据采纳。"钱变成纸(欠条)到纸(欠条)变成钱,最终还是会变成钱和一堆电子数据的关系,电子数据的虚拟性成为最大问题。"安存从此开始摸索电子数据存储与证明的道路。

无独有偶,一场震惊世界的商标之战更加坚定了徐敏的选择。

2. 蚂蚁与大象的启示

2010 年 5 月,一起"大象与蚂蚁"的商标之争吸引了全世界的目光。

事件起于英国 IP 公司向中国台湾唯冠购买唯冠旗下 10 个 ipad 商标,包括深圳唯冠在中国注册的两个涉案 ipad 商标,并转卖给苹果公司。随后苹果公司要求深圳唯冠公司变更涉案 ipad 商标权属登记，遭到拒绝后，遂联合英国 IP 公司作为原告方上诉深圳唯冠。然而深圳唯冠对原告方提供的证据提出抗议，称原告方的核心证据《授权书》《协议》、35000 英镑之银行汇票及所谓的电子邮件发生在原告与中国台湾唯冠之间，与深圳唯冠无关，同时也不认可原告提供材料（均为电子数据）的真实性。最终"蚂蚁"打败了"大象"，并获得苹果支付的 6000 万美元以获得唯冠 ipad 商标在中国的所有权。

蚂蚁打败大象的结果，无疑给法律出身的徐敏打了一针"强心剂"。事实上，只有具备多年法律经验的人才知道，蚂蚁之所以能打败大象，其深层原因在于中美电子数据存储环境不同，当老美自信满满带着电子数据证据来到中国，中国法院却认为电子数据从"原件—下载—打印"过程中存在太多篡改可能，如果证明的内容对方不认可，就会导致其真实性无法确定，最终也就不能作为法院裁决认定事实的依据，也就不能形成证据。

3. 皮之不存，毛将焉附？

在 BAT 等网络巨头的引领下，各种平台和数据成为追捧的核心。网络犯罪、电子政务纠纷、电子商务纠纷、网络知识产权纠纷呈几何级数增长，无论这种纠纷采用何种方式解决，承载这些纠纷和信息的电子数据都是极其重要的证据形式。基于大数据时代下对电子数据证明这一形式的需要，电子数据证明作为一项法律证据形式呈现迫在眉睫。

虽然在 2012 年修改的《刑事诉讼法》和《民事诉讼法》中已明确将电子数据作为一种单独的法定证据形式做出了规定，也表明国家在立法层面已经明确电子数据的重要性，为电子数据证据应用提供了法律依据。然而，当电子数据需要作为法律证据呈现时，为了确保作为法律证据的电子数据的真实性，该电子数据必须是符合案件的实际情况客观产生的，并且没有被人为篡改过。现实是电子数据具有易变性、易改无痕、不易固化呈现和归档的特征，这三点与人民法院审理案件时，对证据的要求是相悖的。

公证似乎是一个很好的途径，但原始的公证需要前往公证处才能进行，鉴于电子数据（微信、QQ 等）发生时间的不确定性，这对需求者来说是极不方便的，公证处也因此似乎成为"摆设"。

这个痛点，如何解决？

对此，法官表示"有心无力"，一方面法官在这方面的技术知识积累不多，另一方面是互联网技术的发展日新月异；BAT 巨头以及网易等互联网平台倒是希望自己能够提供这样的服务，毕竟其自身就对电子数据存储与证明有着巨大的需求，如淘宝上的恶意差评事件，通过邮件传送的网络交易合同真实性判断等，但由于不具有法律意义上独立第三方身份，因此不能担任这样的角色。

那么谁来承担电子数据存储与证明这一大任？安存扛起了这面大旗。

4.天降大任

首先,安存按"三步走"战略打赢技术攻坚战。

在数据生成与创建阶段,同步实施"实时完整性备份",第一时间解决证据固化和保存问题;在数据传输与存储阶段,实施最高级别加密传输保护、公安部完整性鉴别、分布式云存储隔离和安全防护保障,保证数据实时同步备份过程及存储过程中没有被篡改;数据取证阶段,建立专用独立的公证取证通道,让公证机关直接进入数据库后台调取已备份保全的电子数据,并以公证书的形式对取证过程和电子数据内容进行直观呈现和形式固定,解决证据取得、法庭质证呈现及归档问题。

与此同时,安存的四大核心产品"安存语录、公证邮、无忧保全、无忧存证"也相继面世。

(1)安存语录

徐敏依然清晰记得安存语录面世的日子:2012年3月27日,此时距离他们调整方向,已过了将近3年。产品研发出来后,第一位C端客户(个人)很快找上门,"安存的产品唯有获得B端客户的认可,才会有更多的C端客户找上门",在徐敏的四处推广之下,第一位B端客户(企事业单位客户)出现了:竟然是一位相识的法院院长,他想要用安存语录作为办公工具。

徐敏蒙了,问这位院长:"你们法院不是有录音设备吗?而且法院的公信力这么强,你们怎么会需要这个?"法官告诉他,在某些情况下,法院也是"弱势群体",比如说面对媒体的时候。因为在法官与当事人的工作沟通中,也会有矛盾、冲突,需要录音证明他们的工作合理合法,不然如果其中有任何瑕疵被报道出来,他们会非常被动。而且法院自己录的内容,也可能受到怀疑,难以"自证清白"。

而安存语录最大的优势在于局端同步录音上传云端,确保录音从生成/创建——传输/存储——取得形成闭环,确保录音内容真实、完整,无法篡改,必要时可以呈堂作证,还可以直接与当地公证处依法获取公证书。有了安存这样的第三方运营商的原始数据,可证明他们的工作合理合法。法院采购后,在法律文书、传票的送达、电话核实证据、老赖的传唤、当事人与法官的纠纷等多方面都用上了"安存语录"。

在安存语录产品发布会之后,阿里巴巴时任法务总监的俞思瑛告诉徐敏,淘宝上的卖家,长期受"职业差评师"敲诈、勒索,对方期待能够借安存语录来帮助解决恶意差评师的问题。安存语录确实可以成为对付恶意差评师的利器,但前提是要覆盖全国的移动、联通、电信运营商。这样无论双方使用何种网络,恶意差评师只要接起电话，被叫号码就可与购物时留存在网站上的号码进行比对。然而，第一版安存语录只局限于浙江电信用户。为了打通全国运营商，安存科技又整整花了 8 个月。

在这期间，为了打消运营商和主管部门对侵犯用户隐私的顾虑，徐敏——这个曾经的律师从宪法和电信条例出发反复解释，厘清通讯自由和用户隐私的边界。

2012 年 11 月 27 日，"安存语录 2.0 版"终于得以落地。各互联网金融平台，百度、腾讯、淘宝三大互联网巨头都纷纷找安存合作。有了安存之后，卖家提交的聊天记录、录音法院可以大胆采信。"差评师"再也不敢没事找事牟取私利。安存也成了淘宝官方唯一认可的第三方语音维权工具，被 600 万卖家誉为差评师克星。

2016 年 7 月，浙江省温州市发生一起民间借贷纠纷案件（民间借贷涉及的借贷双方往往是熟人关系，为顾及情面不写借据或只留下"口头借条"的情况屡见不鲜，一旦一方要耍赖不还钱，出借人很难举出具有说服力和法律效应的证据），人民法院通过安存语录送达法律文书被确认有效，这意味着安存语录应用又一判例被法院认可。

（2）公正邮

2014 年 4 月，博恩集团董事长熊新翔跟徐敏说："除了录音以及聊天记录之外，其实邮件市场也会很大。"熊新翔的一席话为徐敏提供了一个新的思路。徐敏回去就开始做这一块，仅三个月就和网易签了合同，开展了这项业务。如今，安存公正邮成了他们的主要业务之一。

公正邮是安存联合网易推出的全球首个电子邮件保全及公证解决方案，它能为 6.5 亿邮箱用户发送邮件保驾护航，其应用的领域也非常广泛，包括网络消费维权、律师服务、商务贸易纠纷、维护知识产权、客户服务纠纷、劳动合同纠纷。

公正邮的存在引发了邮件保全高潮，被誉为中国互联网法制史上里程碑式事件。为外贸邮件出具的涉外公证书已经能覆盖全世界 200 多个国家和地区。还发明了全世界第一个仲裁邮，在 168 个国家具有法律约束力。同年，安存成立其在全国范围内的第一家控股子公司广州智存科技，专门负责公正邮等相关业务。

（3）无忧保全

2013 年 11 月，浙江省高级人民法院知识产权庭庭长周根才，率领各城区二十多位知识产权庭庭长来安存考察，指示安存要加大网页证据保全的研发工作。法律出身的徐敏十分清楚，网页证据作为法律证据必须具备发生时间权威、信息存储安全、数据传送完整以及服务专业这四个特点。

针对这四个问题，首先，无忧保全采取中科院国家授时中心标准时间源，这就能够权威证明数据产生的时间,进而固化电子数据,杜绝电子数据内容和签署时间被伪造和篡改的可能,解决电子数据产生的时间证明的问题;第二,所有用户信息经国家密码局核定的密码器加密,以确保原创作品数据完整有效性及传输安全性;第三,所有同步云端数据通过公安部标准完整性鉴别,从而确保用户原创作品数据的同一性和原始完整性;最后,核心团队拥有 20 年知识产权法律服务及 IT 研发专业经验沉淀,作为全球领先的电子数据证明领军品牌,团队自创业以来一直注重与法院、律师、公证、反盗版等法律机构合作,这就确保了无忧保全能够为用户提供安全有保障的司法公证服务。

历时 9 个月,2014 年 8 月 1 日,无忧保全 2.0 版正式上线。无忧保全是知识产权保护生态链构建及整体服务平台,是全球首个一站式网页抓取存证及自主知识产权备案平台,目前已实现 24 小时自动抓取 100 万个网页,平均每小时自动抓取 4.4 万个网页。有了这款软件,网络写手们再也不用担心自己辛苦码字的成果被剽窃后维权无门。截至 2015 年 12 月底,平台原创作品保全量达500 多万件,合作伙伴为百度、华为、新浪、中兴、解放军报、链家地产、晋江等。

(4)无忧存证

随着互联网金融的快速发展,其缺乏有效监管、诚信体系不健全、技术架构不完善等问题也逐渐暴露。金融数据安全问题是互联网金融行业亟待解决的大问题。

2015 年,互联网金融行业迎来了爆发式发展,其金融数据安全问题相比2014 年增长 181.9%。"一边是各种平台如雨后春笋般出现,而另一边却又是一个又一个平台跑路"。中国人民银行金融信息中心信息安全部主任指出,"目前中国互联网金融安全环境不容乐观,可以说已经到了亟待解决、刻不容缓的地步"。

2015 年 2 月 10 日,国内首个互联网金融数据保全平台"无忧存证"上线,无忧存证致力于保障虚拟世界里的真金白银。它的出现预示着中国迈出了互联网金融平台投资者持有债权具备司法权益的第一步。

"无忧存证"可满足多样化电子协议、凭证等保全需求,覆盖银行、信托、券商、众筹、P2P、交易所,是唯一一家被银监会备案且有真实案例的数据存证服务商。在 P2P 行业数据存证处于行业龙头位置,行业排名第一。截至 2015 年 12月底,签约平台达 100 多家,涵盖用户数超 1000 万。客户覆盖微众银行、铜板街、微贷网、浙金网等,互联网金融保全交易达 2000 多亿元,有了无忧存证,一些非法骗钱跑路的 P2P 公司将无所遁形。

无忧存证这种"实时保全+云端存储+公证处出公证书"的模式对于保障投资人的合法权益,让投资者放心,净化整个行业的环境有着非常深远的意义。

图 1　安存主要产品截图

5.柳暗花明

然而,安存在成长的路上并不总是一帆风顺。

2011 年,就在开拓全国市场之时,创业三年没有一分钱收入的安存资金链几近断裂,三个月发不出工资。此时徐敏已将别墅抵押,倾尽全部身家,形势危殆。身患糖尿病的母亲从徐敏妹妹处得知消息,颤颤巍巍地将做血透的五万元塞到他手里。"我从 19 岁起没有拿过家里一分钱,老太太也根本不明白我在干什么,但这五万块钱是一个母亲对孩子的爱,我没有拒绝。"五万元对当时的安存无异于杯水车薪。

在安存形式危殆之际,锦江集团的借款成为徐敏的最后一丝希望。然而,对方甚至没问他借钱干什么,就爽快答应借出 300 万元。并约次日商谈具体借款事宜。彻夜未眠,次日,徐敏很早来到了锦江集团,心里很担心会不会出什么变故,而当锦江集团看过徐敏对安存科技产品的演示后,当即表示愿意转化为一笔天使投资,不在乎占多少股份。

对徐敏来说,这一路上总是柳暗花明。

2013 年,就在徐敏打造出一整套系统之后,雄心勃勃,但在寻找投资时却屡屡受挫。大多数风投关心的是:你这个模式美国有没有?因为无论百度也好,腾讯也好,淘宝也好,都不同程度借鉴了国外同行。风投们一听到徐敏这套东西美国还没有,便失去了兴趣。再加上安存的业务非常专业,法律应用比较多,没有一个人愿意投资。

"自己引以为傲的产品没有人愿意投资",绝望之际,徐敏在重庆的一位朋友告诉他,投资猪八戒的重庆博恩集团董事长熊新翔,听到了他的产品很感兴趣,请他来重庆聊一聊。熊新翔在谈一个类似项目,正在构思阶段,不承想安存科技已经走上市场了,熊新翔很兴奋。

2014 年 1 月 1 日,徐敏飞到了重庆。徐敏说,"熊新翔是第一个认识到项目价值的投资人,见面还不到 48 个小时,熊新翔就把 500 万元款打到了账上"。

6. 涅槃重生

2013 年 10 月 18 日,律师出身的徐敏在"第二届中国互联网创新与知识产权保护高峰论坛"上做了一个题为《云计算下电子数据证据存管及解决方案》的主题演讲。同为演讲嘉宾的阿里巴巴 CTO 王坚称其是"古今中外都未被应用和实施的一项创意"。

"很多创新不为美国人所知,事实上仅宏观地认为中国互联网领域的创新都是复制美国市场,这是不公允的。"微信第一大户"小道消息"的运营者冯大辉说。

的确,这是一个全新的领域,安存是全球最早开始做电子数据存证的公司。当产品推出市场后,几乎所有的企业都感受到自己需要这样一款产品,安存的产品对于他们来说就像自来水,虽然基础常用,价格便宜,但不可或缺。

博恩集团董事长、易一天使创始人熊新翔回答说:"2014 年第一次投资安存,就是因为自己相信随着互联网渗透至各行各业,电子数据存证将产生巨大的价值,是未来无法阻挡的趋势。苦熬多年,安存科技终于等到了属于自己的风口,要适时迎风起飞了。"在这位曾经投资猪八戒的投资人看来,安存所做的事情,将成为国家基础建设和中国互联网基础建设的一部分。

2016 年 10 月 30 日,易一天使继 2014 年 500 万元的天使轮投资之后对安存进行 2 亿元的 A＋轮投资。本次融资完成后,安存估值 30 亿元。

同样是跨界互联网和法律,安存为什么可以拿 2 亿元,毕竟在互联网法律这个行业,能拿到 2000 万元融资都很难,寥寥无几⋯⋯

"因为安存证明了,电子数据存证是刚需,甚至在未来,是社会的必需,是人人的必需",面对记者的疑问,徐敏的回答掷地有声,"市场上一直流行着一句话,说法律需求是偶发性、低频次需求,只有打官司了,才想到请律师、搜集证据,但是一辈子能有几场官司在身?但是在我们看来,法律需求并不等同于打官司,打官司并不是最终的目标。快速、有效地解决纠纷才是法律的本质,电子数据存证恰恰可以做到这一点"。

安存前瞻性的技术和实践也引起了美国创新学者的关注。2015 年 12 月 20 日,硅谷精神领袖、《硅谷百年史》作者皮埃罗・斯加鲁菲曾经做出过这样的评价:"来到安存后,我看到了互联网企业的复制病正在被治愈。电子数据存证技术十分具有创新意义,相信数据存证技术的应用前景会越来越好。"

经过近 8 年的成长,这家专注于大数据云存储与证明,创造全新价值的互联网公司——安存科技已服务于三大电信运营商、BAT 巨头、28 个省(市、区)750 多个地区的法院、260 多个地区公证处以及各类媒体等,并屡获业内好评和奖励:2013 年最具有投资潜力的中国浙商企业、浙江十佳金融创新企业;2015 年中国成长型品牌 500 强、中诚信"品牌指数 5A"、最值得期待创业公司 30 强。

7. 栉风沐雨，砥砺前行

(1) 修炼"真善美"

徐敏称，安存的成长经历了很多的周折、磨难，安存的现在与吴晓波、宗佩民、吴伯凡、熊新翔、钭正刚等许许多多人的帮助是分不开的。这些雪中送炭的贵人，给了徐敏最及时的帮助，回想往事，徐敏仍难自抑，动容不已。"没有他们就没有现在的安存。现在是安存回馈社会的时候了"。因此，安存一直致力于为各行业打造良性的生态圈。

正是体会到贵人相帮的难能可贵，如今，徐敏也希望能够成为很多创业者的贵人，奉献自己的一份心力。他与吴晓波成立了一个公益基金会，旗下有"荷塘小学"，学员都是掌管 30 人以上企业的 CEO 或高管，他们 3 年近 20 万学费全免。徐敏说，"荷塘小学可能培育不了湖畔大学那样很牛的企业家，我们希望培育的是企业家精神，让他们回归本真和发心，而不是只顾赚钱。"

泰嘉·安存创新创业工场是徐敏与泰嘉集团共同开创的助创孵化模式，在这里，为创业者提供 3000 平方米的免费办公场所，同时资助企业 10 万—20 万费用，不求回报，只是希望他们在有能力时帮助别人。

徐敏说，"安存的价值观是'真善美'。我们的产品追求的是'真'，做荷塘小学和创新工场追求的是'善'，有了真和善，怎能不美？"

(2) 从机构来

安存科技在创业之初试图构建的理念是：与公安部、中国电信及阿里云等部门和机构合作，同时保证公证机构的介入，从电子数据的生命周期寻找答案。作为一个全新的领域，法院、公证机构以及 BAT 巨头等的认可能够确保安存更好地被市场认可。目前，安存已经与阿里巴巴、网易、腾讯、百度、新浪、最高人民法院、中国移动、中国电信、中国联通等权威机构建立全方位、多层次的合作，其合作伙伴横跨政府事业单位、法律、金融、通信、电商、互联网、医疗、媒体。

(3) 到群众中去

《中国互联网络发展状况统计报告》显示，截至 2016 年 6 月，中国网民规模已经达到 7.10 亿。按照最保守的估计，每个网民每天有 10 条电子数据存证的需求，安存每天的存证需求总量就将达到 71 亿条。

目前安存的客户 95% 以上来自机构，而未来安存将着力拓展 C 端客户（个体消费者市场）。

2015 年安存联合微信、支付宝与公证处分别推出相应的微信/支付宝公证服务，这个服务能解决出国留学、涉港澳台业务、探亲旅游、定居移民、商务劳务等公证难问题，并提供预约和办证进度查询业务，如人们只要打开支付宝"城市服务"内的"公证服务"，就可以随时随地预约或申办出生、亲属关系、学历等公证事项。2016 年 3 月 10 日,安存科技开发出"见证 APP"联合《青年时报》开展 3.15"维权见证,爆料必有奖"活动,向全国消费者征集各类维权线索。无论是欠钱的,骗钱的,赖账的,假冒的,任何被侵权的遭遇,只要属实,都可以随时找"见证"投诉曝光,"见证 APP"将联合新闻媒体及法律维权机构为消费者维权,及时曝光不良商家。这些都是安存走向 C 端客户的重要一步。

(4)电子法官

安存科技的估值从 2014 年 1 月的 1 亿迅速增长到了 2016 年的 30 亿。但熊新翔对安存的期望还不只如此。熊新翔投资奇虎的时候,A 轮估值过了 100 亿,辅导猪八戒的时候是 C 轮估值过 100 亿,他现在的目标是帮助一家企业在 B 轮就估值过 100 亿,希望在安存这里实现。

对此,徐敏信心满满,其实已经有机构给过百亿估值了。但在他心里,公司在估值之外,还有更远大的目标:创造世界首个"电子法官"。

"当电子数据世界技术+法律安全环境的底层架构建设完成,当电子数据都可追溯、可证明,互联网世界的纠纷,就可以通过机器的自动实现,瞬间达到最公平、正义的裁判。"徐敏说,"未来一个法官一天解决一万个纠纷,也未尝不可。"

这个目标是基于一个判断:通常信用卡、借款一类的案件,是非常格式化的,90%以上的合同、文书都高度相似。目前法官判案,一年 300 个案件已经是极限。未来在机器的帮助下,一名法官一年可能办 10000 件案。如果电子法官能实现,一来提高了效率,二来减少了人的情感、利益等各种干扰,更加公平公正。这将是安存的长远目标。

可以预见,安存必将掀起信息革命时代的新浪潮。正如吴伯凡所言:整个宇宙是无序的,人们将地球作为坐标和参照物,于是有了东南西北,宇宙因此变得有序。整个数据世界也是无序的,安存就是数据世界里的坐标和参照物。

An Cun, Establish a Coordinates in a Paperless World

Abstract：Many years ago，Bill Gates predicted that mankind will work in a paperless world. Organizational or personal dealings in the future will be in the form of electronic data，appearing in computers and Internet in 20 years. With advancement of the more paperless business and daily life，Bill Gates' prediction has been basically realized. However，it was not until 1999 in contract law that China legally admitted the effectiveness of the electronic data as a legal evidence，but electronic data preservation and provement is still a blank in China until 2008. Subsequently，An Cun combines Internet and law innovatively. Within eight years，An Cun gradually provide a full range of service of electronic data's preservation and provement for government and institutions of law，finance，telecommunications，electricity，Internet，healthcare，media，consumers. Opening the new demand and the market space with no competition is the key to the success of An Cun. This case provides a reference for how to identify opportunities of business and resolve the liability of newness successfully under the background of Internet.

Key words：Electronic Data；Preservation and Proof；Identify opportunities of Business

附　录

安存四大核心产品

产品名称	提供服务	使用次数
公证邮	邮件证据	已使用 11968557897 次
无忧存证	网页证据	已使用 5000000 次
无忧保全	知识证据	已使用 5000000 次
安存语录	语音证据	已使用 10000000 次

PART TWO 案例使用说明

一、教学目的与用途

1.本案例适用于《创业管理》课程,案例企业开启了互联网与法治相结合的跨界创新,成功地识别并抓住了互联网时代所带来的创业机会,同时,作为一个双创企业,它克服新进入缺陷,获得了"合法性"。

2.本案例适用的对象:本案例难度适中,概念难度2,分析难度2,陈述难度2,适用对象包括学习创业管理课程的本科生、研究生以及 MBA/EMBA 专业硕士等各层次的学生。

3.本案例的教学目标:通过案例分析,使学生了解创新型企业的创立过程,学习分析并解决其在创立以及发展过程中必然会面对的关键问题:识别机会、利用机会、克服新进入缺陷以及获得"合法性"。具体的教学知识传授点和能力训练点如表1所示。

表1 教学目标之知识传授点和能力训练点

知识传授点	能力训练点
创业机会来源	发现创业机会的能力
创业机会识别模型	识别创业机会的能力
创业能力	创业者应具备的创业能力
新进入缺陷	脱离"合法性"困境的能力

二、启发思考题

1.创业有哪几种类型,徐敏选择了一种什么样的创业方式?

2.创业愿望是创业者的"土壤",是创业者走上创业道路的第一步。试分析创业愿望在创业活动中起到的作用,并结合本案例企业详细说明。

3.在安存的创业历程中,可以看到创业者徐敏所起到的决定性作用,那么,他具备怎样的创业能力? 这些创业能力是如何影响徐敏在创业中的决策与行动? 你认为创业者应该具备怎样的创业能力?

4.如果说创业愿望是"土壤",那么创业机会就是"种子",是创业活动的核心要素。那么创业机会有哪些类型?从认识论和变革的角度来看,对应的创业机会的起源分别是什么?本案例企业电子数据存储与证明这一创业机会的来源又是什么?

5.安存开启了互联网与法治相结合的跨界创新,作为一个"双创企业",为什么会存在"新进入缺陷"问题?双创企业应如何获得市场认可?针对本案例回答:安存是如何获得市场认可的?

三、分析思路

教师可以根据自己的教学目标(目的)来灵活使用本案例。这里提供本案例的分析思路,仅供参考。

本案例的核心问题:

(1)徐敏是如何识别创业机会并创业成功的?

(2)安存是如何克服新进入缺陷进而获得市场认可的?

本案例描述一个互联网时代背景下企业的创业历程,通过了解创业机会的来源、分类,掌握如何识别创业机会,成功的创业者应具备哪些方面的能力,以及"双创"企业应该如何克服新进入缺陷,引导学生从创业机会识别以及新进入缺陷的角度理解创业管理,建议老师首先提出创业的类型,然后介绍创业愿望于创业的重要性,再通过创业机会的起源和分类来引入并帮助学生理解本案例的一个核心概念:创业机会。接下来顺其自然的引入本文的核心问题之一:同样的创业机会,为什么有的人能发现,而有人却没有发现,即如何识别创业机会?对这一问题的解答要从创业机会识别过程和创业者能力两个角度来分析和阐述。在识别创业机会,开始正式创业之后,就面临着本文的第二个核心问题:如何克服新进入缺陷?这就涉及创业管理的一个核心概念:合法性。合法性的获取是从遵从、选择、控制和创造这四个方面展开。下面给出问题为引导的详细案例分析思路。

1.创业有哪几种类型,而徐敏选择了一种什么样的创业方式?

依据创业者创业动机的不同,创业可以分为两种类型:机会型和生存型。根据创业动机的分类特点,安存的创始人徐敏放弃当时功成名就的法律工作,反而选择了互联网与法治结合的这一条艰难的创业道路,虽然这条道路市场空间大,但却面临巨大的风险,而且前期需要大量投入,由此可见,徐敏选择了机会型的创业方式。

表 2　安存公司的创业动机

创业动机分类		安存公司	
生存型创业	机会型创业	案例分析	结论
被动创业	主动创业	徐敏毅然辞去当时已功成名就的律师工作	机会型
创业者要求不高	对创业者素质要求高	需要结合互联网与法律方面的知识	机会型
技术含量低	技术含量高	需要实现电子数据从发生到提取到传送到云端的无缝结合	机会型
低投入	高投入	八年的创业决心并几度资金链断裂	机会型
发展空间不大	市场空间大	未来的世界是无纸化世界	机会型
风险低	风险高	面临巨大的新进入缺陷	机会型
没有创新	发现和创造一种新的创新模式	是互联网与法治相结合的一个巨大创新	机会型

2.创业者是如何识别创业机会的？通过以下三个问题回答。

(1)"不想当将军的兵不是好兵"，那么没有创业愿望的人能成为成功的创业者吗？试以徐敏为例分析创业愿望对创业活动的重要性。

创业愿望是机会识别的前提。创业愿望是创业的原动力,它推动创业者去发现和识别市场机会。没有创业意愿,再好的创业机会也会视而不见,或失之交臂。从案例中,我们可以看到,徐敏是一个不安于现状,且有远大志向的人,他毅然辞去当时已功成名就的律师工作,希望闯荡出一番自己的事业,并且具有"八年抗战"的创业决心,可见他是有强烈的创业愿望的。

(2) 在现实中,人们经常事后才意识到机会已经被其他人开发利用了,自己却错过了,因此掌握创业机会识别过程的规律尤为重要。那么影响创业机会识别的因素有哪些呢？在安存的创业历程中,可以看到创业者徐敏所起到的决定性作用,那么,他具备怎样的创业能力？这些创业能力是如何影响徐敏在创业中的决策与行动？你认为创业者应该具备怎样的创业能力？这是本案例的核心问题之一。教师在案例分析过程中始终围绕机会识别过程图展开。

仅仅有创业愿望是不足以支撑创业者识别创业机会的,有强烈创业愿望的创业者只有通过创业者的人力资本和社会资本触发创业者的创业认知,即创业警觉。创业者的人力资本包括创业者个人特质、先前经验和知识。创业者的社会资本是指创业者的社会网络关系。

①创业者个体特质:创业者的特质不同,有的大胆冒进有的慎重保守,那么他们在对待机会的时候就可能持有不同态度,进而也影响了能否发现某种创业

机会。因此,创业者个体特质对创业者能否识别创业机会具有重要作用。作为安存的创始人徐敏能够毅然辞去当时功成名就的律师工作,可见其勇气;能够通过与吴晓波的谈话以及对司法现象的关注发现互联网存储与证明这一互联网世界的蓝海,可见其敏锐的洞察力;在公司陷入财政赤字时,临危不乱,坚守初衷,不放弃任何可能的机会,可见其强大的抗压能力;在处理公司事务时,机智敏锐,勤奋刻苦,为了打消运营商和主管部门对侵犯用户隐私的顾虑,从宪法和电信条例出发反复解释,体现了徐敏谨慎、专注、执着和细致的性格。可以说,安存有今天的成绩,徐敏的坚持、坚毅、不言败外,前瞻性的思索和实践都是不可或缺的。

②先前经验和先前知识:先前经验和先前知识对机会识别过程发挥着重要的影响作用。它能够帮助创业者识别创业机会并评估、判断及确定机会的价值。先前知识指的是个体的关于特定主题的与众不同的信息,可能是工作经验、教育或其他手段的结果,它分为个人爱好领域的先验知识和行业经验领域的先验知识。在先前经验方面,不少研究发现经验丰富的创业者掌握了有关市场、产品、资源等有价值知识,因而强化了其发现创业机会的能力。在本案例中,徐敏是法律专业出身,并且具备丰富的法律服务经验和知识。这为他发现电子数据存储与证明这一创业机会奠定了基础,同时相关经验和知识在保证安存在法律界限内研发新技术的同时,还能有助于徐敏向客户厘清通讯自由与用户隐私的边界。另外徐敏能从"蚂蚁与大象"的一场官司得到启示,这也是与他的法律经验和知识密切相关的。

③社会网络:在我国转型经济背景下,一些新知识、新技术创造机构因体制和市场意识不足的约束,难以识别到将知识和技术转化为有价值创新性机会的商业化途径。因此,在转型经济条件下,创业者还要具备相关的社会网络。徐敏说,"安存的现在与吴晓波、宗佩民、吴伯凡、熊新翔、钭正刚等许许多多人的帮助是分不开的",而这些人的帮助,与徐敏的社会网络关系紧密相关。在创业过程中,熊新翔、钭正刚近乎救命稻草般的投资,在产品遇到市场的新进入缺陷过程中法院和公证机构的接纳。

④创业警觉:机会发现是个体创业警觉作用的结果,即个体对未满足市场需求及未充分使用资源或能力的敏感力。徐敏所拥有的个体资本和社会资本是徐敏感知到市场对电子数据存储与证明需求的基础条件。

表3 创业动机识别案例分析

创业机会识别过程	案例分析
创业愿望	辞去功成名就的律师工作,并立下"八年抗战"的创业决心。

续　表

创业机会识别过程		案例分析
人力资本	个人特质	①在公司陷入财政赤字时,临危不乱,以惊人的勇气和毅力,坚守初衷,不放弃任何可能的机会; ②为了打消运营商和主管部门对侵犯用户隐私的顾虑,这个曾经的律师从宪法和电信条例出发反复解释; ③具备超前的互联网意识; ④创业初期就树立了"八年抗战"的创业决心。
	先备知识	具有法律服务方面的知识
	先前经验	多年的法律服务经验
社会资本	社会网络	①与吴晓波的交流是徐敏走向互联网与法治相结合的世界的钥匙; ②财政赤字时,锦江集团的投资是安存生死关头的救命稻草; ③徐敏在法律界的工作经历为安存产品获得市场认可奠定了基础。
创业警觉		徐敏所具备的创业愿望通过他拥有的社会资本和人力资本,使得他察觉到市场对电子数据存储与证明的需求。
机会识别		创业愿望、创业能力和创业警觉的驱动下,徐敏发现了电子数据存储与证明的蓝海。

3.前面已经就创业机会识别过程图讲到了如何识别创业机会,那么创业机会究竟是什么呢？接下来就创业机会的类型和来源来理解什么是创业机会。

(1)创业机会的分类。

表 4　创业机会的分类

分类依据	可能存在情况	案例企业	评估结果
从供给与需求的角度来	有供给有需求	如何证明某一电子数据是真实存在未被篡改的？这就需要有一种技术能为数据的真实性背书。大到三大电信运营商、BAT 巨头、各级法院以及各类媒体,小到商务交易业务和消费者,对电子数据存储与证明服务都有着各自的需求。	有需求无供给
	有供给无需求		
	有需求无供给		
	无需求无供给		
按照目的一手段关系的明确程度	识别型机会	安存开发出了电子数据存储与证明的技术,但初期尚未有具体或者说是合适的商业化产品,需要通过不断尝试来挖掘出市场机会。	发现型机会
	发现型机会		
	创造型机会		
按照目的的性质	问题型机会	由于世界的无纸化趋势的发展,安存在变化中看到了未来的发展方向,预测到电子数据存储与证明的机会。	趋势型机会
	趋势型机会		
	组合型机会		

续 表

分类依据	可能存在情况	案例企业	评估结果
依据目的一手段组合的	模仿型机会	电子数据存储与证明无疑是一个重大的技术突破,它能够帮助无纸化世界的有序发展。	突破型机会
	改进型机会		
	突破型机会		

(2)创业机会的来源。

①从变革角度来看,创业机会来源于四种变革,分别是技术变革、政治和制度变革、社会和人口结构变革,以及产业结构变革。电子数据存储与证明这一创业机会来源于无纸化时代的到来,截至 2015 年,在所有的存储媒介中,纸质存储媒介占 0.03%,胶片存储媒介占 7.75%,而电子存储媒介却占了存储媒介的 92.22%,电子数据存储与证明同时反应了这四种变革,特别是与技术变革和社会变革有关。这一变革使得市场对电子数据存储与证明的需求产生了巨大的变化。

②从认识论的角度来说,电子数据存储与证明这一创业机会来源于客观的社会需求,徐敏多年的法律服务经验以及其具备的社会网络资源帮助他发现了这一创业机会,但另一方面,由于这是一个全新的领域,它不仅需要解决技术上的问题,还需要获得社会的认可,因此电子数据存储与证明这一创业机会来源于第三种路径,即机会的存在+建构。

4. 安存开启了互联网与法治相结合的跨界创新,作为一个"双创企业",为什么会存在"新进入缺陷"问题? 双创企业应如何获得市场认可? 针对本案例回答:安存是如何获得市场认可的? 本题可以从以下两个小问题逐步展开讨论。

(1)双创企业为什么存在"合法性"的问题? 这种"合法性"有哪些特点? 老师引导学生从以下方面思考创业企业为什么存在"合法性"困境:新进入者缺陷。这种新进入缺陷会降低企业的生存概率,而在初创阶段,是否具有生存能力很大程度上取决于利益相关者对它的主观感知。

(2)创业企业应怎样获取"合法性"? 针对本案例,安存又是如何获取"合法性"的呢? 本题主要从合法性的获取方式来理解。

因此,新创企业必须向他们的利益相关者证明它们与社会行动者的价值和期望是一致的,亦即证明其"合法性"。那么对于企业来说如何获得合法性呢? Zimmerman(2002)提出,组织获取"合法性"是通过遵从、选择、控制和创造四种方式。

那么合法性是由谁给予的呢? 大量研究表明,合法性是媒体和政府监管机构赋予的。

因此对于安存来说,要克服新进入缺陷获得合法性就要获得政府监管机构和媒体的认可。基于此安存要获得市场的认可,首先要获得政府监管的认可,因此在产品市场化过程中,可以针对产品特性,选择恰当的市场化路线。尤其是一种全新产品的市场化过程,由于面临巨大的新进入缺陷,其市场化路线的制定对脱离"合法性"障碍尤为重要。安存的产品是法治与互联网的结合,其产品具有特殊性,当然也面临更大的"合法性"障碍,为了获得"合法性",安存首先在技术上保证其产品合法有效,在市场推广方面从政府、法院出发,然后是 BAT 巨头,最后一步步地向市场渗透,当然安存也会积极参加各类会议,如"2015 中国国际大数据大会"等。除此之外,安存参与中国互联网电子数据研究院的创办;创立

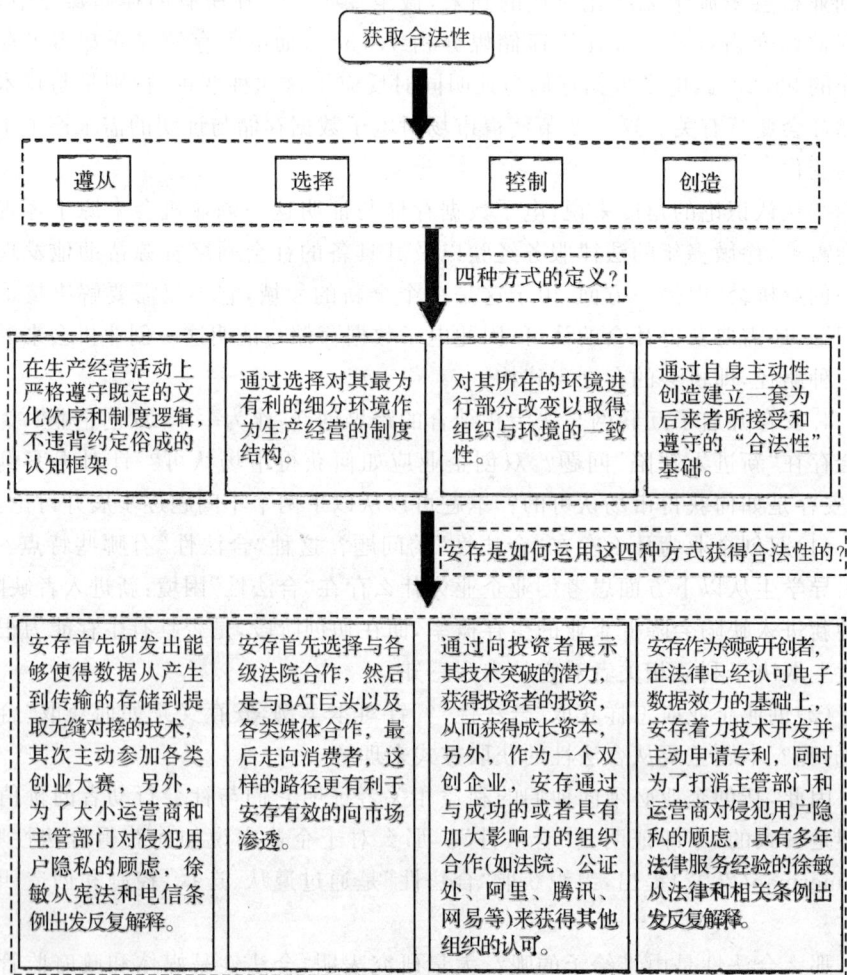

图 2   合法性获取途径

泰嘉·安存创新创业工场,为青年创业者提供非营利性的创业扶持;携手吴晓波成立"安存巴九灵公益基金会",用于资助互联网、电子商务、影视文化创意产业的年轻创业者等。以上这些都能有效帮助安存获得"合法性"。

四、理论依据与分析

1.创业类型

依据创业者创业动机的不同,创业可以分为两种类型:机会型和生存型。生存型创业是指创业者没有更好的选择,为了谋生不得不或不完全自觉地走上创业之路。生存型创业以个人和家庭为主,规模较小,对就业和经济发展的贡献较小。机会型创业的出发点并非单纯为了谋生,而是为了主动抓住和把握市场机遇创造价值和实现自身理想。它是通过发现或创造新的市场机会,通过新产业的开拓,实现对新市场的开拓的创业形态,创业起点要求高,对创业者素质要求也比较高,技术含量较高等。

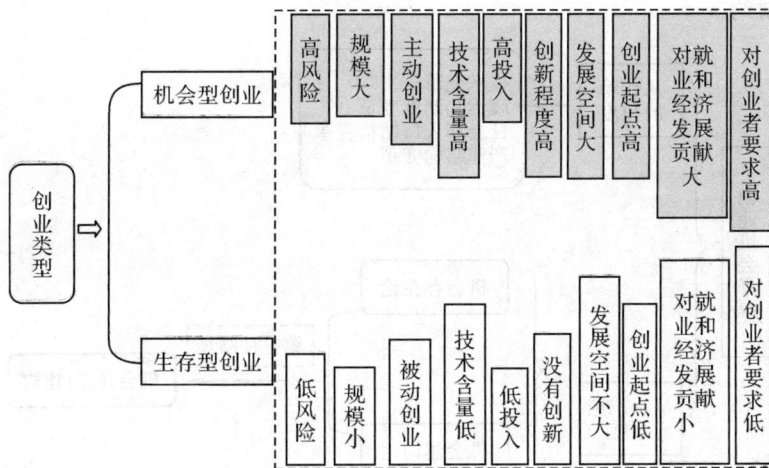

图3 创业类型

2.创业机会

创业的核心是什么? 斯晓夫等(2016)收集了近20年发表在国际知名创业学术期刊上的创业理论研究与比较分析,应用跟踪性问题导向研究的方法研究创业机会:创业的诸多内容是围绕着创业机会来进行的。换句话说,创业的核心在于创业机会,是创业者对于创业机会的认识、理解与把握。而创业机会说也逐渐得到了管理学术界的认同。

（1）创业机会的来源

①从认识论的角度来说，创业机会的来源是多路径的，一种是创业者基于客观存在论的"印迹"过程，即创业机会的发现，印迹赋予某些创业者发现他人忽略的创业机会的特殊想法感知，因而造就他们想法与机会的连接，持有这种观点的人认为创业机会存在于客观环境中，是被创业者发现出来的，创业机会的发现以及利用能填补市场的空缺，达到市场的均衡。一种是基于构建论的"众迹"过程，即创业机会的构建，持有这种观点的学者认为，创业机会并非客观存在，也非先于创业者的意识，而是被创业者构建出来的，这两种认识论为创业机会的来源和产生过程提供了不同的解释。客观存在论的观点认为创业机会先于创业者的意识存在于客观环境，由慧眼独具的创业者发现。构建论观点强调创业者不仅需要创造性想象，同时还需要社会化技能，促进市场与社会接受产品。除了机会发现论和建构论这两种观点之外，学者们还提出创业机会的第三种路径：机会存在＋建构。基于机会＋建构型企业，一方面利用其自身具有的社会网络资源发现创业机会，另一方面又要受到建构论（制度环境）的制约。

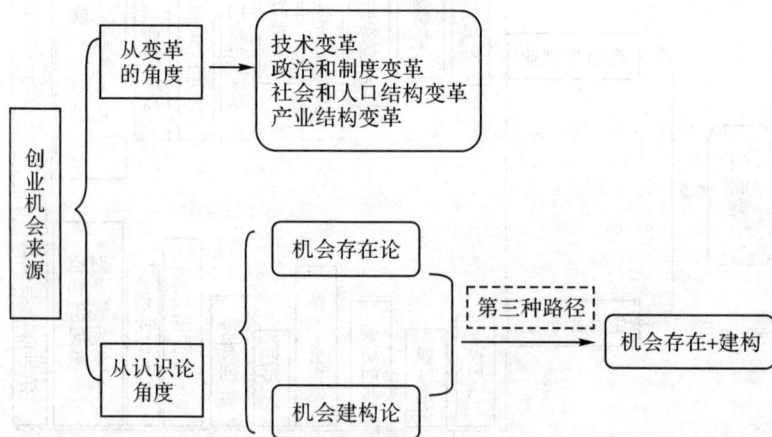

图 4　创业机会来源

②从变革的角度来看，创业机会来源于四种变革，分别是技术变革、政治和制度变革、社会和人口结构变革，以及产业结构变革。本案例企业电子数据存储与证明这一创业机会来源于无纸化时代的到来，它同时反映了这四种变革，特别是与技术变革和社会变革有关。这一变革使得市场对电子数据存储与证明的需求产生了巨大的变化。

（2）创业机会分类

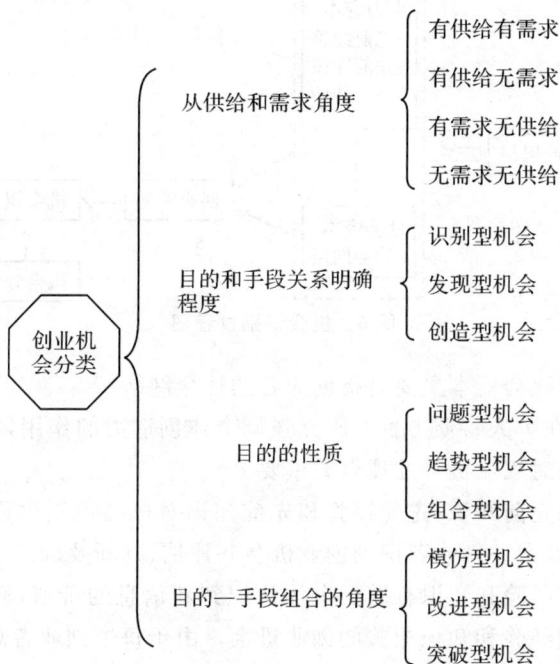

图 5　创业机会分类

（3）创业机会识别

Shane 和 Venkataraman(2000)将创业定义为"如何、由谁、采用什么手段来识别、评价和开发创业机会并创造商品和服务的过程"，并且提出了一个全新的创业管理理论模型。这一模型提出创业愿望和创业能力是创业成功的关键。在这个模型中，创业机会已经不再只是作为创业过程的起点出现，而是成了贯穿整个创业过程的核心要素。本案例结合(Shane 和 Venkataraman,2000)的创业模型以及案例企业的特点作出机会识别过程图。创业愿望是创业活动的起点，在这一基础之上，创业者的人力资本（先前经验、创业经验、个人特质）和社会资本（社会网络）相互作用，触发创业者的创业警觉，进而引起创业者识别创业机会。

首先，创业愿望是机会识别的前提。创业愿望是创业的原动力，它推动创业者去发现和识别市场机会。没有创业意愿，再好的创业机会也会视而不见，或失之交臂。

大量学者的研究表明，机会的存在是客观的，但机会的鉴别和后续开发在相当程度上依赖于创业者的主观价值判断。创业者的人力资本和社会资本是影响机会识别的关键因素。创业者的人力资本包括创业者个人特质、先前经验和知

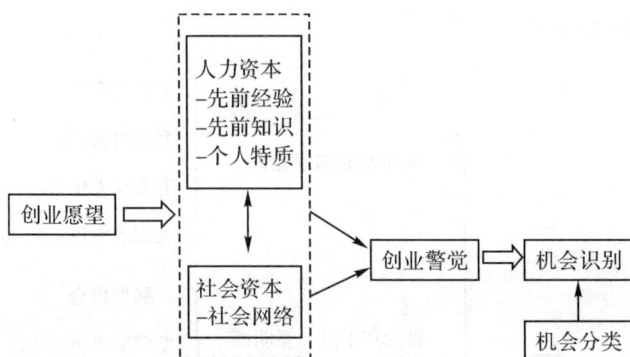

图6　机会识别过程图

识。而创业者的社会资本主要是指创业者的社会网络。

个人特质:在个人特质方面,研究强调个体创造力的作用,发现90%的创业者认为创造力对创业机会发现至关重要。

先前经验和先前知识:先前经验和先前知识对机会识别过程发挥着重要的影响作用,它能够帮助创业者识别创业机会并评估、判断及确定机会的价值。研究认为个体先前经验和知识有助于个体认识到新信息的价值,而且创业者更容易发现与其先前经验和知识相关的创业机会。由于每个创业者总是拥有不同的先验信息和先验知识,这些构成了创业者特有的"信息库"和"知识域"。对于绝大多数的创业活动来说,专业化的信息和知识比一般的信息和知识更有用。

社会网络:社会网络是获取创业机会信息的重要渠道,利用社会关系网络是创业者识别机会的重要途径。在我国转型经济背景下,一些新知识、新技术创造机构因体制和市场意识不足的约束,难以识别到将知识和技术转化为有价值创新性机会的商业化途径。更为重要的是,战略要素市场不完善的事实进一步加剧了知识与技术商业化的难度,因为即使大多数个体接触到了机会信息,仍会因制约资源获取的制度性障碍而不得不放弃创业。在这样的情况下,那些占据知识创造机构与资源持有者之间"结构桥"位置的个体往往更容易发现创新性机会并真正实施创业行动。因此,在转型经济条件下,除了要有创业愿望外,创业者还要具备相关的社会网络,在社会网络中识别创业机会。

创业警觉性:机会发现是个体创业警觉作用的结果,即个体对未满足市场需求及未充分使用资源或能力的敏感力。创业警觉性是当机会存在时能识别机会的一种独特的准备,它和机会识别正相关。创业警觉性由创业者的社会网络、先验和知识以及创业者的个性特质所决定。社会网络的存在及利用将影响机会识别的成功。创业者的个人爱好领域和从事的行业领域如果能够交叉将增加机会识别的可能性。行业经验领域中的关于市场的先验知识、关于服务市场的方式的先验知识、关于顾客问题的先验知识与成功识别机会正相关,创业者具备与自我效能相关的乐观和创造性的个性特质将增加其创业警觉性。

创业机会识别:识别创业机会的过程,就是潜在创业者将先验信息与知识和新信息相互融合和补充的过程,这个过程激发了创业意念的产生,即创业者产生警觉性,进而产生了机会辨识与开发的行为。由于部分信息的专有性和专业性,所以识别某个创业机会的必要信息并不是广泛分布于所有人群。接触信息是发现机会的必要条件,但个体信息解读能力不同,仍可能导致个体在面对相同信息时的反应也不同。先验知识指的是个体的关于特定主题的与众不同的信息,可能是工作经验、教育或其他手段的结果。在先前工作经验方面,不少研究发现经验丰富的创业者掌握了有关市场、产品、资源等有价值知识,因而强化了其发现创业机会的能力。

2.合法性相关理论

新创企业容易遭遇失败的原因是"新进入缺陷",这种新进入缺陷会降低企业的生存概率,而在初创阶段,是否具有生存能力很大程度上取决于利益相关者对它的主观感知。因此,新创企业必须向他们的利益相关者证明它们与社会行动者的价值和期望是一致的,亦即证明其"合法性"。那么对于企业来说如何获得合法性呢? Zimmerman(2002)提出,组织获取"合法性"是通过遵从、选择、控制和创造四种方式。

遵从:在生产经营活动上严格遵守既定的文化次序和制度逻辑,不违背约定俗成的认知框架。

选择:通过选择对其最为有利的细分环境作为生产经营的制度结构。

控制:对其所在的环境进行部分改变以取得组织与环境的一致性。

创造:通过自身主动性创造建立一套为后来者所接受和遵守的"合法性"基础。

那么合法性是由谁给予的呢? 大量研究表明,合法性是媒体和政府监管机构赋予的。

五、关键要点

1.关键点:从创业机会识别、克服新进入缺陷这两个方面探讨安存的创业实践过程,并分析了创业者如何向市场渗透以及成功的创业者应该具备的素质。

2.关键知识点:创业机会识别,创业机会把握,创业者素质,新进入缺陷。

3.能力点:分析与综合能力和解决实际问题的能力。

六、建议课堂计划

本案例可以作为专门的案例讨论课来进行。如下是按照时间进度提供的课堂计划建议,仅供参考。

整个案例课的课堂时间控制在 30—40 分钟。

课前计划:发放案例正文和相关背景资料,提供启发思考题给学生,请学生在课前完成阅读和初步思考,并了解创业管理的相关理论知识。

课中计划:

(1)教师简要介绍案例主题(5 分钟)

(2)教师依据安存官网视频材料、故事梗概通过对学生随机提问,对案例故事进行回顾,使学生"热身"案例事件要点,为下一步讨论打好基础(10—15 分钟)

(3)按照启发思考题的顺序逐个提出问题并进行理论的讲解和引导分析;提问可以以小组出代表或随机点名或二者结合的方式来调动全体学生参与(1—5 题,每题掌握在 5 分钟左右,第 6 题掌握在 10 分钟左右)

(4)教师根据课堂讨论,进一步总结创业机会识别的关键理论知识点(10—15 分钟)

课后计划:如有必要,请学员采用报告形式给出更加具体的解决方案,包括具体的职责分工,为后续章节内容做好铺垫。

七、背景信息

1.安存企业网站

http://www.ancun.com/。

2.安存的创业历程

表 5　安存创业历程

时　间	案例事件
2008 年	开始创业
2009 年	首次提出公证电子数据保全的概念。
2010 年	获得司法、公证协会认可。
2011 年	安存电子数据保全系统 1.0 版上线
2012 年	安存语录上线,并被部分法院用于日常办公,也被淘宝官方作为唯一的语音维权工具使用。

时　间	案例事件
2013 年	1.全球首份通过安存网页保全自动抓取的公证书被杭州市滨江区人民法院依法确定为合法有效; 2.安存语录获得浙江省最高人民法院的应用; 3.安存模式开始受到 BAT 巨头的注目。
2014 年	1.获得公安部颁发的电子数据证据保全系统 V2.0 完整性鉴别证书; 2.保全云、公正邮、凭证宝面世; 3.安存开始与阿里、中国公证机关、网易合作; 4.安存作为中国代表参加世界互联网大会中美最高级别闭门对话; 5.第一家控股子公司——广州智存科技成立; 6.与吴晓波成立"巴玖灵安存公益金",专门用于帮助创业者; 7.与泰嘉集团正式签约成立泰嘉·安存创新创业工场,传承感恩情怀,帮助创业者实现梦想; 8.截至 2014 年,安存已与全国 28 个省(直辖市、自治区),101 个地区公证机构达成合作; 9.全国已有 100 多个地区的法院使用安存语录;安存语音用户达 130 万。
2015 年	1.获得杭州市市长肯定; 2.第二家控股子公司——北京安寻成立,专门负责网页保全相关业务; 3.与中国互联网协会合作成立"中国互联网电子数据研究院"; 4."无忧存证"以及全球首份 P2G 平台数据保全公证书面世; 5.安存模式获得各界人士的肯定和厚望; 6.提供微信、支付宝公证服务; 7.安存提供的产品受到各行各业的广泛应用。

3.安存产品

表 6　安存产品

产品名称	产品信息
安存语录	已安装 12,450,439 次,由杭州安存网络科技有限公司联合电信运营商、公证机构共同推出,以"捍卫信息价值及安全,守护信息正能量"为核心的全球首个一站式语音数据保全公证解决方案,只需通过拨打 95105856 全国首个录音公证电话,就可对通话内容进行实时录音保全。所保全的录音严格满足证据的真实性、"合法性"要求,保全到公证无缝对接,用户申办公证更便捷省心,真正做到一站式保全。
无忧存证	由安存科技联合公证机构共同推出,以"增强互联网金融用户交易安全"为核心的全球首个一站式互联网金融公证保全解决方案,当用户通过互联网发生交易行为的同时,将交易数据实时同步至安存金融级数据保全云。所保全数据严格满足证据的真实性、"合法性"、相关性要求,必要时可以依法申请出具公证书,真正做到一站式公证保全。

续　表

产品名称	产品信息
无忧保全	由杭州安存网络科技有限公司联手公证机构共同打造,提供数字作品备案、网页保全等电子数据保全服务,并可针对已保全的电子数据提供一站式公证服务。采用与支付宝同等安全级别的阿里金融云为存储基础,采用通过公安部完整性鉴定的系统为依托,将公证数据安全、完整、长久的进行保存。
公证邮	公正邮是智存科技(安存科技广州子公司)向邮件服务商提供安全、便捷、高效、专业的电子邮件保全及公证解决方案,为企业与个人提供专业的邮件证据保全、取证以及出证的一站式服务,提高电子邮件证据效力,预防纠纷和维护用户合法权益。打造互联网信息沟通桥梁,构建诚信的信息世界。
果冻录音	"果冻录音"是一款安卓端超高清的双向通话录音和无限现场录音软件,提供云端无限量存储,满足电话录音、采访录音、课堂笔记以及语音备忘等多重语音管理功能。系统根据法律程序设计,对于有需求的用户可以出具电子证据鉴定书赋予其最高法律效力,快速有效解决争讼问题。
凭证宝	凭证宝是杭州安存网络科技有限公司联合西南地区唯一获得互联网支付牌照的第三方支付公司——重庆易极付科技有限公司、公证机构共同推出,以"保全交易过程 保障支付安全"为核心的全球首款具有法律效力的电子支付凭证。用户通过第三方支付平台交易,同时生成支付凭证并保全交易时间、交易金额、收付款人等信息,实时同步至安存数据保全云,所保全的支付凭证严格符合证据的真实性、"合法性"要求。还可在线一键申请办理公证,省时、省心、省力,真正做到一站式保全。

4. 主要产品使用信息

表 7　主要产品使用信息

产品名称	提供服务	使用次数
公正邮	邮件证据	已使用 11968557897 次
无忧存证	网页证据	已使用 5000000 次
无忧保全	知识证据	已使用 5000000 次
安存语录	语音证据	已使用 10000000 次

5. 成功案例

(1)浙金网:在交易产生的瞬间以加密传输的方式将平台交易数据即时同步到金融级保全云中固化存储,用第三方保全的方式记录事实真相,明确主体的权利与义务,防范法律风险。

(2)汇图网:安存将用户上传的作品数据即时同步保全至安存云平台中固化存储,有效证明作品的产生时间、所有者身份及作品内容;以达到证明版权,保护作者权益的目的。

（3）淘宝网：安存将海外贸易商通过平台发布的车辆信息、配置清单等信息同步保全至云平台中固化存储。一旦产生纠纷，购车用户与海淘车平台即可通过公证处对原数据进行公证，用法律手段保护自身权益。

（4）浙江省高院：法院通过固定电话（或手机）进行传票送达、电话取证、补充询问等工作时，通过安存语录将电话录音保全至安存云平台中固化存储。一旦与当事人产生纠纷，法院即可通过公证处对原数据进行公证，解决纠纷。

（5）百度传课：百度传课是中国教育领域新兴的在线教育平台，通过与无忧保全的合作，将版权内容或侵权证据安全、完整、即时保存，实现侵权网页抓取与作品备案，保障用户的知产权益。

（6）网易公正邮：公正邮是智存科技（安存科技广州子公司）企业或个人提供安全、便捷、高效、专业的电子数据保全及证明解决方案，携手网易邮箱推出网易公正邮，是全球首个电子邮件存管及公证解决方案，为用户提供存证、取证以及出证的一站式服务。

6.荣誉资质

2010 年 1 月荣获首届中国互联网创新与知识产权保护高峰论坛"项目组织奖"。

2013 年 6 月荣获"2013 浙商最具投资潜力企业"称号。

2015 年 6 月荣获"中国成长型品牌 500 强"与"品牌指数 AAAAA"称号。

2015 年 6 月荣获"最值得期待创业公司 30 强"称号。

参考文献：

［1］陈超,陈拥军,钱晶晶.创业机会识别的"Dubin 模型"构建研究［J］.科学进步与对策.2016.

［2］曾楚宏,朱仁宏,李孔岳.新创企业成长的组织"合法性"获取机制［J］.财经科学.2009,（8）:64—72.

［3］Causation and Effectuation: Toward a Theoretical Shift from Economic Inevitability to Entrepreneurial Contingency.

［4］张玉利,赵都敏.手段导向理性的创业行为与绩效关系［J］.系统管理学报.2009,18（6）:631—637.

［5］Zimmerman M A,Zeitz G J. Beyond Survival: Achieving New Venture Growth by Building Legitimacy［J］. Academy of Management Review,2002,27(3):414—431.

案例二 "＋互联网"转型

李宁的电商战略：潜行与挑战

PART ONE   案例阅读

一、引 言

2010 年李宁发布了新的市场与品牌战略,试图针对更加年轻的消费者提供更加高端的产品与品牌形象。李宁的电子商务在摸索中也已经过了 3 年,从初始对混乱的淘宝商店整编,到第三方平台如淘宝、拍拍等开设旗舰店和官网,再到如今网店运营外包,线上、线下渠道区隔,实行统一的价格等政策,初步建立了多渠道、多业态并存的电子商务模式。李宁在没有可参考成熟模式的前提下,以集团的"品牌第一、消费者第二、销售第三"为指导目标,在整个经营团队的努力下,网络销售的业务获得稳步增长,慢慢摸索出适合自己走的电商之路。

2010 年又是一个电子商务发展的转折年,是当当、京东商城在巨量风险资本的激励下进入平台纷争最为激烈的一年,不断扩展产品品类,尝试建立物流仓储的信息化能力。在众多电商企业如 VANCL、当当等以及 C2C 购物平台淘宝等带动下,中国的消费者已经越来越习惯于网上购物,在 2010 年,用户规模已达到 1.61 亿,网络购物市场的规模更是达到了惊人的 5100 亿元人民币,同比增幅超过 97％! 在艾瑞咨询发布的"2009—2010 年中国服装网络购物研究"报告显示,服饰已成我国网购第一大类商品,因此传统的服饰企业触网电商已经成为一种不可逆转的趋势。

然而,毕竟目前网络销售只占整体销售的 2％—3％,网络销售的主体也以过季打折商品为主,由于采用强势区隔方式各渠道相安无事,因此还没有触动传统经销商的根本利益,随着线上销售额的增加,如何协调线上与线下的经销商利益依然是绕不过去的问题。即使面对众多的网上经销商,企业自建的电子商务平台与外包的众多网店之间的业务比重如何? 目前网店业务中多是廉价交易型的顾客占据最大的比重,但各种网店中消费者也各有差异需要采取何种方式来进行统一管理,是否要建立社区来维护网店顾客的忠诚度?经过 3 年的摸索,是依然坚持当前"外包＋多渠道区隔"方式走下去,还是要适当进行变革?在亚马逊、VANCL、京东商城正在大举比拼与革新电子商务模式时,针对传统企业是否也潜藏着一种更加迅猛的电商模式,二线品牌可以基于网络的扩展来超越李宁品牌?前方依然是一条充满未知的道路,基于网络生存的生意方式变得太快,常常一个不小心就会"城头变幻大王旗"。摆在李宁电子商务公司总监翁锦毅面前未来有太多的不确定性,他不敢有丝毫的松懈。

二、公司背景

1. 成长历程

李宁体育用品公司的创立起始于该公司创始人——一生共获得 106 块金牌,被誉为"体操王子"李宁。1990 年李宁从体操赛场上退役后,在原健力宝总经理李经纬的帮助下,李宁在广东三水创立公司生产以自己名字命名的体育用品公司,并制定了体育赞助的营销方式与专卖连锁的扩张方式,在李宁第一个产品系列上市之前,就赞助了 1990 年北京亚运会的中国代表团,从而宣告了李宁品牌的诞生。1995 年底通过"混合控股模式"和现金补偿健力宝方式,李宁公司理顺产权迎来了其快速发展的时期,并在次年初将公司总部从广东迁往北京,彻底告别了诞生地广东三水,李宁自此成为国内主要的体育用品品牌。1997 年的金融危机让李宁公司进入长达两年的低迷时期,李宁公司通过重新调整业务、裁减员工、紧缩营销预算等进行调整。内忧外患的李宁曾寄希望于国际市场,并在1999 年成立国际贸易部,以此来保证 3 年突破 10 亿元销售目标的完成,但数年困于"10 亿元"瓶颈中的李宁一直找不到市场增长的方向。

进入 21 世纪,国内体育用品行业每年的增长速度约为 30%,从 2001 至2009 年之间,李宁保持了平均 35% 的增长率。中国的体育用品市场一方面持续成长,另一方面随着国际巨头耐克、阿迪达斯的进入以及福建晋江体育品牌如安踏、特步的崛起,李宁发现体育用品行业原本只要开店就有销售的"蓝海"开始变成竞争激烈的"红海"。耐克在 2003 年取代李宁,成为行业龙头老大。为筹备2004 年 6 月在香港证券交易所的首次公开上市,李宁公司提出了新的愿景,"品牌国际化"被纳入公司的经营战略。公司在 2006 年重新制定了新的国际化战略,目标是 2018 年进入世界体育用品前 5 名,而实现这一目标,海外市场销售额将是一个重要指标,目前在荷兰、比利时等欧洲国家,新加坡、马来西亚等东南亚国家,以及美国、日本等国家开设专卖店,赞助其他国家的运动队,但目前国际市场收入占比不到 2％,国内市场依然是李宁的重中之重。

　　2008 年北京奥运会的召开迎来了中国体育用品发展的黄金时期。据中国市场研究集团统计,中国体育用品市场的产值在短短的 3 年内几乎翻了一倍,从 2009 年的 592 亿美元增至 1148 亿元。李宁、安踏、特步、中国动向 2008 年收入或者营业额都实现了同比 50％以上的增长,通过奥运赛事赞助与李宁在奥运开幕式的惊艳亮相,2009 年李宁公司的市场份额达到 14.2％,超越阿迪达斯 13.9％成为国内第二大品牌,而耐克依然稳居中国体育用品市场老大,其市场份额为 16.7％,另一中国品牌安踏为 9.9％。

　　经过近 20 年的发展,李宁公司的销售额在 2010 年已达到?? 亿,李宁品牌的零售门店数量达到 7478 家,成为国内体育用品公司中拥有门店数量最多的企业,分布广泛的渠道网络成为其重要的竞争优势。旗下拥有李宁牌、红双喜牌、Lotto(乐途)牌、AIGLE(艾高)、Z-DO(新动)和 Kason(凯胜)等,产品涉及服装、鞋产品、配件/器材等全面体育用品。在国内的消费者中拥有良好的品牌美誉度和广泛的知名度,而且从 2005 年起,通过与 NBA 合作以及请 NBA 明星如奥尼尔、Evan Turner、Shaq O'Neill 作为形象代言人,进一步提升了其在年轻人特别是学生群体中的品牌形象。2008 年后,李宁成为北京奥运的真正赢家,获得了高速的品牌成长。在世界品牌实验室今年 4 月底公布的 2010 年"中国 500 最具价值品牌"报告中,李宁以 127.34 亿元的品牌价值,成为体育用品的头牌。

　　2. 2010 变革

　　2010 年对于李宁公司来说有着非凡的意义,公司成立 20 周年进入一个公司发展的中年,唯有变革才能激发新的成长活力。一个对李宁目前消费者调查的情况不得不引起李宁公司高层注意,目前李宁品牌实际消费人群中,超过 50％的消费者年龄集中在 30—40 岁之间,在 25 岁以下的消费者群体中,李宁的市场份额明显低于耐克和阿迪达斯。这暴露出李宁缺乏长期永续发展的用户基础。其原因是作为国内历史最悠久的运动用品企业之一,李宁公司当初的铁杆粉丝"60 后""70 后"正在慢慢变老,引领运动用品潮流的变成了"80 后""90 后"。因此,李宁公司为了取悦年轻的消费者,在李奥贝纳的帮助下推出了"90 后李宁"的主题广告。请将产品标识从"L"形换成了"人"形。"Make The Change 这句口号,体现了我们从敢想到敢为的进化。"40 岁的张志勇说。李宁公司发生了一场"革命":品牌定位开始直接叫板耐克、阿迪达斯等国际一线品牌;2010 年 4 月,李宁公司率先宣布鞋类产品提价 11.1％,服装类产品提价 7.6％;2010 年 6 月,李宁公司再次宣布鞋类产品平均售价提高 7.8％,服装类产品涨价 17.9％。到了 2010 年 9 月,李宁公司又宣布鞋类和服装产品各提价 7％和 11％以上。不断提价的背后,是李宁公司希望自己的品牌定位向耐克和阿迪达斯等一线品牌看齐,张志勇表示下一个 20 年,李宁公司不仅要做中国市场的老大,还要成为世界体育用品市场的前五名。销售渠道上开始关闭或者整合效益不佳的门店,从不断增加新开门店的增量式增长道路向依靠挖掘现有门店效益增长的路子转型……

而体育用品市场的增长也似乎遇到了瓶颈,根据李宁公司对市场的观察,靠"开店"维持的中国体育用品行业高速增长,早在 2008 年即已结束,行业增速从 2008 年的 30％以上,跌到 2009 年的 11％,而今年预计仍只有 15％。而劳工和零售成本的上涨,虽然李宁的连锁专卖店离 1 万家的边界还有一段路,不过庞大的体量已经让李宁公司最早感受到了开店战略的不可持续。李宁公司 CEO 张志勇 2010 年 6 月在北京表示,体育用品零售店的用工成本提高,加上城市商业繁华地段租金上升,虽然中国幅员广阔,部分地区还有一定的开店空间,整体来看企业通过扩张门店数量提升业绩已碰到了天花板,提升现有门店单位面积的产出效益十分必要。一位体育用品经销商介绍,在四川一些地级市的繁华商业地段,门店的年租金突破每平方米 1 万元,房租每年以 10％～20％的幅度增长,有些地区的租金水平与上海等一线城市相差无几。根据特步 2010 年半年报,员工成本从上年同期的 8131.8 万元人民币增加至 9534.5 万元人民币,同比增加 17.2％。

然而,大张旗鼓地变革也遭遇到市场的挫折,2010 年 12 月 21 日李宁股价出现大幅下跌,与此同时,安踏、特步等公司的股价都出现了幅度不一的下跌行情。2010 年底举行的 2011 年第二季度经销商订货会上,不但订货金额零增长,服装和鞋的实际订货量更按年下跌逾 7％及 8％。尽管李宁公司业绩出现下降的信号,运动用品观察人士马岗仍然对李宁公司的转型举动表示赞赏:"李宁是最先开始感觉到风向变化的品牌。"

三、触网环境

在李宁公司集团众多业务变革的路径中,试水网络销售是其重要方向。2008 年成立的李宁电子商务公司承担了其进军电子商务的重任。而更为重要的则是,李宁的经销商在淘宝网上的自觉实验和已经形成的巨大网上销售额给了李宁巨大的信心,也逼着李宁公司直面网络渠道,正式试图主动进军电子商务。

"无限靠近未来的主流客户群"已经成为企业的共识,因此,网购群体是企业不可忽视的力量。

1.网络环境

尽管中国的互联网公司起起伏伏，然而，中国的消费者越来越接受网络，越来越习惯于从网络购物是一个不争的事实，这既是众多电子商务公司如PPG、VANCL、当当、京东商城以及C2C平台淘宝、拍拍等市场培育的结果，也是互联网市场发展各种配套成熟推进的必然。团购等新型业态更是提升了整体市场的繁荣。配到服务方面，随着支付手段变得高级，网络信用加强，网络购物的优势更加凸显。

在中国整体的网络交易品类中，服装正成为网络交易中举足轻重的一个品类。2007年，中国网络市场整个交易规模达到了560亿，服装是消费金额最高的商品，接近六成的网上购物消费者在网上买过服装，同时，服装占到了全部网购金额的约四分之一。庞大的交易额得益于中国网民数量的攀升及网络购物群体的增加。淘宝网中的网购品类的数据，2007年底，中国网民网络购物比例是22.1%，购物人数规模达到4640万。消费者在易趣、淘宝的培育下已经越来越成熟，网络购物的习惯正在慢慢养成。第二，越来越多的企业开始尝试，比如2007年的PPG正如日中天，报喜鸟集团收购宝鸟公司推出BONO，开展男装衬衫网络直销业务。而各种风险投资公司也纷纷向这些电子商务公司伸出橄榄枝。网络渠道越来越成熟。第三，多样化的网购市场也给了将要进入的企业更多的选择，电子商务平台除了淘宝、拍拍等C2C平台，当当网、卓越网等B2B平台也发展得非常好。在对李宁电子商务公司总监翁锦毅的采访中，他认为："当时我们决定做网络市场源于对消费者的了解，因为淘宝网购数据表明，原来网络购买前十的品类中主要是3C等标准化产品，而到2008年上升为前三的品类，这是一个重要的趋势。这说明网购体育用品它是一个很重要的市场，我们决定去做。可能我们走得早了一点，但我们认为他一定会大。"

2.触网资产

相比于纯电子商务公司从零起步，李宁电子商务公司在2007年底准备成立时，它的经销商已经在淘宝网上开设店铺700多家，总计销售规模已达2亿元，同期整个网上零售市场李宁品牌销售规模达2.7亿元，占李宁公司整体销售规模的6.3%，与其中等省级线下渠道规模相当（数据来自易观国际）。这个数据令李宁的管理层既欣喜又不安。欣喜的是这说明李宁做电子商务是有潜力的，苦恼的是无序竞争的网店严重影响了李宁的线下体系，假货甚至威胁到李宁苦心经营的品牌形象。那些网络上未获得授权的C2C店铺，有的是李宁的线下代理商，有的是从大代理商手里直接拿货的小卖家。"我们新品线下刚刚上架，线上已经打7折了"，时任上海李宁电子商务业务拓展及市场部经理的翁锦毅很无奈地表示。

"你不得不承认这已经是一个客观存在的事实,但是它却衍生了很多不良的状况。因为没有监管机构、政策体系和服务体系的规范,这就导致出现了货品来源、价格体系混乱的问题。这时候我们就想,要不封杀网店,要不把他们管理好。经过深思熟虑,在整个网购市场、支付体系和物流体系的慢慢成熟下,我们选择了后者,这才是一个很务实的思路。"时任上海李宁电子商务公司总经理林砺坦言。

而网上两万余家各式销售李宁产品的网店每年近亿元的销售额,也给李宁出了一道大难题——打压之有助于维护品牌形象,保护线下经销商利益;培养之便攥住了未来的市场方向,却发现在电商建设路上无迹可寻,目前虽然前有PPG,后有 VANCL 等服饰的纯电子商务企业,但是对于传统服饰企业试水电子商务却还没有一个可以参考的先例,李宁只能"摸着石头过河",是成是败,尚未难料。

更为重要的是,网购市场代表了一个新的市场,而不仅仅是通向既有客户群的渠道,李宁的目标消费群体是 14—18 岁的年轻人,而这部分年轻人也正好是网民的主要人群。网络是与消费者进行深层次接触、互动的最好方式。培养目标群体的认知度也许是考虑到品牌发展的深层次原因。

"在那时,我们看到 C2C(消费者间)、B2C(企业到消费者)在快速成长,所处的环境也非常好;与之配套的第三方支付、物流日趋成熟。从大环境,到李宁自发的网络渠道,再到李宁目标用户群和网络用户群的高度重合,李宁从这三个角度认识到,当时是尝试电子商务的很好时机。"林砺的话或许能很好代表了李宁走上电商之路的决心。

四、电商模式

回顾 3 年的电商历程,林砺带领着她的团队"摸着石头过河"——"公司的领导也把握不清这种模式该怎么走,大家都抱着放手试一试的心态在做!"幸运的是,李宁公司非常重视电子商务这一块,成立了电子商务部来辅佐林砺,并给电子商务公司确立了目标"品牌第一,顾客第二,销售第三",这为李宁电子商务确立了总体的战略目标。2008 年 12 月,李宁电子商务有限公司成立,但随之而来的问题是:如何协调线上价格体系对线下渠道商价格体系的冲击? 进军电子商务是自建销售平台还是利用第三方的平台? 是否要建立基于技术核心的核心竞争能力? 未来如何处理产品及品牌在线上与线下业务的比重? 未来到底应该建立何种电子商务模式,是服装商品牌还是零售商品牌? 在这摸索期,林砺及其团队凭借着清晰的目标、谨慎地过渡策略安排以及多元化的模式尝试,分步骤地逐步解决上述问题,第一步,先对大 C 店(个人网店)进行梳理,清理门户,整合店铺,从而保住品牌、市场和销售;第二步,开设李宁公司自己旗舰店,旗舰店主要为品牌形象、新品发布等功能服务,这两步的实施最为重要的是企业电子商务团队培养意识,同时给传统经销渠道输送网络销售的趋势;第三步,在电子商务渠道稳定销售后,开始全面规划和整合电子商务渠道与传统渠道关系,为顾客建立跨渠道的品牌和销售体验目标服务。

自建 B2C 模式最大的短板是访问量,而淘宝恰能弥补这个短板。除了流量,更重要的是客流本身,淘宝网的主流客户群是伴随着网络成长起来的年轻一族,最初这些网购者就是为了图便宜,在淘宝上选择服装、化妆品、数码产品等。但随着网购习惯的养成以及这个群体支付能力越来越强,他们代表着一股新兴的消费力量。

1. 渠道模式

(1)整编网店

"正是这 1000 多家网店,促使我想放弃了直接开官方网上商城的做法,我们不能面对这 1000 多家网店装作没看见。"对于李宁公司来说,在正式开张电子商务之前,原本无序的网络销售已经损害了李宁公司传统经销商的利益,也不利于企业的长远利益。网购货物质量和售后服务也对李宁的 B2C 销售模式带来了不小的麻烦。因为网店经销商资质审核体系不够健全,消费者甚至还会时常碰到冒充李宁的"李鬼",这些网店的存在不仅损害了李宁的品牌形象,还会大大降低顾客对李宁的品牌忠诚度;另外,良莠不齐、资质各异的网店也为李宁的售后服务带来了麻烦,形态各异的售后服务时常会招致消费者的抱怨,甚至于李宁官网的服务也不能让消费者满意……

李宁公司的第一步探索就是解决原有网络渠道的无序经营与现有分销系统的冲突,对原有经销商淘宝网店的整合。

由于第三方平台的独立性,以及他们对网商的纵容,李宁公司采用了利益交换的形式来进行整合,通过李宁公司的官方认证和授权把原本分散的网络渠道统一成一个整体。即把整个网络看成是一个庞大的流通体系,以经营实体渠道的方式,开始逐渐招安、整编这些小店。

林砺管理的秘诀是抓大放小,她的目标是覆盖到排名在前 2% 的网上主流商店。为此,参考线下零售店面的管理模式,她建立了一套筛选机制,包括月收入、人流量、经验值等多项指标,建立了一整套认证体系,并筛选出前几十名的网店。接受认证需要三项硬性标准:首先货品接受李宁监管,保证正品;其次价格与线下保持一致,禁止恶性竞争;三是营销策略如促销打折等要符合李宁整体安排。2008 年底,李宁先后认证了 400 多家网店,凡是经过认证的商家,李宁均给予正式授权文件,对其进货和销售等都有考核标准并提供支持。最终以授权经营、统一供货、统一定价,建立了一个庞大的网络分销体系。

(2)网络分销

2008 年 5 月,李宁电商推出网络分销、代销合作模式。到了 2009 年 8 月,李宁官方授权的网店增长到 20 多家,其中最活跃的三个核心代理商是:北京五洲在线、古星电子商务、逛街网,他们在新浪商城、易趣商城、当当网、拍拍网和淘宝网开设了为数不少的李宁网上专卖店。仅逛街网就开了 6 家网店,分属于淘宝、新浪、易趣、拍拍和当当等主流网站。以淘宝网上的李宁古星专卖店为例,2009 年 2 月 13 日以来,半年时间总计销售了 30575 件产品,据记者初步估计,其销售额约为 300 万元。按此势头,该店年销售额即可达到 600 万元,而 20 家授权店的年销售额就很可能过亿元。这一模式更大的吸引力在于,李宁允许线上经销商们效仿线下的同行,发展自己的线上加盟商。目前,古星在淘宝上除了有两家授权店外,还拥有超过 30 家古星加盟店。2008 年,古星电子商务被评为淘宝十大网商之一,年销售额达到了千万级的水平,其中绝大部分就来自销售李宁的产品。

(3)建立官网

由于还没有直接的电子商务经验,因此一开始李宁并没有盲目地开通自己的 B2C 官网,而是把自己的第一个网上商店放到了淘宝网上。2008 年年初,李宁成立了电子商务部,正式以官方的身份与淘宝合作,在淘宝商城开设了李宁的官方旗舰店。另外,李宁在拍拍等大型网销平台上也成立了官方网站,终于在 2008 年 6 月 18 号,李宁品牌的官方商城正式开张营业。

开设旗舰店对李宁有非比寻常的意义。通过网络旗舰店,李宁的数据分析团队能够分析出网络的消费趋势,李宁的零售支持部门制定出一套网络专卖店的 UI 和促销方案,李宁的客服团队能摸索出一套客服流程。李宁电子商务团队将实践出的这些宝贵经验都用于其网络加盟店的管理,这种线上标准管理模式的快速复制得益于李宁在运动鞋服零售连锁实体模式的成功。

2.价格政策

消费者来网上购买最主要就是便宜,但是网商商店便宜的价格肯定会冲击线下的实体店销售。其次,即使价格差只存在于网络的直营网店、授权网店和加盟网店之间,由于先进的比价工具,一旦有明显的价格差别也会出现价格的冲突。

优衣库在中国的所有线下店都是直营,线上线下很容易执行不同的价格策略,它在线上推出的产品与线下完全一致,但是线上渠道却能比线下渠道价格更为实惠 20%,因为最终都体现在自己的销售总额中,而且鼓励了消费者的网上购买行为,真正充分利用了网络渠道低廉的成本。但是李宁的渠道主要是加盟专卖店,因此,不得不面对线上渠道和线下渠道的冲突。为了避免线上线下的渠道价格冲突,李宁公司的解决之道:实行统一的价格政策,当季新品不打折,全价销售,过季商品打折销售,线上线下一视同仁。有研究发现,只要线上的价格在线下价格的 75% 以上,就不会对线下产生太大的冲击。严格规范了网络授权店统一的零售价格体系,推出整个渠道(即代销和经销)的管理体系,只允许有 10% 浮动。李宁专门设置了网络巡店员,以对价格进行监管。另外,公司还对传统渠道和网络渠道进行供货管理,通过与合作方签订合约,有效地防止了线上与线下互相串货的现象。同时,李宁公司对经销商实行线上与线下的区隔政策,线下的经销商只能通过实体店来售卖,不能开网店;而网上的经销商也只能开网店,不能开线下的实体店。

3.产品区隔

对于传统品牌商企业来说,网店与线下实体店的目标消费群并不相同。李宁区隔不同渠道的产品线:在线下抓卖点的销售以正价新品为主,而在专门的打折店中销售库存产品为主;李宁独立网上长城的功能主要以正价新品的推荐和限量商品为主,包括明星签名的商品,这些商品瞄准的是少量消费者;而淘宝商城上的网店,无论是旗舰店还是 C 店,销售的主要是库存商品。

Jace&Jones 计划结合消费者体验,开发更多的网络专供商品,来适合消费者的需求。当然"新款产品在线上与线下几乎是同步推出的"。罗莱家纺采取的是完全区隔货品的方式,开发专供网络渠道的子品牌。联想为线上销售部分型号。但是,李宁针对服饰这种快速消费品来说,为网络渠道特供又会产生新的存货问题,除非网络渠道的销量足够大。

戴尔强调产皮定制,会选择专门针对淘宝网客户群得需要来定制产品,淘宝网上客户购买以家用机为主,线上经销商会买断一部分现货,或者显现一些尾货需要低价清仓时买到线上销售。(所以,戴尔是利用网络经销商来开店;而李宁是利用网络分销商(服务商),即待发货模式,方法是分销商在网上开虚拟开店,使用品牌店的图片,销售价格也与品牌店保持一致。消费者在分销店铺下单以后,订单转给品牌旗舰店,由品牌店统一发货。分销商转群的是分销折扣价,折扣 ibanez 在 15%—20%。这种分销模式的好处是分销商没有库存压力,品牌商容易控制渠道价格。2009 年 7 月,淘宝网顺应这种潮流,推出了网上分销平台。)

事实上,这些区隔措施目的都是为了防止冲突,而不是走向线上与线下渠道的整合。

4.网店区隔

由于传统渠道激励政策往往都会有销售返点政策,销售量越大,奖励越多,

而对经销商来说,网络渠道成本极低,于是淘宝网成了许多品牌经销商跑货冲
路、低价销售走量的重要动力,而在网上售卖的价格又肯定低于线下专卖店,因
此,必然造成网络渠道与传统渠道的冲突。

对于线下渠道比较完善的企业,互联网线上渠道分销要考虑多方利益因素。
线上价格过低会影响线下代理商的利益,引来传统渠道商抗议;线上价格与线下
相同,又不能体现网络渠道低成本的优势。

同时,李宁通过网络品牌旗舰店、专卖店和折扣店的业态组合,来确立不同
店铺的价格体系。李宁电子商务部经理唐震坤介绍,网络上新品的价格基本上
与线下店保持一致,而那些比线下店晚几个月上线的款价格会相对便宜。因此
他认为网络销售对线下并没有太大的影响。

当李宁的 B2C 销售蒸蒸日上时,它首先收到的却是来自于传统门店经销商
的抱怨。"一些消费者到我店里来买东西,跟我说网上卖的同样的李宁产品打 X
折,你这里怎么不打,我只能说网上是假的。但消费者说他是在李宁官方网店查
到的,我无语了……"同样的商品比品质,同样的品质比价格,同样的价格比服
务,实体与网络商店的冲突首先体现在价格体系上。网络用户购物的习惯也往
往对李宁线下实体店的运作产生了较大的影响,"去专卖店试尺码,去网店买东
西"成了网购用户的共识,这样一来实体店徒增服务成本,但真正盈利的却是网
店。因为网络商店没有摊位租赁、运输等方面的成本,所以往往拥有价格上的突
出优势,这也打压和抢夺了部分实体店的销售份额。

另一烦恼来自于线上线下产品的配比。为了避免同一产品出现较大的价格
差异,李宁开始采取"错季销售"、"错位销售"的办法。在官方网店以当季新品
为主,采取全价;经销商销售已上市三个月以上的过季产品为主,产品折扣较多;
"错位销售"则是让官方网店兼具形象展示功能,定位高端;而经销商以走量为
主,注重性价比。但这样一来线下经销商经常会遇到有消费需求,却无产品的尴
尬,这也从另一方面损害了经销商的利益。

古星 CEO 黄珂分析,相对于一年几十亿元的销售额,开始李宁在网上销售
5000 万元时并不会对传统渠道有什么影响。当销售额持续倍增时,李宁也开始
认可这个渠道,并开始投入进来。"目前看来还是没有找到更好的方法。其实任
何一个品牌的渠道管理,要说百分百没有人违规的理想状态是不存在的。"

促销区隔:

在戴尔即使线上的产品与线下的一样并且价格相当时,线上会采取赠送不
同的赠品来吸引客户。

而且,戴尔对于线上经销商的支持力度也很大,比如参与淘宝网 600 元"秒
杀"行动。

5. 外包运营

对于官方的直营店,林砺的做法也很特别:客服、物流等环节都外包出去,自己只做售后服务。同时,对外包公司进行培训和监管。在初期林砺一直把"低成本、见效快"看得非常重。"许多外包公司很专业,我们自己去做反而更费力,我们只做最核心的事情。如果不是有些环节外包的话,不可能在入驻淘宝两个月后,有精力把 B2C 网站做上线。"

"摸索的路尚在前进,"林砺说,"在刚推出 E-Lining 商城的时候,从 IT 到运营我们全部采用外包模式,以此来验证第三方平台是否能成功,公司自己来做电子商务是否可行。最后实践证明,这样做是正确的。所以我们接下来要进行更大的举措,建立一套自己的电子商务平台,因为领导坚信,必要的投入能够看到它未来的结果,一定的投入将会换得一个更好的电子商务运营基础。"

淘宝开店对于品牌企业最有价值的是客户数据分析,大量客户在线浏览、咨询、购买等行为背后的数据分析则比客户调查准确得多。

6. 供应链管理

对所有电子商务企业来说,信息系统的管理以及对仓储和物流的管理都是重要的保证,特别是针对每个网络零售终端的管理、零售终端价格变动、货款回笼、库存、订单等事项的管理。

由于到达李宁各网上经销商或直营网店独立仓库的商品都是整箱整箱的,而网上交易则是"一双鞋子或是一件衣服的销售",所以各网上经销商或直营网店需要对前期预估后送达的商品进行分解,在存储到独立仓库的小型货架之上,以保证快速配送的要求。这一过程在每日几十单、一两百单的情况下还能勉强应对,但如果达到每天三四百单时,系统则可能会面临崩溃。这一隐患在 2008年北京奥运会期间暴露无遗,对市场预期的不足,让李宁的 B2C 业务一度连续 5天发不出货,激增的订单让货物如何分拣,怎么发货,选择怎样的快递等一系列问题接踵而至。但这也在很大程度上促使李宁重新审视自身的电子商务战略,坚定了继续改革的步伐。林砺认为,首先要实现 IT 系统中 B2B 和 B2C 的无缝对接,线上订单可以通过线下渠道配送,"上下"渠道可以随需应变、实时更新。更重要的环节是供应链的升级。

为此,从 2008 年底开始,李宁便与 IBM 建立了合作关系,并选择 Web Sphere Commerce 作为其电子商务平台的解决方案。作为项目的实施方,IBM 帮助李宁分析了原有系统,并利用 SOA 的方式进行整合,将用于支撑后端业务的流程如采购、物流等核心内容进行优化,并实现了对分销、代销,直营销售等多种销售模式的支持。林砺表示,电子商务的英文缩写为 EC,但起初管理团队只把它理解为 Electronic Channel(电子渠道),就是简单的卖货、销售新品或清除存货;但两年之后,李宁的电子商务才真正转化为 Electronic Commerce(电子商务)——"这就意味着,整个供应链在往前端移动",即李宁正为互联网渠道的用户量身定做产品。而在物流方面,除了目前上海的总仓外,李宁联合 7 家核心供应商正准备在湖北荆门建立起一个占地 3200 亩,兼具生产和物流功能的超级工业园。届时李宁将能够在 7 小时内,将产品覆盖到除西藏、新疆外的全国各省会城市,将原先"从分销中心,到客户中转分仓,再到零售店面"的物流模式,转型为"从分销中心直接到零售店面",以此更好地满足消费者需求,对市场变化做出迅速及时的反应提供了可能。

五、2010 · EC 战略

　　持续三年的电子商务实践虽然波澜不惊,让集团逐步认识到电子商务渠道的潜力,但是目前的电子商务至多是李宁集团业务的一个辅助模块,还谈不上核心业务。林砺很清楚,李宁的电子商务是大有可为的,3 年的成绩是明证,但同时她更清楚,现在的李宁比以往任何时候都需要完整而明确的战略来引导。如何在网络渠道中占据主导地位,来平衡经销商方面的压力;如何使线上线下渠道真正的融合,共同促进而不是像现在一样各自为战;如何进行各移动数据平台的建设来实现跨渠道的消费体验;如何进行更为科学的品牌和产品区隔,使销售更具针对性……这些都是李宁公司未来 EC 发展必须面对的问题,这些问题的解决需要的是清晰的战略指引,而不再是之前的"尝试"和"摸索"。

　　任何一家品牌公司,开始做电子商务,一定需要全方位进行慎重考虑有一个自己的战略决策,比如团队、品牌、产品、渠道、消费者、技术解决方案,甚至从哪一点开始起动,都是需要进行充分考虑的。不管是之前的电子商务探索,还是未来的电子商务发展,其战略都要围绕这些方面展开,其中的区别在于各方面的侧重点和传递性。有些问题如专业团队、产品定位、切入点、技术解决方案已经在过去的 3 年完成并取得证实;有些方面如产品定位、渠道整合、业务模式都在之前进行了探索并有了未来努力方向的明确;有些方面如品牌传递、消费体验则是在之前并未做多少努力而在未来需要重点规划的。

　　之前的经验已经表明电子商务战略的核心是消费者的选择!电子商务不是简单的新渠道拓展,而是消费者购买习惯变化的结果。另外,电子商务并不意味着官网直销,淘宝旗舰店/唯品会/淘宝 C2C 店等平台构成的网络分销与直销的齐头并进的趋势已经越来越明显。

　　"电子商务对于李宁来说不只是一个网络渠道,我们已经迈出第二步了,开始承担李宁的品牌塑造、直接与消费者接触、与线下渠道对接的责任。"林砺说。

1.EC 战略定位

在 2010 年的年报中,李宁公司明确表示"李宁电子商务对于品牌形象的传播和提升,对与目标消费者的沟通和互动以及生意增长起到了正面推动作用","未来电子商务将成为本集团一个日趋重要的新型渠道"。其中,生意增长,消费者互动,品牌提升是李宁 EC 战略的定位,三者即层次递进又相互促进。

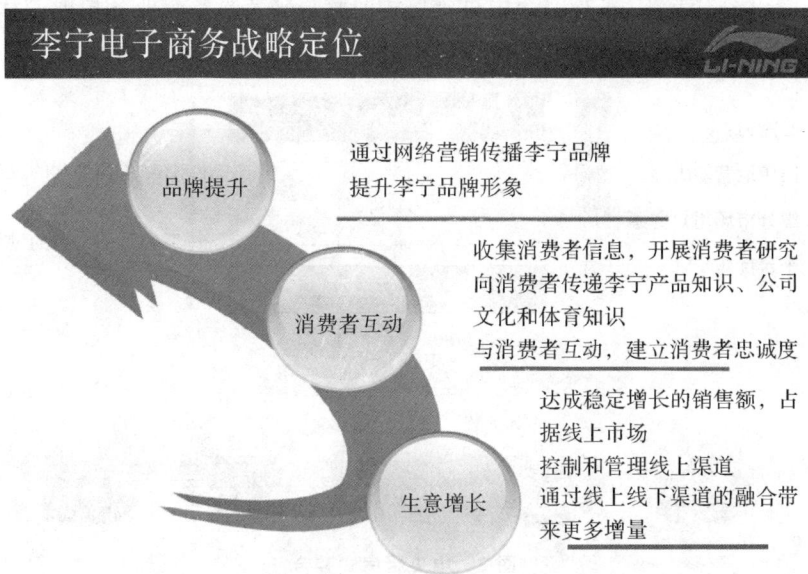

图 1　李宁电子商务战略定位

生意增长:达成稳定增长的销售额,占据线上市场;控制和管理线上渠道;通过线上线下渠道的融合带来更多增量。

消费者互动:收集消费者信息,开展消费者研究;向消费者传递李宁产品知识、公司文化和体育知识;与消费者互动,建立消费者忠诚度。

品牌提升:通过网络营销传播李宁品牌提升李宁品牌形象。

林砺说:"当时我们发现,在互联网已经自发形成了互联网李宁品牌的销售渠道,所以我们觉得作为李宁来说,如果自己来做电子商务,一定将会给我们带来一个生意的增长,一个新的渠道的建立,以及我们的品牌在进一步的深入开拓。因为大家知道,李宁目标消费群体,因为我们都是做体育用品的,所以一定是年轻人,而且是 14 岁到 18 岁的年轻人。这个年轻群体也一定是互联网重度的网民人群,我们跟他们开展一个深度的无缝的亲密接触才能够让我们的品牌在消费者心目中深入人心,所以品牌的拓展、推广和消费者的互动,也是我们起动电子商务一个非常重要的原因。"

2. EC 战略的运营平台

"常规来说,如果是单纯的互联网电子商务公司,商业模式一般是 B2C。我们即便是在互联网上我们的渠道模式也会分为 B2C,B2B2C,我们现在也在摸索新的电子商务的模式。下面进行支撑的就是我们的一些职能部门,物流中心,网点运营中心,还有非常重要的营销中心,还有特别特别重要的产品供应链。应该说,几个部分合起来,进行一个中央厨房式的整合来负责整个业务拓展。"林砺介绍说。

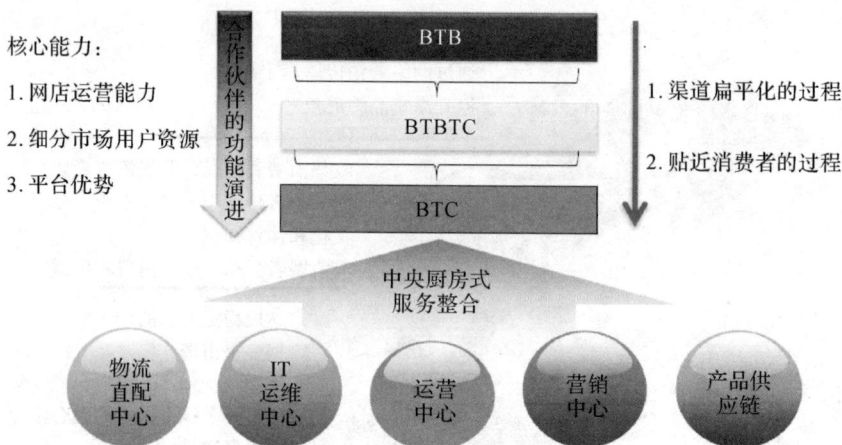

核心能力:

1. 网店运营能力
2. 细分市场用户资源
3. 平台优势

合作伙伴的功能演进

BTB

BTBTC

BTC

1. 渠道扁平化的过程
2. 贴近消费者的过程

中央厨房式服务整合

物流直配中心   IT运维中心   运营中心   营销中心   产品供应链

图 2   中央厨房式整合

电子商务最佳的供应链体系应该是品牌商的系统直接对接销售平台,实时反映产品库存情况,能够将不同平台上数据适时反馈到品牌商自己的系统,以指导产品的生产和供货。但是,目前几大销售平台情况并不一致,如卓越亚马逊、麦考林渠道属于买断模式,品牌商只需要给平台供货,仓储、销售、物流都由平台统一进行。当然,产生的库存也由平台方自行消化。

电子商务公司的核心竞争力在于提高供应链的效率,因此,各个 B2C 商城都努力地将前台商品与后台库存通过系统进行实时关联,以提升用户体验,提高库存周转率,加快资金周转。百丽正在开发多渠道电子商务管控平台系统,也就是将各个平台上的产品与百丽自己的电子商务仓进行同步对接。

事实上,李宁公司在发展电子商务的过程中认识到,电子商务与其传统线下业务最大的区别就在于可以让公司实现跟消费者的直接接触,在这个过程中他需要进行渠道扁平化的过程,通过选取可靠的合作伙伴和运营平台,综合利用企业官网和各优势平台来贴近消费者,让目前 B2B、2B2C 模式可以实现像 B2C 那样的与消费者互动的进化。在这个过程中需要借助的合作伙伴就必须拥有良好的网店运营能力,充足的细分市场用户资源以及突出的平台优势。李宁 EC 的运营结构反映出李宁公司已经实现了单纯的电子商务到涉及各个面的大电子商务的转变,其运营的重点不仅仅在于如何建立有效的网络渠道来进行销售,而更加注重其中最有意义的消费者接触。体现出公司管理层在经过 3 年的探索之后的战略飞跃。

在李宁成立电子商务部门之初,就将其电子商务定位为 E-Channel,也就是利用原有的企业内部管理系统,组织采购、生产等活动,而各直营门店和经销商依据自身对市场的预测进行订货,并最终实现产品销售和客户服务。在这一流程设计中,首先李宁公司做出整体需求预测并向工厂发出订单,之后工厂将产品发到李宁集团的总仓库,之后,电子商务部根据产品的需求向总仓库下单,再运到网上经销商或者电子商务部的独立仓库。

然而,电子商务应该能够成为一个完整的从供应商到采购、销售、渠道到消费者手里的行业的价值链。"在 2008 年时候的定位,就把李宁电子商务定义为 E-channel。到了 2009 年,到 2010 年,我们逐步把定位进一步演化成 E-commerce。到了目前,我们已经从纯粹的 E-commerce:E-channel ＋ Supply Chain。我们要把各个渠道,还是互联网更新的渠道,我们要去做一个整合,这才是真正意义上的完整的电子商务。所以这是我们李宁对电子商务的一个理解。"林砺语。

3.EC 网络多渠道整合

在网络渠道中同样存在多种渠道平台,品牌商需要考虑诸如 B2C 平台的市场占有率、用户定位以及能够给品牌带来的传播效应等因素。对于网络品牌商如麦包包等来说,在更多的网上商城出现正如线下在更多的柜台展现一样,不仅意味着多了一个销售通道,更重要的是多了一个广告窗口,提高与客户的接触度,方便拓展新客户。

在未来,针对每个平台的用户不同,会分别采取不同的个性化货品策略。比如,麦包包除了在卓越亚马逊开设旗舰店,在其他平台上,麦包包是以旗下不同品牌入驻不同商城的方式来扩展渠道,如当当网上是飞扬空间、浪美和 DUDU、京东商城主推 DUDU、卡唐、微茉,用多品牌应对多渠道。

多渠道发展中是采用"经销模式"还是"服务模式"。随着淘宝分销平台的升级,经销模式将成为 2011 年淘宝分销平台主推的分销模式。对于成熟买家而言,采用经销模式,缴纳一定的保证金,成为签约经销商,先进货再销售,分销商拥有更多的自主权,他们也可以参与企业的订货会,享受企业更多的权益。

李宁公司目前的网络渠道既有与综合 B2C 平台如当当、京东等的合作,也由于 C2C 平台如淘宝、拍拍网等的合作,既有自己在各平台上开的旗舰店,

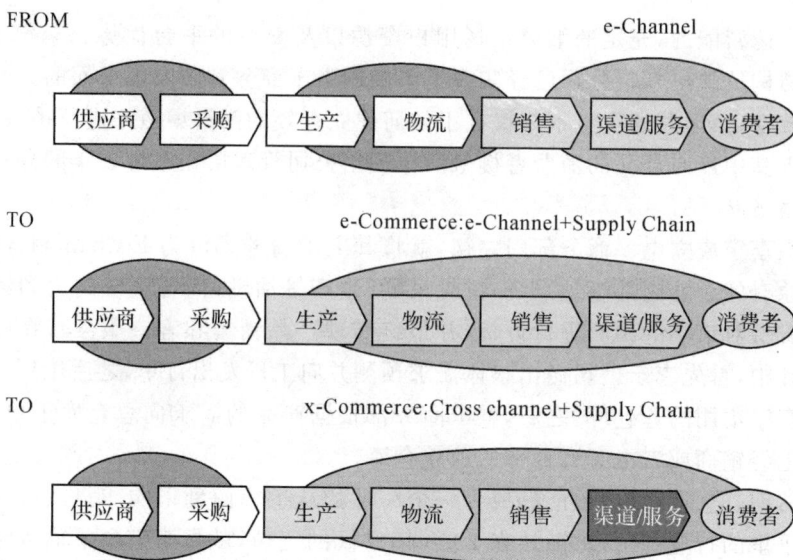

FROM   e-Channel

TO   e-Commerce:e-Channel+Supply Chain

TO   x-Commerce:Cross channel+Supply Chain

图3　经销渠道

也有网络分销商开的专卖店。目前李宁的策略是寻找一切有助于李宁品牌提升渠道的合作伙伴,但是未来各种店铺的业态如何融合,他们对李宁品牌的形象体验以及建立跨渠道的一致性的消费体验会产生什么影响依然需要时间来评估。

C2C、B2C 购物平台,包括淘宝(垄断地位)、拍拍、QQ 商城、有啊、乐酷天等,其中淘宝 C2C(含 B2C)以小店为主,通过买卖差价赚取利润,部分店获得了品牌公司的授权(400—500 家);同时在淘宝商城 B2C 平台上有品牌商或者经授权的网络经销商直营,在淘宝商城开设旗舰店,目前有 6 家李宁店。B2C 综合类网上商城,如卓越亚马逊、当当网等,属网上百货商店,货品主要来自于品牌公司或者线下经销商,通过买卖差价或者寄售扣点的方式赚取利润。B2C 垂直类购物网站,如名鞋库、好乐买、乐淘网等,属多品牌网络经销商,货品主要来自收购线下大经销商的库存产品,以较低折扣在网上销售,卖点为保证正品,通过买卖差价赚取利润,乐淘通过扣点赚取利润;B2C 品牌商直营官方商城,如李宁官方商城,属品牌商直营,具有生意、品牌宣传和消费者沟通多重功能。

易观国际认为:有了网络渠道后,李宁的网络推广就能迅速转化成真金白银的收益了。同时还能在网络上确立官方的权威性,达到排挤,甚至淘汰山寨网店的目标。不过,他们依然任重道远,相对于 34106 家卖李宁的店这一庞大的总数,授权店所占的比例很小,其中李宁官方占的份额并没有形成主导优势。

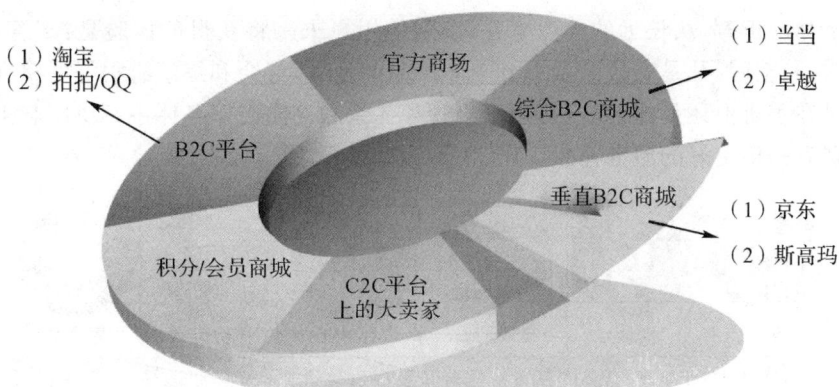

图 4　购物平台

（1）淘宝
（2）拍拍/QQ

B2C平台

积分/会员商城

官方商场

综合B2C商城

垂直B2C商城

C2C平台
上的大卖家

（1）当当
（2）卓越

（1）京东
（2）斯高玛

4. EC 与线下渠道融合

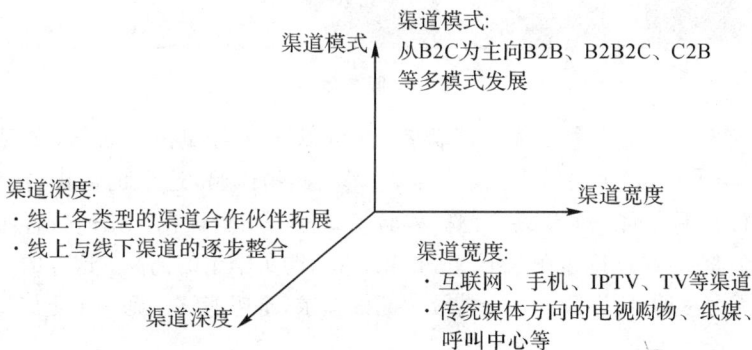

图 5　渠道融合

渠道模式

渠道模式：
从B2C为主向B2B、B2B2C、C2B
等多模式发展

渠道宽度

渠道宽度：
·互联网、手机、IPTV、TV等渠道
·传统媒体方向的电视购物、纸媒、
　呼叫中心等

渠道深度：
·线上各类型的渠道合作伙伴拓展
·线上与线下渠道的逐步整合

渠道深度

李宁现行的合作伙伴主要是分销、代销、直营,等等。一个是渠道模式,多种渠道模式如何和谐共存;另外一个方面就是渠道深度方面,既包括互联网上面各个类型的渠道合作伙伴的合作,更为重要的是线上和线下渠道的一个逐步的整合,目前通过线上与线下强势的区隔政策与价格政策保证相安无事,但是线上与线下渠道总体是分离的。要将两个利益主体的渠道融合起来难度可想而知,会牵扯到整个集团的 IP 系统的整合,线上线下利益关系的整合,还有很多物流方面的配合,等等。

5. 跨渠道的消费者购物体验

随着 3G 网络发布与消费者越来越能够实现手机上网,移动互联网越来越热。所以手机在未来,甚至回过来传统的呼叫中心等等,都可以成为我们电子商务可以利用的平台或者说是一个新型的创新渠道。所以我们会在三个方向上,不断地对 EC 渠道,对李宁 EC 渠道进行拓展。

　　林砺坦言,从长远的角度来看,李宁的用户未来将获得的体验是:不管在任何时间、空间,凡是有机会接触到李宁产品的地方,都会和终端有很好的整合;不管是在手机上还是在互联网上,用户管理体系和一整套服务体系都协同起来,为消费者提供更好的服务体验。

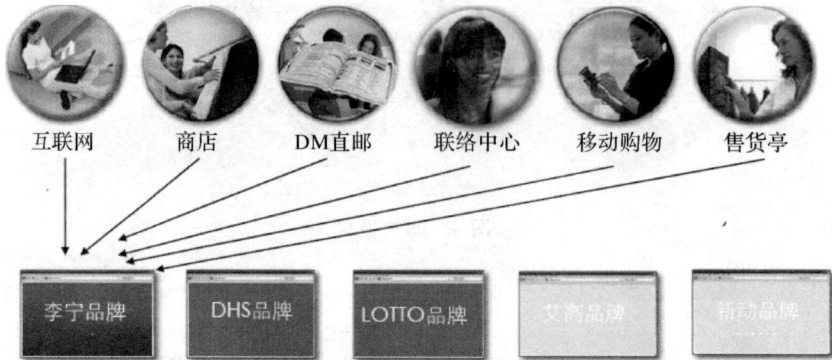

互联网　　商店　　DM直邮　　联络中心　　移动购物　　售货亭

李宁品牌　DHS品牌　LOTTO品牌　艾高品牌　新动品牌

图 6　服务体系

　　在未来不管是哪个品牌的消费者,都可以非常自如在互联网,在现下的商店,或者是手机,各个终端上面能够自如完成购物体验,这个也是我们李宁在跨渠道零售变革方面一个最终梦想。体验怎么样一步步优化?让消费者愿意持续购买李宁商品,并且持续在电子商务的渠道商,购买李宁的商品。这样的一个目标可能是无穷尽的,所以我们也会持续不断的追求,希望能够达到一个更好的结果。

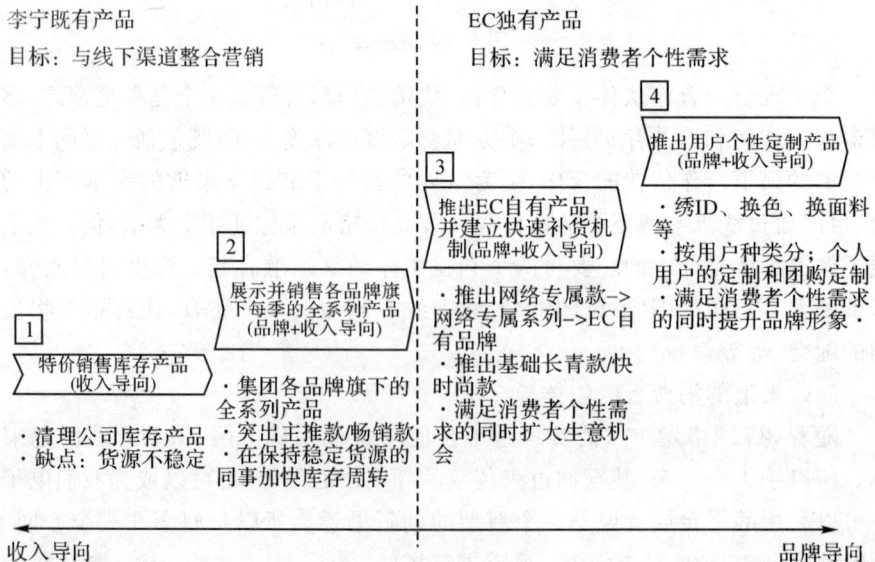

图 7　跨渠道零售变革

6.EC产品和品牌规划

李宁旗下现在拥有诸多品牌,这些品牌与产品系列如何在线上与线下各自承担使命,从而能够最大化李宁品牌的整体利益,是李宁EC战略从过渡时期到战略时期不得不考虑的问题。2010年6月份李宁推出我们的网络专供产品系列,都会在互联网上率先推出。但是怎么解决缺货和滞销,这同样也是一个问题。2010年3月李宁在淘宝推出红双喜、乐途等品牌旗舰店意味着电子商务部门担负了整个李宁集团的电子商务开拓的重任,正如林砺所说:"我们也必须要让集团每个品牌逐步带入到电子商务这个领域。"

六、结束语

谋定而动,似乎应胸有成竹;然而,面对随时可能发生迅猛变革的互联网世界,却似乎没有那种从容的气度,目前李宁的电商模式是否正在朝着正确的方向前进? 有否有一种更加激进的模式在超越? 这一切都要在实践中等待着答案的出现。原来引领李宁电子商务方向的林砺在2010年因个人原因悄然离职。新的接班者面对这个局面,他应该如何来处理? 坚持战略? 调整战略? 还是采取完全不同的方向?

面对越来越明朗的电子商务趋势和新型网络消费群体的崛起,进军电子商务已经成为众多国内品牌的选择,且来势汹汹。紧追李宁位居第二的安踏,其总裁丁志忠表示,安踏将在2011年全面进军电子商务。最初,安踏选择与淘宝网、拍拍网等C2C平台合作,之后在2010年与国内最大的网上鞋城乐淘网结成战略伙伴,允许乐淘销售安踏部分产品,并且安踏方面为乐淘推出"网络专款"的鞋品。在2010年,安踏的网络销售额近亿元,成为安踏继专卖店和商超之后的第三大销售平台。

与安踏一样出身于福建晋江的特步,定位于时尚运动有效与李宁这专业体育品牌做了区分。对于电子商务,特步将其上升到企业战略的高度来理解。2009年7月开始,特步与淘宝合作,并选择了其中的30家有一定网络分销经验的经销商作为特步的网络经销商。从无到有,仅仅8个月,就做到了5000万的销售额。特步的目标2011年网上销售额达到2亿元,它正通过淘宝网培养自己的网络经销商,目前已经选择了30家。特步的目标是2015年,网络的销售额占到10%。

匹克,作为国内篮球鞋领域能与耐克、阿迪达斯等巨头一较高下的民族品牌,同李宁一样,成立了独立的公司运营电子商务。其在2008年试水电商时,采用广撒网的方式铺开。在2010年仅用了半年左右的时间就完成等同其他品牌公司一年的业绩,如今每天也基本保持着15万至20万元的销售,预计全年增长率在200％以上。虽然2010年全年,电子商务只占了总销售额的1％,但公司计划在未来三年内,电子商务的份额能占到10％。

其他诸如361°、德尔惠等追随品牌也大多已经涉足电子商务,纷纷采用与C2C、B2C等平台合作的方式。

李宁,已经在电子商务的道路上有着稳健的尝试和良好的基础,然而,它没有任何理由来放松,面对激烈的变革趋势和竞争对手的步步紧逼,既有的电子商务战略是否可以指导其未来的成长呢？未来的变化与暗礁又可能发生在哪里？如果放眼未来,企业面临的不仅仅是渠道的冲突,而是传统商业模式和新的电子商务商业模式之间核心操作体系的冲突。目前李宁电子商务公司主要是执行集团的战略,作为对传统渠道的补充与辅助,但是电子商务的潜力是否应局限在原有体系中,还是要成立独立的体系,如果这样,产品研发、定价、销售体系都需要重头来过,这样电子商务体系才能完全摆脱传统渠道的束缚。

丽港鞋业除了与传统渠道的百丽共享设计、生产和质检等柔性化生产流程,其他的诸如仓储、物流等都进行单独运营。

附录：

此处,最后需要一些报表作为附录,供决策者参考。如：

1. 整个中国电子商务 B2C 发展的背景；
2. 网民网络购物习惯的背景报表；
3. 中国体育用品的品牌排名表(以市场份额)；
4. 李宁公司历年的销售额增长图(至少近10年)；
5. 李宁公司的电子商务发展的大事件以及历年的销售额；
6. 李宁最新2010财务报表中与此决策相关的信息。

PART TWO　案例说明

一、教学目的与用途

随着 B2C 网络交易条件的日趋成熟和新兴网购消费群体的崛起,传统品牌制造商拥有开辟廉价网络渠道的巨大冲动,但是又面对着几十年精心打造的线下经销网络的掣肘。那么,该类企业应如何来设计电商战略,以怎样的一种路径来推动电商战略比较稳妥,才能够真正达成兼顾线上/线下渠道两者的优势,这是所有传统制造商面临的问题和挑战。在过去的 10 年中,许多企业如李宁、联想、罗兰家纺等进行了尝试,但是目前为止还不能说有一条金圭铁镍来供所有的企业来参考和借鉴。

本案例试图通过典型传统服装品牌李宁公司的电商战略转型过程探讨,来做一个个案的启示。本案例适用于 MBA 课堂《市场营销》中"网络营销"、战略管理中"电子商务战略"等主题讨论。

二、教学目标

1.识别传统品牌制造商在面临决策是否进军电子商务战略时的主要考虑因素。

2.学会制定传统品牌制造商如李宁公司开辟网络销售渠道的有效路径,以有效避免线上和线下渠道之间的冲突。

3.设计传统品牌制造商电商战略的目标和实施框架。

4.了解网络渠道作为一个营销和推广的渠道,应在传统品牌制造商整体营销战略中发挥功能和沟通组合中的角色。

三、启发思考题

1.李宁 2007—2010 年电子商务模式的探索历程大致可以分为哪几个阶段?你认为其实施的路径对于传统品牌制造商是否具有普遍的借鉴意义,为什么?

2.李宁处置网络分销商与传统经销商冲突的策略有哪些? 是否有效?

3.从消费者角度出发,你认为李宁公司在品牌及传播上如何保证线上/线下的一致性体验？

4.从李宁集团的发展战略出发,你认为李宁公司制定的电子商务战略的战略意图是什么？其战略的构成要素包括哪些？

5.李宁公司的电子商务部门面临着怎样的竞争环境和威胁？

四、分析思路与逻辑

1.李宁 2007—2010 年电子商务模式的探索历程大致可以分为哪几个阶段？你认为其实施的路径对于传统品牌制造商是否具有普遍的借鉴意义,为什么？

李宁公司进军电子商务主要基于以下理由:第一,淘宝网服装品类的持续销售增长证明了通过网络渠道销售服装的可能性;第二,李宁公司集团层面重视网络战略,传统倚赖门店扩展的成长路径正在遭遇瓶颈,网络渠道本身的低成本可以帮助企业获得新的市场增长机会;第三,经销商在淘宝网等开设的李宁服装淘宝店,一方面培育了网购市场,但同时又造成了网络市场混乱,破坏李宁的品牌形象。第四,李宁公司正在进行的目标市场重新定位战略与电商战略具有一致性。

从案例资料可以看出,李宁公司的电商战略路径包括三个阶段。

第一阶段:2007 年—2008 年 6 月,完成电商网络布局。

李宁公司决定进军电子商务,成立独立的电子商务部门。其管理行动则开始于对已经存在的众多李宁网店进行整编;李宁参考线下零售店面的管理模式,通过建立一整套认证体系来筛选出正规网店,保证李宁品牌的一致性。同时以 6 月 18 日官方网上商城正式营业为标志,李宁完成了线上渠道自营与分销并重的整体战略布局。

第二阶段:2008 年底—2010 年,电商网络深入完善发展。

李宁电子商务公司在上海成立,正式推出网络分销、代销合作模式。在内部管理上完成 IT 平台搭建,双渠道资源共享。此时,网络依然定位为一个销售渠道,李宁通过官方授权的形式借助网络代理商的力量来发展网络销售事业,并于 2010 年 6 月份推出了网络专供产品系列。

第三阶段:2011 年至今,电子商务战略融入企业战略。

2010 年的年报中,李宁公司明确表示"李宁电子商务对于品牌形象的传播和提升,与目标消费者的沟通和互动以及生意增长起到了正面推动作用""未来电子商务将成为本集团一个日趋重要的新型渠道"。李宁的电子商务在集团战略中已不仅仅是一个销售渠道,而是开始承担李宁的品牌塑造、直接与消费者接触、与线下渠道对接的责任。

　　李宁公司电子商务战略的实施路径对于传统品牌制造商来说具有一定的借鉴意义，主要表现在两个方面：第一，面临的问题相似，都有经销商网店的问题；第二，都面临着自己学习的过程；但是，不同表现在：第一，电商实施的目标和战略不一致；第二，网络环境的改变。

　　2.李宁处置网络分销商与传统经销商冲突的策略有哪些？是否有效？

　　李宁防止渠道冲突的策略主要有以下几点：第一，线上/线下区隔，规定线上代理商只能做线上生意，线下经营商只能做线下；第二，产品区隔，研发网络渠道的专供产品；第三，价格一致，特别是新品线上和线下价格保持一致；第四，网络商店多业态之间的区隔，旗舰店/折扣店/形象店等专注各自的细分市场。

　　3.从消费者角度出发，您认为李宁公司在品牌及传播上如何保证线上/线下的一致性体验？

　　李宁集团给予电子商务部门的战略是"品牌第一，消费者第二，销售第三"，因此保持消费者线上与线下体验一致处在电子商务部门非常重要的地位。主要表现在以下几个方面：第一，品牌形象宣传的一致性；第二，产品品质的一致性；第三，购物体验的一致性；

　　4.从李宁集团的发展战略出发，你认为李宁公司制定的电子商务战略的战略意图是什么？其战略的构成要素包括哪些？

　　李宁公司电商的总体指导思想是"品牌第一，消费者第二，销售第三"。从2010年的年报中可以看出，李宁公司已经把网络渠道定位为对"品牌形象的传播和提升，与目标消费者的沟通和互动以及生意增长"三方面都能起到重要作用的渠道，因此，电子商务部门不仅是一个简单的销售渠道，未来还将定位为与消费者网络沟通的社区。具体的构成要素包括以下几点。

　　第一，线上网店业态的整合。李宁 EC 网络渠道包括旗舰店、专卖店、折扣店这三类业态的因素，2010 年李宁共授权了 76 家网店，包括 14 家官方直营店、11 家专卖店、1 家折扣店以及 40 家品类店。李宁公司需要对不同平台的网店的网店合作方进行选择和整合。

　　第二，线上与线下渠道的整合。李宁公司认为目前的线上、线下区隔政策是权宜之计，从长久来看线上和线下渠道势必会有一个逐步整合的过程，这样才能更好地协同发挥各自的优势。

　　第三，后台运营平台及供应链的整合。李宁电商并不满足单纯的 E-Commerce 模式，未来的目标是将李宁电商打造成"X-Commerce"模式，即跨渠道的整合结合供应链管理理念，将后台数据库/运营中心和网络渠道整合起来。

　　第四，国外和国内电商渠道整合。2011 年李宁公司开辟了美国的电商渠道，相当于在国际和国内两个市场拥有两个电子商务平台。

第五,品牌与电商的整合。李宁电商公司不仅承担着李宁牌的 EC 管理,旗下的红双喜、乐途等品牌纷纷上线也让李宁电商承担了更大的责任,担负着整个李宁集团的电商开拓重任,正如林砺所说:"我们必须要让集团每个品牌逐步带入到电子商务这个领域。"

5.李宁公司的电子商务部门面临着怎样的竞争环境和威胁?

在所有的商务环境变迁中,互联网的商务模式是变化最快和最迅捷的,而且消费者的忠诚度也比线下的弱。李宁的电商战略面临着以下几个力量的挑战:

第一,B2C 网络零售模式的挑战。自从亚马逊 B2C 模式成功以来,目前各垂直市场的 B2C 霸主基本都是新兴互联网企业。

第二,竞争对手的挑战。在网络生意模式中,竞争对手一旦获取新的力量或者新的技术优势,非常容易超越。安踏、特步等都在大力发展网络零售渠道。

第三,第三方电子商务平台的竞合关系。如淘宝商城、VANCL、淘秀网、拍拍网与官网商城如何处理竞合关系。

五、案例后续发展

继获得"2011 易观传统企业电子商务客户价值管理最佳奖"后,李宁电子商务公司又于 2012 年 3 月份赢得"易观 Enfo Commerce Award 最具投资价值的电子商务企业"荣誉,成为传统企业网络渠道建设的楷模之一。

目前,李宁线上 60% 的订单量来自于淘宝,在所有网络渠道中自营的比例达到了 50%,"品牌商不应轻易放弃直营,如果一开始没有直接面对消费者的能力,可以外包给服务商;但是如果仅仅把自己定位成供货商的角色,只能卖货而不能看到顾客具体的行为轨迹。无论是从生意产出来说,还是从生意增值空间来说,都不值得",李宁电商总监翁锦毅坚持以自营与终端消费者保持沟通。

与此同时,在国际市场上,李宁公司于 2011 年底和美国 Acquity Group 合资成立"数字李宁",以"你从没有听说过的最大的品牌"为口号,通过设计体现东方哲学里身心统一达到运动平衡的理念,为美国年轻一代消费者提供一种全新的视角和选择。

六、建议课堂计划

本案例非常适合探讨传统品牌制造商的网络战略。事实上,在这条道路上实践的企业很多,很多企业都已折戟沉沙,如早前的太平鸟和最近的美特斯邦威。李宁公司在此开辟出了一条非常稳健的道路。

　　李宁的案例大部分学生都会比较了解,但是对于电商部分的经过未必清楚。因此在阅读案例时,应把握住两个重点:一是电商战略的转型过程,分析其经过几个阶段,探讨其为什么如此转型;二是电商战略的构成,这一定程度上代表了对未来的趋势把握。

　　我们同样建议在讨论电商战略时,可以适当增加两部分的背景资料:一是中国网购市场的近10年的飞速发展情况,以利于学员了解互联网给零售市场带来的巨大变革;二是增加竞争对手的资料以方便比较,比如美特斯邦威的"邦购网",分析其为什么失败。

挚友是怎样炼成的：上佰电商的供应链协同之道①

摘　要：上佰电商抓住了我国大家电电子商务发展的机会，借助信息共享、产能协调等手段实现了供应链协同，极大地提升了整条供应链的绩效，并通过向客户提供精准的销售预测信息、顾客消费偏好等增值服务与客户建立了良好的合作伙伴关系。本案例对上佰电商与其客户从无到有构建供应链合作伙伴关系的全过程进行了详细的描述，能够为电商平台商、服务运营商以及品牌商建立良好的合作机制提供有益的借鉴。

关键词：供应链　协同　电商运营服务

PART ONE　案例阅读

一、引　言

2016 年 11 月 10 日深夜，杭州创新软件产业园办公楼的灯基本上都熄了，唯有上佰电商所在的 8 楼依然灯火通明，四处都是高悬的横幅，其中一条横幅上赫然写着"美的电器双十一总指挥部"。上佰电商的总经理冯积儒、首席运营官温远红等高管都在场，所有员工也都在各自的岗位上忙碌。除了上佰电商的员工外，现场还有一位特殊的客人——美的集团洗衣机事业部的总裁殷必彤先生。此时，温远红在沉稳地向殷总介绍上佰电商为"双十一"做的充分准备，但心里依然有些紧张。今年上佰电商向美的要了 48 万台洗衣机的货，是去年的 2 倍，美的甚至停了销往国外和京东的订单来满足上佰电商的需求，为此殷总做了大量

①　1.本案例由浙江工商大学工商管理学院的肖迪、杨瑞星和胡玮玮撰写，作者拥有著作权中的署名权、修改权、改编权。2.本案例授权中国管理案例共享中心使用，中国管理案例共享中心享有复制权、修改权、发表权、发行权、信息网络传播权、改编权、汇编权和翻译权。3.由于企业保密的要求，在本案例中对有关名称、数据等做了必要的掩饰性处理。4.本案例只供课堂讨论之用，并无意暗示或说明某种管理行为是否有效。

的协调工作,上佰也向美的立下了军令状。如果今天销售结果不好,温远红觉得很难向冯积儒交代。凌晨 12 点,淘宝"双十一"购物狂欢节的大幕拉开。半小时 25 万台,1 小时,42 万台,3 小时,48 万台! 看着迅速上升的销售数据,温远红悬着的心终于放下了,思绪回到了刚刚开始创业的时光……

二、蹒跚上路

1.筚路蓝缕

如今上佰在"双十一"一晚就可以完成十亿的交易量,可在刚刚创业时却步履维艰,温远红对 2011 年创业时的情形记忆犹新。当时冯积儒还是美的市场部的部长,温远红则在一家 4A 广告公司从事广告策划工作,两人是相识多年的朋友。冯积儒的市场嗅觉非常敏锐,虽然身处传统的白色家电行业,但他感到电商行业前景无限,就与温远红、王昊以及翁书虎几位好友一起商量创业的事情。经过几次激烈讨论,他们意见逐渐统一,目前创业团队还不具备运营独立 B2C 电商企业的实力,但现在很多传统企业都在进军电商,可苦于没有运营经验,因此成为阿里巴巴的优质运营服务商将大有可为。为了与阿里巴巴平台沟通方便,四人将创业地点放在了杭州,就此杀入电商领域。

虽然他们大多来自于白色家电企业,却没有从自己熟悉的产业切入,而是做起了"临安山核桃"的电商生意。当真正接触到电商的实际运营后,温远红才发现这远非将产品搬到网上卖那么简单,自己以前做线下广告策划的经验在电商领域几乎没有用武之地。GMV、入店跳失率、成交转化率……,这些淘宝电商术语让温远红感觉像读火星文。为了尽快熟悉电商运营,上佰的创业者们都开启了疯狂学习模式,流量导入、店铺设计、网购行为分析以及天猫及淘宝的政策解读,一项项技能从头学起,加班甚至通宵工作成为家常便饭。在这个过程中,天猫小二张翔为上佰的创业者们提供了很多帮助,就连最初的补货计划模板都是在他的帮助下做出来的。张翔还根据自己多年积累的经验不时提醒他们关注库存周转率、可销天数以及平均库龄等关键运营指标,帮助他们分析运营中存在的问题。功夫不负有心人,临安山核桃的销售慢慢有了起色,到 2012 年上半年,在大促时销售额最高甚至能够冲到一天 30 万。但是,冯积儒却依然眉头微蹙,一副忧心忡忡的样子。温远红知道冯积儒为何忧虑,临安山核桃的客单价太低,也就 80 元左右的样子,并且很难提升,而客单价代表了店铺的定位以及客户的购买能力,这限制了上佰的发展。此外,阿里巴巴越来越重视对高客单价店铺的扶持,据说以后低价爆款产品都没有活路,这更让冯积儒感觉如鲠在喉。

两个月后,冯积儒召集温远红等上佰的核心成员开会,讨论上佰的未来发展方向问题。大家的感觉与冯积儒差不多,都认为运营临安山核桃并非长久之计。冯积儒说:"既然这样,我们不如还是干老本行——白色家电。一台洗衣机起码千元起,客单价比山核桃高多了,而且我们都是白色家电行当的老把式了,完全没有进入障碍。"翁书虎接过话头说:"目前家电业的销售基本上还是传统套路,熟悉电商运营的人少之又少。我们这一年来虽然在电商运营上交了不少学费,可也确实累积了很多宝贵经验,我支持干白色家电!"温远红赞同道:"我们的强项在于能够第一时间得到阿里巴巴平台的规则并迅速进行解读,将其转化为品牌商的电商运营方案,这种能力是品牌商急需的!"冯积儒连连点头说:"这几天老东家的殷总找到我,讲起美的已经开始在电商领域发力,要将电商提升到美的集团的战略高度,可苦于缺乏电商经验,美的天猫旗舰店的生意一直没有起色,因此希望我们能接手这家店的运营。美的的品牌知名度和美誉度都很高,这样我们营销推广的难度大大降低。更重要的是,这次美的并不是一时冲动,而是要动真格的了,兄弟们,我们上吧!"

2.初步磨合

经过多次沟通,美的与上佰签订合作协议,将其天猫全国旗舰店的运营全权委托给了上佰。为了加强双方之间的沟通,上佰希望美的指定一位联系人,于是美的派遣电商部经理谢宇常驻上佰,负责上佰与美的之间的日常联络。冯积儒深知,美的对上佰的专业能力并没有完全放心,因此双方合作的第一炮至关重要,这直接决定了之后合作的走向。冯积儒不敢有丝毫懈怠,全程参与了美的天猫旗舰店的重新设计。然而,万事开头难,上佰精心拿出的策划案却遭到了美的的质疑。原来,美的认为自己的品牌特点是家电种类齐全,因此其旗舰店将所有产品组合成一个产品群放在页面顶端作为流量入口。但是,上佰经过深入研究认为这种做法已经过时,这样会导致品牌辨识度太差。上佰的设计是页面顶端放置艺术化处理过的美的 LOGO"Media",并且考虑到网购消费者年龄普遍偏小的特点,整体页面风格直白而又活泼。然而,美的方习惯了线下 4A 广告策划公司偏严肃的风格,认为页面顶端放 LOGO 的做法不妥,也不太能接受上佰设计的页面风格,觉得这样降低了品牌的档次和专业性。

为此,冯积儒带领策划团队与美的进行了多轮沟通,反复向美的阐述电商运营的特点,线上不能像线下实体店推销时讲一堆专业术语,需要更多大白话,要告诉顾客产品实际是什么样的,应该怎样使用。在这个过程中,温远红搜集了一些业绩突出的天猫店铺页面,向美的说明只有让页面风格变得更活泼才能博得年轻消费者的青睐。最终,上佰的策划方案在美的方的将信将疑中获得通过。事实胜于雄辩,经过改头换面的美的天猫旗舰店点击率飙升了 10 倍,顾客的停留时间和点击转化率也均有大幅上升。殷总说:"电商渠道和实体销售渠道的差异真的超出了我的想象,把天猫店交给你们运营真是找对人了!"

上佰营销策划的效果开始显现,大促活动中美的洗衣机的销售量上升迅速,但冯积儒还没来得及高兴就遇到了新问题——销售旺盛的浙江、江西等地区出现了缺货现象。冯积儒找来温远红说:"缺货会对顾客满意度产生很大负面影响,到底什么原因?"温远红回答:"问题我们已经查清楚了,主要是我们没有向美的强调天猫各地仓库的入库规则导致的,现在已经在和美的沟通了。"天猫在全国有 27 个仓库为所有商家提供仓储服务,每个仓库覆盖一片区域,以保障顾客下单后能够较快收到购买的商品。由于仓库服务阿里巴巴平台上的海量商家,为保证仓储管理的效率,每个仓库都有严格的入库计划,商家要将商品入库必须提前预约,这就对商家配送车辆的到达时间有严格的要求。如果运货车辆当天没办法到达,在繁忙季节很有可能连续多天都无法入库,因为后面的入库计划已经被排满。美的的物流部门不知道天猫仓库有如此严格的入库规则,认为晚一天问题不大,结果导致货物迟迟不能入库,进而引起了缺货现象。事后,冯积儒

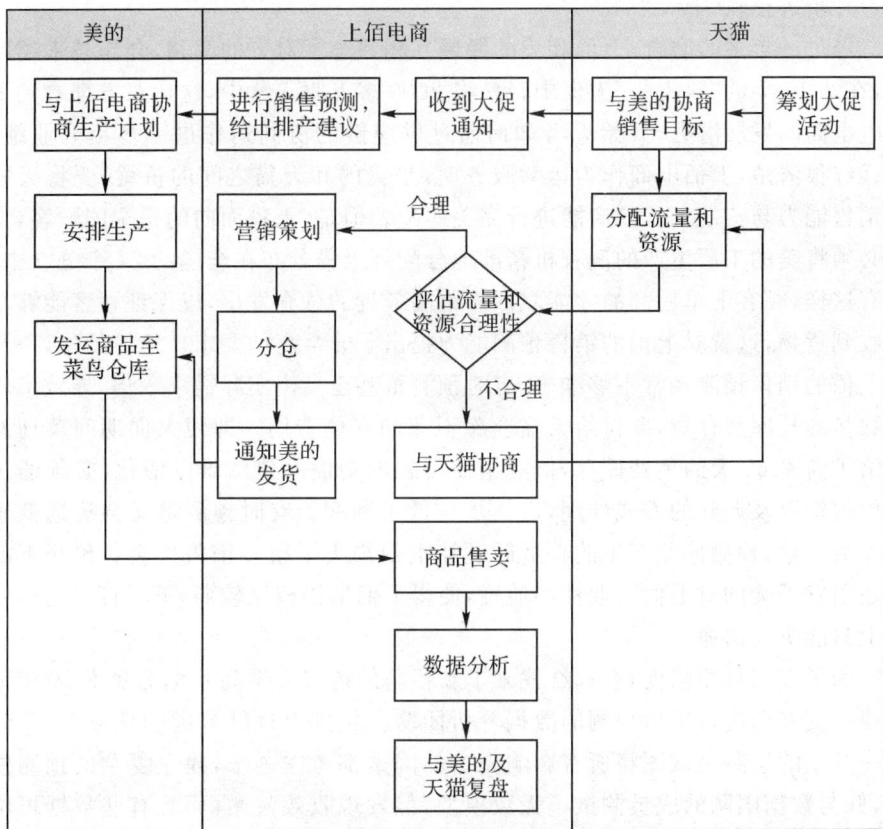

图1　大促期间供应链业务流程

对温远红说："我们要重视这件事,这说明我们供应链协同运作的意识还不够,要通过与客户加强沟通来提升我们的供应链管理水平!"

为此,温远红专门到美的的无锡工厂拜访,与美的物流及生产计划人员对缺货事件进行了复盘,诚恳地说："这次缺货事件主要是我们的责任,没有与咱们美的的同事沟通清楚。"美的工厂的物流部经理王斌说："我们也有问题,还是按照传统物流运作的思维管理电商物流,要换换脑筋喽!"在这次会议上,双方都意识到了信息共享的重要性,经过讨论双方构建了如图1所示的大促期间的供应链管理流程,明确了三方的责任和权利,形成了初步的沟通机制,上佰向美的提供产品销售情况的日报、月报和年度总结。每次大促之后上佰会与天猫小二及美的三家共同对销售情况进行复盘,并一起制订下一阶段的销售计划。

三、渐入佳境

1. 步入正轨

经过一年多的磨合,上佰和美的慢慢互相熟悉了对方的套路,合作越来越默契,在2013年的"双十一"大促中轻松将2000多万收入囊中,这让双方都看到了家电电商的发展潜力,开始思考如何通过供应链的协同运作进一步提升业绩。温远红很清楚,上佰电商作为运营服务商,是美的和天猫之间的桥梁,要将天猫的销售能力与美的工厂的产能进行完美匹配。但是,天猫面向的是全国顾客,上佰必须将美的工厂生产的洗衣机精准地分配到天猫分布在全国的27个分仓中。只有这样,顾客下单后商品才能立即从距离最近的分仓发出,以保证顾客能够及时收到货物,这就对上佰的销售预测能力提出了非常高的要求。遗憾的是,一开始上佰的销售预测经常不够准确,有时预测量甚至高出实际需求一倍,导致了较高数量的长库龄存货,要付给天猫仓库不菲的仓储费用。即便大促期间菜鸟网络给了商家60天的免费库存,但滞销使得长库龄商品依然难以消化,必须通过降价促销以及调仓的方式处理,进一步拉低了利润。有时预测量又会远远低于实际需求量,预测偏差产生的缺货问题让上佰损失了很多销售机会。预测不准确还引发了美的对上佰专业性的质疑,使得上佰话语权比较弱,下了订单之后基本上只能听天由命。

为了提高预测精度,温远红找来了新招聘的清华大学高才生王晓涛,希望他组建一支专门进行销售预测的数据分析团队。接到温远红分配的任务后,王晓涛一开始的思路是试图将所有影响需求的因素都考虑进来,建立复杂的预测模型,并与数据团队的成员测试了无数模型,但发现收效甚微,而且有些数据根本无法获得。无奈之下,王晓涛就想邀请天猫小二张翔参加数据团队的头脑风暴讨论,看看是否能够碰撞出火花。商家的销售情况是天猫小二 KPI 考核的重要指标,张翔也想帮助自己负责的客户解决这个棘手的问题,因此很爽快地答应了王晓涛的请求。讨论中,张翔的一句话让王晓涛醍醐灌顶:"现在大部分的商家在销售预测方面都存在痛点,我们也在思考如何改善销售预测的效果。根据我们的经验,在进行销售预测时不能只依赖于自己的数据,要充分利用天猫分享的大盘历史销售数据才行。"一语惊醒梦中人,王晓涛灵光一闪,突然意识到,大道至简,也许正是因为考虑了上佰自身过多的因素,使得原本重要的一些因素,如大盘的销售情况反而被忽视了。按照这个思路,王晓涛的数据分析团队重新梳理了思路,以历史数据、流量、缺货率为基础计算出基准值,再与张翔沟通,获得未来的促销计划,将可能产生的流量计入模型,再将季节性因素考虑进去进行调整,形成最终的销售预测值。经过一段时间的测试,王晓涛激动地发现,这个预测模型的准确性比以前有了大幅的提升。随后,王晓涛根据模型开发出了独有的销售预测系统,并与天猫建立了定期的促销活动信息沟通机制。精准的销售预测使得上佰的缺货率明显下降,长库龄产品的库存水平也大幅减少。王晓涛向温远红建议:"准确的销售预测信息不仅对上佰运营效率的提升有重要的作用,对美的生产计划决策的优化也非常有帮助,要么我们把销售预测信息加入到提供给美的的月报中?"温远红说:"我也有一样的想法,这能体现我们的专业实力,让合作伙伴更加信赖我们。"

在几个月后的大促复盘时,美的工厂负责生产计划的李勇赞不绝口地对温远红说:"哇,你们的销售预测太神了,根据你们提供的数据做生产计划加班情况减少了很多,库存积压情况也得到了缓解,我们甚至开始要调低安全库存量了!"温远红说:"美的给我们的供货更及时了,这就是供应链协同运作的力量。既然今天我们三家都在,一起讨论一下如何解决负卖中的问题吧!"

对上佰电商来说,即便销售预测已经比较准确了,但有时依然会出现供不应求的情况。此时上佰已经开始销售,但库存不足,为了满足顾客的需求,上佰会设置虚拟库存,向顾客承诺在承兑时限内交货,这就是负卖。负卖能够使上佰的库存管理更加灵活,不过一旦出现无法在承诺期限内交货的情况,对天猫和美的都会产生非常恶劣的影响,因此天猫对负卖条件的控制非常严格,天猫通常会评估上佰的现货率和周转率,并且要一再和上佰确认商品会及时入库,必须有90％以上的把握才能开启负卖模式。温远红将目光转向张翔说:"翔哥,能不能把负卖条件稍微降低一些?我们被卡得喘不过气来!"张翔说:"我们对负卖的要求这么严格也是为了品牌方着想,请大家理解!当然,如果殷总能够承诺及时到货,我们也可以考虑降低标准。"殷总沉吟片刻说道:"好,既然大家都这么给力,我们美的也要有担当!我郑重承诺,只要上佰申请负卖,我们全力支持,确保货源!"张翔说:"那我们天猫可以把负卖开启的条件调低到 60%。"温远红说:"太好了！我们保证每天都给天猫提供商品的最新物流情况,给出商品所处的状态,能够细化到已经送审、评审完毕准备装车、上路、等待入库这样具体的阶段。以前都说双赢,我们这是 win-win-win 的三赢模式！"

在这之后,美的信息共享力度越来越大,会将其生产计划和产能情况定期提供给上佰。双方每个月还会就销量、产能以及生产计划进行不定期的沟通,讨论供应链管理存在的问题,并协商解决方法。2012 年双十一刚过,美的的生产计划主管李勇便提醒上佰:"春节过后的一两个月由于工人放假等因素的影响,我们的产能会比较低,为避免缺货请提前下单备货！"王晓涛马上对未来几个月的销售情况进行了预测并迅速下单,利用美的 12 月的富裕产能进行生产。春节过后,顾客订单开始回暖,很多阿里平台的商家都出现了不同程度的缺货情况,但上佰负责运营的美的旗舰店却货源充足,着实大赚了一笔。

2. 锦上添花

随着上佰、美的和天猫的配合日益默契,温远红有了更多的时间思考如何加强与美的在供应链领域的合作。在以往的合作里,美的给什么上佰就要卖什么,只是被动地接受。但温远红认为,运营服务商的优势在于直接接触顾客,对顾客的需求有更好的感知,便开始更多地留意销售数据以及顾客对商品的评价等信息。经过一段时间的观察和分析,温远红发现,线下销售时顾客偏爱全身白色或银色的冰箱,但顾客更加偏向购买有颜色的冰箱。因此,温远红将生产带有颜色门圈冰箱的建议书发给常驻上佰的美的方代表谢宇,想看看美的有怎样的看法。过了几天,谢宇反馈说:"我们的设计人员认为,现在不管线上线下,冰箱主打的都是白色和银色款式,门圈有颜色太花哨,在线下根本无法销售,线上就更推不动。"温远红并没有放弃,他回复谢宇说:"这样的设计是有些冒险,但线上线下是不同的销售模式,颜色的反差反而在线上进行产品对比时,会有更加明显的特别感,我们要根据顾客的偏好来设计产品,不是么？能否小批量尝试一下?"温远红带领上佰的团队与美的经过多次沟通,美的终于被说服,最终蓝色门圈冰箱出现在美的冰箱旗舰店上。冰箱一经发售就被一抢而空,温远红笑了:"销售数据不会说谎,我们要将数据分析常态化,更好地服务客户。"之后,在上佰的建议下,大黄蜂、漫威超级英雄等一系列符合年轻人审美品位的冰箱被设计并量产,都取得了不错的销售业绩。

通过数据分析向客户提供增值服务初战告捷,温远红开始有意识地增加数据分析的人手,除了销售数据,还进行流量跟踪、行业和竞品监测、产品分析、店铺运营数据跟踪、售后服务收据分析等。半年后,数据分析团队已经能够拿出较为系统的经营数据分析报告了。2015 年 6 月的一天,温远红在阅读数据分析报告时被一段话吸引:7千克容量滚筒洗衣机虽然依然是销售主力,但增势趋于平缓,8千克容量滚筒洗衣机的销售增长明显。温远红立刻找到谢宇,将这段话指给他看,然后说:"你看美的能不能研发一款8千克的洗衣机?"谢宇知道,与原来外观改进不同,研发8千克的洗衣机需要设计、开模以及量产等多个步骤,投入要远远高于外观改进。但想到上佰近期提供的改进建议都取得了不错的效果,谢宇说:"我觉得可以试试,咱们一起做份详细的分析报告,找工厂谈谈。"温远红立即布置人手完成了滚筒洗衣机未来销售趋势预测的分析报告,并请张翔和谢宇一起到美的集团参加讨论会。美的对上佰的建议非常重视,分管营销、研发以及制造的副总均到会,殷总亲自主持了会议,向温远红提问:"7千克容量的洗衣机最近几年销量一直不错,为什么你们提出要研发8千克的洗衣机呢?"温远红沉稳地答道:"殷总,请看这张图表(见图2),8千克容量段的滚筒洗衣机已经有了较明显的增长趋势,海尔8千克容量段的滚筒洗衣机的销量也能够印证这一点。此外,我们的客服也反映,有些顾客会询问有没有更大容量的洗衣机。"张翔也发言说:"我们天猫的大盘数据也支持温总的看法,虽然容量升级这一趋势还不那么明显,但提前布局才能占得先机。"又经过反复的质询与讨论,殷总说:"好!那我们就尽快推出8千克的洗衣机,这两个月试试水,如果效果好的话,可以成为双十一的主打产品。"

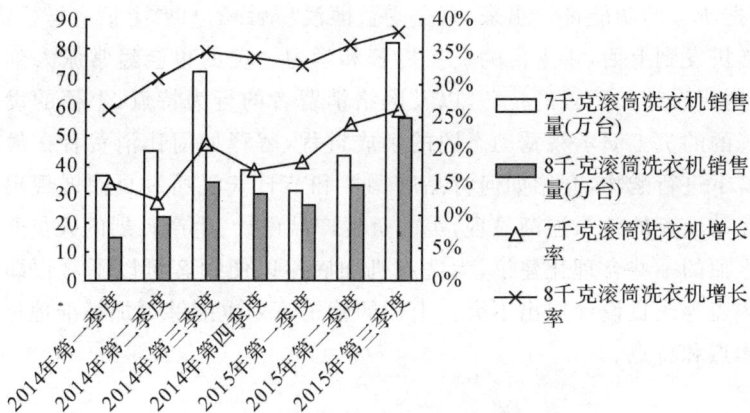

图2 不同容量洗衣机销售趋势

研发8千克洗衣机的事情敲定,殷总说:"上佰这段时间给我们提供了很多有价值的建议,简直就是为我们安上了火眼金睛,真的非常感谢。不过,目前我们之间的在数据分享以及产品改进方面还没有正式的交流机制,我建议借这次会议梳理出我们双方都可以依循的业务流程。"三方展开了热烈的讨论,形成了如图3所示的流程。

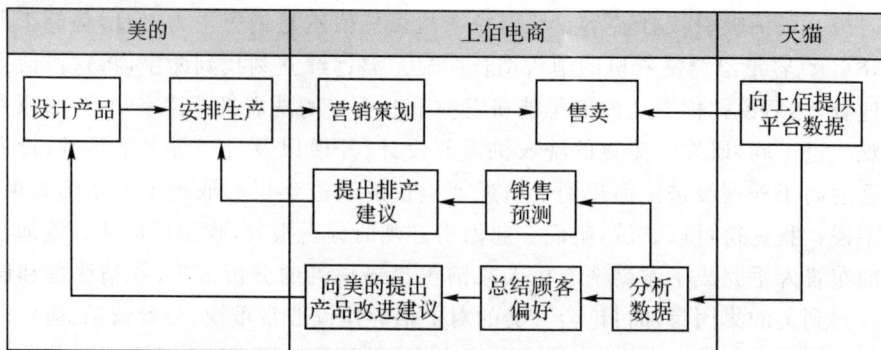

图3　三方数据分析及研发改进业务流程

　　为了增强相互的了解,上佰和美的建立了不定期的互访机制。上佰经常会派自己的一线员工到客户的工厂和线下销售渠道参观和学习。在工厂参观时,上佰的员工要学习美的的品牌历史、设计理念等,甚至会动手拆解洗衣机,了解洗衣机的平衡圈、不平衡感应器等。上佰的售后服务专员韩鹏说:"所有的零部件我都看到摸到了,不再是想象中的样子,这样做起售后服务来也有了底气。"销售专员刘喆说:"我从美的的金牌销售员金姐那里学到很多,她告诉了我很多抓住顾客心理的办法,例如在介绍产品功能时要取其精华,去其糟粕,还要保留悬念,不要把所有的功能都说出来,真是受益匪浅!"后来,只要上佰有样机需求,美的就把样机发到上佰,供上佰的员工拆解和学习。美的也会经常派人到上佰走访,了解网店设计和运营的技巧,以及网络消费者的行为特点,上佰的设计师甚至会为美的的员工演示视觉动态图的生成过程,解释如何让消费者在最舒服的视觉环境下进行购物,介绍如何将品牌调性和节日气氛通过页面展现出来。双方频繁互动交流的效果逐渐显现,美的负责产品设计、生产计划的人员开始更容易接受上佰的一些合理化建议,为洗衣机加底座以便顾客可以不弯腰即可打开洗衣机侧盖等改良设计层出不穷。上佰的营销策划也能够更加精准地抓住美的产品的卖点和特点。

四、"双十一"大考

1.未雨绸缪

　　转眼间到了2016年7月底,虽然距离"双十一"还有三个多月的时间,但上佰已经在为这每年一度的盛会做准备了。上佰、美的和天猫要进行多次沟通确定参加双十一的商品品类、主推型号以及销售目标等。在所有的准备工作中最重要的是要确定销售目标,这要三方通过协商共同确定。天猫是整个协商过程的第一步,张翔根据历年的销售情况和今年的资源投入制订出了上佰所服务的全部家电品牌的初步销售目标,发电邮向上佰征求意见。大部分的销售目标都在冯积儒的意料之内,但美的今年主推的 8 公斤智能云变频滚筒全自动洗衣机 MG80V330WDX(以下简称 M 型洗衣机)的销售目标依然让他感到吃惊:"52 万台! 这比 2015 年的销售量翻了一番还多!"冯积儒立刻叫来王晓涛问:"我们的销售预测数据出来了吗? 今年美的洗衣机的销售量可能有多少?"王晓涛回答道:"美的洗衣机的销售在过去一年增长很快,根据我们的测算,如果不考虑天猫营销资源投入的增量,预计今年双十一的销售量在 43 万台左右,但据说今年天猫加大了"双十一"的投入,乐观估计的话可能达到 50 万台以上。我需要和天猫确认今年的资源投入力度才能得出更准确的数字。"冯积儒说:"看来天猫发来的 52 万台的销售目标虽然有点高,但也不是毫无理由。你尽快和天猫联系,马上预估今年美的 M 型洗衣机的销量。我们要提前和美的沟通,保证货源供应,我担心美的没有足够的产能。"经过多次测算及与天猫的反复沟通,美的 M 型洗衣机的最终销售目标定为 51 万台。

2. 据理力争

殷总看到这个销售目标后立刻打电话给冯积儒问道:"去年 M 型洗衣机的销量只有 24 万台,今年怎么可能有这么大的销量? 搞错了吧?"冯积儒说:"这是我们反复测算的结果,没有问题!"殷总说:"太好了,看来今年真是大丰收啊! 我马上联系李勇,让他优先确保你们的供货!"然而,两天后冯积儒接到了殷总的电话,他说:"唉,就算你们的测算没有问题,我们的产能也跟不上啊,这次顶多给你们 30 万台的货。"冯积儒一听心里暗暗叫苦,马上说:"请您一定要帮我们解决供货问题,我来无锡和您当面沟通!"

美的无锡工厂的会议室,上佰、美的以及天猫三方的代表齐聚一堂讨论双十一的筹备情况。冯积儒扫视了一下四周,缓缓说道:"我们上佰和美的过去五年多合作一直非常愉快,非常感谢美的在供货方面对我们的大力支持。我们的专业性您也了解,已经连续两年是阿里的金牌运营服务商了,这五年来的大促我们都是超额完成任务,对于今年的销售我们是非常有信心的! 希望这次美的也能够克服一下困难,给我们提供充足的货源。"殷总面露难色道:"不是我们不愿意供货,有生意谁不愿意做? 在这里我确实要道歉,我们美的没有预料到今年的销售情况这么好。现在的情况是我们的产能的确不足。我们也有我们的难处。集团虽然一直很重视电商,但我们可不止电商这一个渠道,线下、海外这些渠道的订单也要供应,我们总不能把所有产能全给了电商吧?"生产计划主管李勇说:"如果我们把产能全给了上佰,万一销售目标完不成,砸在手里,那其他渠道肯定要把我们生产计划部门骂死了!"张翔说:"从天猫大盘数据看,上佰提的这个销售目标完成起来没有问题。如果您没有办法提供足够的产品,那我们天猫提供的流量和资源不就浪费了? 要是这样的话,我们要调整对美的的资源分配了!"冯积儒继续补充道:"殷总,电商渠道在未来商业中扮演的角色会越来越重要,海尔这次可是在全力推进电商业务,这是一场卡位战,如果我们美的落后了以后要再追可就难了。"冯积儒和张翔的话击到殷总的痛处,他知道电商在集团的战略地位,也早就在关注老对手海尔在电商领域的行动。沉吟片刻,殷总咬咬牙说:"我试试看,一方面把加班加点,把产能提到最高,另一方面和海外市场协商,看看能不能适当减少订单,优先保证天猫旗舰店的供货。"冯积儒一拍大腿,说:"太好了!"殷总说:"双十一那天,各渠道的分管领导可都要到你们上佰电商参观,可不能让他们看到笑话哦!"冯积儒肃然答道:"我们一定做好充分准备,欢迎各位领导莅临指导工作!"

3. 皆大欢喜

由于仓储数量巨大,不可能短时间完成入库,而且天猫仓库的峰值库存有限制,必须采用细水长流的方式,因此"双十一"备货的节奏显得异常重要。上佰要综合考虑商品的库龄和周转率来优化补货计划,再向美的下订单,将所需的各种型号的洗衣机的数量、到货时间等信息及时发送给美的,以便美的安排生产和运输。在仓储资源准备上,上佰向菜鸟网络申请了 5 个一级仓,各存储 2.5 万台 M 型洗衣机,二级仓每仓入库 5000 台,三级仓共持 2 万台。另外,为提升北京、杭州、深圳的当日达次日达服务,上佰在廊坊、海宁、惠州设置三个前置仓,每个仓都备有 1.5 万台的存货。美的集团开足马力进行生产,旗下的安得物流也严格按照上佰订单的要求发货,洗衣机都准时进入菜鸟网络的各级仓库。最终美的交付给上佰的 M 型洗衣机是 49 万台,基本上满足了上佰的需求。2016 年 10 月 13 日,美的的天猫旗舰店开始预售,承诺送货入户并安装,消费者提前支付订金,在双十一当天支付尾款,之后再统一发货。一周后温远红查看预售的数据,发现已经卖出 12 万台,销售情况相当理想。

2016 年 11 月 10 日晚,夜已深,零点过后,上佰双十一大幕开启。鼓声、掌声、报数声此起彼伏,现场气氛火热。殷总和冯积儒都目不转睛地盯着大屏幕,密切关注数据走势和销售进展。M 型洗衣机在开卖后半小时就已经售出 25 万台,完全压制了其他品牌。双十一开始的前半个小时基本就决定了后续的走向,冯积儒知道,这款洗衣机的销量达到预期目标基本没有问题了。凌晨 1 点,上佰的销售额突破 1 个亿,早上十点,49 万台 M 型洗衣机售罄,兑现了对美的集团的承诺。11 日 23 点,上佰"一天十亿"的销售目标实现。12 日凌晨,庆功宴开始,上佰的高管和品牌方一起为员工倒上香槟庆祝。

五、尾声

2016 年底,上佰、美的和天猫三方的代表又在美的无锡工厂复盘今年的销售情况。冯积儒说:"今年上佰整体的销售额超过 40 亿,其中咱们美的的销售额达到 15 亿,超额完成了年初设定的目标。根据近年来业务增长的情况,我们将 2017 年的销售目标设定为 80 亿。当然,要完成这个目标需要咱们三方通力协作,今年双十一殷总给了我们很大的支持,真的非常感谢! 不过,产能不足的问题希望咱们美的能够重视。"殷总说:"请放心,集团已经通过了增加一条生产线的决议,马上就要采购设备了,明年 3 月份新的生产线将正式启用,产能不足的情况将成为老皇历。"张翔说:"殷总太给力了! 咱们美的和上佰合作的默契程度堪称典范,今年上佰斩获阿里 TES 峰会年度最佳拍档奖和年度优秀个人奖这两大运营最高奖,这与咱们美的的支持是分不开的。"冯积儒感叹道:"经过这几年的实践,我真是感受到了供应链协同的重要性。我最近在研究沃尔玛和宝洁公司之间的 CPFR 体系,很受启发,我们来讨论一下如何进一步加强协作?"三方展开了热烈的讨论……

How To Be Close Friends: Supply Chain's Coordination of SunB

Abstract: ShangBai electric business seize the opportunity of the development of China's large electronics business, with information sharing, capacity coordination and other means to achieve the supply chain collaboration, it greatly enhance the performance of the entire supply chain, and by providing customers with accurate sales forecast information, customer preferences and other consumer value-added services, ShangBai electric business establish good partnerships with them. This case provides a detailed description of the whole process of building a supply chain partnership with its customers from scratch, and can provide a useful reference for the establishment of good cooperation mechanism for operators, service operators and brands.

Key words: Supply Chain; Coordination; Electricity Business Operation Services

附录：

☞ 附录1

图1 上佰电商的组织架构①

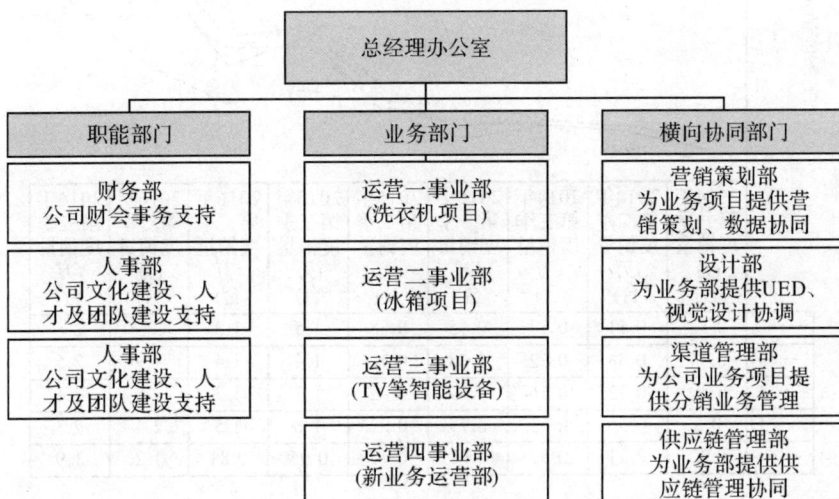

```
            总经理办公室
    ┌───────────┼───────────┐
  职能部门      业务部门      横向协同部门
    │            │            │
  财务部      运营一事业部    营销策划部
公司财会事务支持  (洗衣机项目)  为业务项目提供营
                            销策划、数据协同
  人事部      运营二事业部    设计部
公司文化建设、人   (冰箱项目)   为业务部提供UED、
才及团队建设支持              视觉设计协调
  人事部      运营三事业部    渠道管理部
公司文化建设、人  (TV等智能设备)  为公司业务项目提
才及团队建设支持              供分销业务管理
            运营四事业部    供应链管理部
           (新业务运营部)   为业务部提供供
                          应链管理协同
```

☞ 附录2

表1 上佰电商主要经营业绩指标②

型号	销量	计划入库	实际入库	未满足量	入库率	可销在仓库存	缺货流量	流量	缺货率
A	9974	16305	13937	2368	85%	131919	80200	286949	72%
B	6687	8032	7809	223	97%	106418	44805	228060	80%
C	8602	7330	6761	569	92%	96928	102341	394525	74%
D	992	3731	3058	673	82%	62760	12859	48560	74%
E	3389	5835	5525	310	95%	175552	25659	131513	80%
F	2758	6820	6714	106	98%	104799	2562	192349	99%
G	5239	4400	4399	1	100%	125476	21234	175988	88%

① 数据来源:笔者根据访谈资料整理。
② 数据来源:笔者根据智研咨询集团2015年中端酒店发展调查报告整理。

☞附录3

图 2   上佰电商主要产品销量趋势①

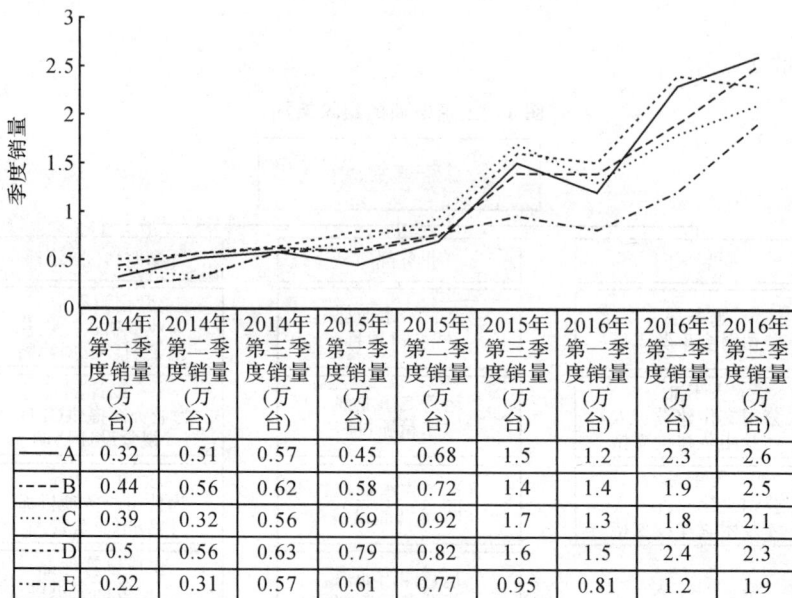

	2014年第一季度销量（万台）	2014年第二季度销量（万台）	2014年第三季度销量（万台）	2015年第一季度销量（万台）	2015年第二季度销量（万台）	2015年第三季度销量（万台）	2016年第一季度销量（万台）	2016年第二季度销量（万台）	2016年第三季度销量（万台）
——A	0.32	0.51	0.57	0.45	0.68	1.5	1.2	2.3	2.6
----B	0.44	0.56	0.62	0.58	0.72	1.4	1.4	1.9	2.5
······C	0.39	0.32	0.56	0.69	0.92	1.7	1.3	1.8	2.1
········D	0.5	0.56	0.63	0.79	0.82	1.6	1.5	2.4	2.3
—·—E	0.22	0.31	0.57	0.61	0.77	0.95	0.81	1.2	1.9

☞附录4

图 3   上佰电商发展的里程碑事件

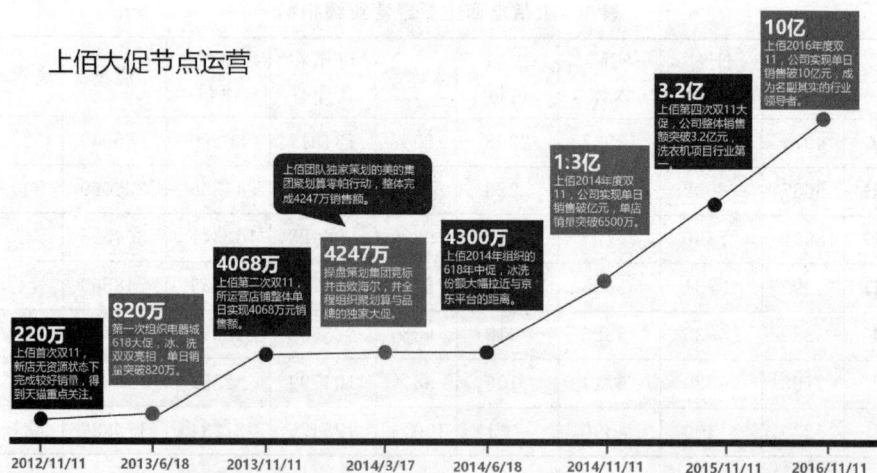

---

① 数据来源：笔者根据访谈资料整理。

PART TWO　案例使用说明

一、教学目的与用途

1. 本案例主要适用于 MBA、本科生等的《供应链管理》《运营管理》课程中有关供应链协调、供应链信息价值等章节讨论使用，也适用于其他层次学生的供应链管理教学。

2. 本案例是一篇描述上佰电商与其主要客户美的公司协同运作提升电商供应链绩效的案例，对二者合作伙伴关系构建的整个过程、遭遇的问题以及解决方法进行了细致的陈述，教学目的聚焦于使学生掌握一家中小型电商企业如何与其客户构建良好的合作关系，并且正确、深刻地理解供应链协同对于改善供应链运作的作用，真正掌握和提升运用上述手段改善并提升供应链成员的合作关系并解决供应链协同运作中实际问题的技能。

二、启发思考题

1. 上佰电商与美的一开始是怎样建立合作关系的？他们各自拥有哪些对方需要的技能或资源？

2. 上佰电商与美的在供应链中各自扮演了怎样的角色？他们之间的合作关系是怎样一步步深化的？

3. 上佰电商与美的在合作过程中遇到了哪些冲突？这些冲突他们通过怎样的方法解决的？

4. 上佰电商、美的以及天猫在哪些方面进行了协同？他们在未来如何进一步推动供应链的协同？

三、分析思路

教师可以根据自己的教学目标（目的）来灵活使用本案例。这里提出本案例的分析思路，仅供参考。

本案例描述了上佰电商与美的形成战略性合作伙伴关系的来龙去脉，帮助学生掌握供应链成员之间构建战略性合作伙伴关系的步骤及方法技巧，理解信任在形成有效供应链成员关系中的重要性。在此基础上理解 CPFR(协同、计划、预测以及补货)理念,掌握通过信息共享等手段进行供应链协同的技巧。本案例的分析逻辑如图 4 所示。

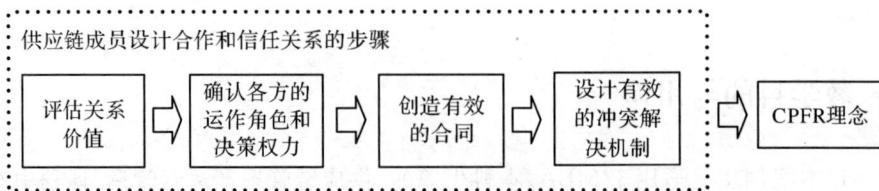

图 4 案例分析逻辑

需要特别指出的是,本案例描述了上佰电商与美的建立深层次合作关系的整个过程,素材较为丰富,涉及战略合作伙伴关系构建和 CPFR 两个知识点,教师可以根据教学的重点自由确定知识点讨论的详略。笔者认为,供应链成员之间战略合作伙伴关系构建这一知识点非常重要,这是一切供应链协同运作的基础,且内容丰富,较为适宜进行深度讨论。如果教师在授课中希望集中精力对其进行细致讨论,可以减少对 CPFR 理念的讨论。下面给出以问题为引导的详细案例分析思路:

1.上佰电商与美的一开始建立合作伙伴关系的基础是什么? 上佰电商有哪些技能是美的需要的? 美的在哪些方面被上佰倚重? 在后续的合作中,上佰电商和美的又各自发展出了哪些新的技能?(供应链成员设计合作和信任关系的步骤一:评估关系价值)

苏尼尔·乔普拉指出,建立供应链成员关系的第一步是清楚地确认此关系能够给双方带来的利益,这是上佰电商与美的建立合作伙伴关系的基础。建议教师在教学过程中要引导学生找到二者能够给对方带来的利益。

上佰电商主要的技能是:(1)在电商运营上交了不少学费,累积了很多宝贵经验;(2)强项在于能够第一时间得到阿里巴巴平台的规则并迅速进行解读,将其转化为品牌商的电商运营方案。美的被上佰所倚重的是:(1)美的将电商提升到美的集团的战略高度,而不是一时冲动,说明有足够的意愿进行长期合作,美的企业高层会大力支持;(2)美的的品牌知名度和美誉度都很高,这样上佰的营销推广的难度大大降低。

在后续的合作中,上佰电商发展出了如下能力:

(1)销售数据的精准预测能力;

(2)对经营数据进行分析,挖掘商业机会,提供产品改进建议等增值服务的能力。

美的发展出的能力有：

（1）精准的物流配送能力；

（2）增加生产线，产能提升；

（3）向上佰电商提供合理化建议的能力，体现在提醒上佰电商要及时备货，以免春节后出现缺货。

教师要引导学生得出如下观点：互相依赖很可能带来使供应链利润最大化的决策，因为所有与决策都会考虑双方的目标，提高运作角色和决策权力分配中的相互依赖性增加了建立有效关系的机会（苏尼尔·乔普拉），这是上佰和美的不断发展自身能力的原动力。

2. 上佰电商与美的在电商供应链中各扮演着什么运作角色？各自拥有哪些权力？上述角色和权力是否会增进它们彼此之间的依赖？这种依赖是否会促进供应链成员构建有效的关系？（供应链成员设计合作和信任关系的步骤二：确认各方的运作角色和决策权力）

（1）上佰的角色：在供应链中处于相对弱势的地位，全权负责美的天猫旗舰店的运营，包括营销策划、与天猫沟通资源支持、分仓、向美的订货、天猫仓的管理、向美的提供有价值的运营信息等。

（2）上佰的权力：①要求美的在生产计划、产能等方面提供支持的权力；②向美的提供生产建议和有价值运营信息，帮助其改进生产运营的权力；③对美的的决策提出不同意见的权力。

（3）美的的角色：在供应链中处于相对强势的地位，决定天猫旗舰店销售产品的品类和数量，负责为天猫旗舰店提供货源。

（4）美的的权力：①要求上佰按照自己的要求设计营销方案，销售产品的权力；②对生产安排、产能配置的最终决策权。

3. 上佰电商和美的合作关系是怎样一步步深化的？促进合作关系深化有哪些手段和技巧？（供应链成员设计合作和信任关系的步骤三：创造有效的合同）

此问题是整个案例的核心，教师需要引导学生进行详细讨论，讨论的思路如下。首先，引导学生理解，供应链成员关系通常最先从双方的委派员工之间开始发展，随着时间的推移，当草拟新合同时，非正式的理解和承诺逐渐正式化（苏尼尔·乔普拉）。上述观点在上佰电商的案例中有典型的体现。教师可以引导学生挖掘上佰与美的关系发展的脉络，有如下提示：

（1）美的常驻上佰的联络人谢宇起到了二者之间的桥梁作用；

（2）上佰与美的之间建立了不定期的互访机制，极大地推动了二者之间关系的发展。上佰的员工向美的学习产品知识、品牌文化以及线下销售经验等，能够更加精准地抓住美的产品的卖点和特点。美的的员工向上佰学习网店设计和运营的技巧,更容易接受上佰的一些合理化建议。

(3)上佰、美的和天猫高管层的不定期交流与大促复盘对推动二者关系的发展帮助极大。这些交流使得"非正式的理解和承诺逐渐正式化"。

接下来,通过引导学生讨论总结下述观点,即非正式理解有助于正式合同的不断形成,随着时间演变的合同比那些在合作关系刚形成时就完全确定的合同有效的多。长期来看,仅靠合同不能有效地维持关系,合同、关系的互利及弥补合同缺陷的信任共同创造了有效的供应链合作关系。(苏尼尔·乔普拉)。讨论提示如下:

(1)上佰电商通过向美的提供较为精准的需求预测信息,以及商品改进信息等获得了美的的好感;同样,美的不断适应上佰在电商方面的一些需求,例如准时供货、向上佰提供样机以及优先保障上佰的产品供应等赢得了上佰的好感,这种关系的互利有助于创造有效的供应链合作关系。

(2)在负卖的讨论中,上佰正是基于对美的的信任,才会向天猫争取更低的负卖控制条件,而天猫也是基于对美的的信任才会同意更低的负卖控制条件。在"双十一"大考中,美的正是基于信任才会优先保障上佰的供货。上述事件都会对形成良好的供应链合作关系有促进作用。

最后,引导学生总结出供应链成员间促进合作和信任的策略,提示如下:

(1)策略1:双方表现出来的灵活性、信任和承诺有助于供应链关系的成功,尤其是双方高层管理者的承诺对成功非常关键。策略1在案例中的体现有:在讨论负卖问题时,美的的殷总承诺,只要上佰申请负卖,美的全力支持,确保货源;在"双十一"大考时,殷总承诺先保证天猫旗舰店的供货,冯积儒则承诺会做好充分准备,完成销售任务。

(2)策略2:良好的组织安排,尤其是服务于信息共享和冲突解决方案的安排,增加了成功的机会。上佰与美的之间的信息共享体现在:①上佰向美的提供日报、月报以及年度总结等信息,还将分析销售数据得到的对产品改进等方面的建议与美的分享。②美的将其生产计划和产能情况定期提供给上佰。③双方每个月还会就销量、产能以及生产计划进行不定期的沟通。④为了增强相互的了解,上佰和美的建立了不定期的互访机制。冲突解决方案则主要体现在经常组织会议,在会议上上佰、美的以及天猫会开诚布公地讲出自己的观点,并努力尝试解决问题,求同存异。

(3)策略3:各方行为及其结果可见的机制有助于避免冲突和解决分歧。上佰与美的之间存在大量的信息交互,并且经常性地组织会议,这有助于避免冲突和解决分歧。

(4)策略4:强势方对弱势方越公平,供应链关系越牢固。美的虽然是强势方,但对弱势方上佰电商非常公平。

4.上佰电商与美的以及天猫在合作过程中遇到了哪些冲突？这些冲突他们是如何解决的？哪些因素对冲突的解决有积极的作用？（供应链成员设计合作和信任关系的步骤四:设计有效的冲突解决机制）

(1)信息共享有助于将关系由基于威慑的信任逐渐转变到基于过程的信任。基于过程的信任在双方之间一旦建立起来就有助于冲突的解决。教师要引导学生了解,在上佰与美的合作的早期,上佰处于弱势地位,美的给什么上佰就要卖什么,此时上佰对美的是基于威慑的信任。但随着二者信息共享的不断深入,这种信任就逐渐转变为基于过程的信任。当这种信任关系建立起来之后,后续的"双十一"产能冲突很容易就得到了解决。

(2)委派建立合作关系的管理者和员工应该经常举行会议。这些会议应该允许提出问题,讨论问题,以免这些问题后来变成主要冲突。上佰、美的和天猫在大促之后的复盘体现了这一策略。正是由于三方的高管在会议上能够充分交流,将矛盾摊在桌面上,才将很多潜在的冲突消灭在萌芽之中。此外,邀请谢宇等参与合作关系建立的员工有助于冲突的解决。

(3)如果在较低决策层不能解决问题,那么会议还可以为较高决策层提供解决问题的平台。在上佰向美的提出研发新产品受阻,以及"双十一"产能冲突等情境中,较低决策层不能解决问题,需要高层出面来尝试解决冲突。

(4)在设计冲突解决机制时,应该重视合作关系的环境。在我国的供应链管理情境下,上佰、美的两方更愿意直接为冲突协商解决方案。当然,天猫作为第三方在冲突解决起到了积极的作用。

5.上佰电商、美的以及天猫在哪些方面进行了协同？

(1)零售活动协作。三方在大促时会共享促销信息,天猫会共享投入的资源,包括活动开始时间、持续时间等,并与美的商定销售目标。上佰会根据上述信息与美的及天猫协商设计营销策略。

(2)补货协作。上佰与美的会基于销售预测数据进行协作,销售预测数据会转化为上佰下给美的的订单。

6.上佰电商、美的以及天猫在未来如何进一步提升供应链协同？

该问题是开放式问题,教师可以引导学生基于 CPFR 的理念思考如何进一步推进供应链的协同,可能的思路提示如下:

(1)上佰与美的共同投资建立信息系统以共享数据;

(2)上佰与美的可以协作预测天猫仓库对其的期望需求,并将预测转化为上佰发送给美的的订单流;

(3)上佰与美的可以协作预测季节性商品的需求,以帮助美的采购提前期较长的原材料并安排产能。

四、理论依据及分析

1.供应链中构建战略伙伴关系和信任

苏尼尔·乔普拉指出,信任就是指每个阶段都对其他阶段的福利感兴趣,不会擅自采取措施,而不顾对其他阶段的影响。大卫·辛奇-利维指出,供应链伙伴关系要求双方建立一定水平的相互信任,如果缺乏信任,联盟必将走向失败。苏尼尔·乔普拉总结了供应链成员间设计合作和信任关系的四个关键步骤,如图? 所示:

步骤一:评估关系价值

设计供应链关系的第一步是清楚地确认此关系能够给双方带来的利益。在供应链中,合作关系的各方带来独特的技能,这些技能对于满足顾客订单都是不可缺少的。根据大卫·辛奇-利维的观点,任何合约要取得成功,绩效评估标准必须要达成一致。这些标准应该既包括非财务指标,也包括传统的财务指标。在供应链运营方面,供应链成员的库存、生产控制和计划系统必须保持实时、精确,并进行整合,以便可以充分利用附加的可用信息。此外,要确认各方的贡献和各方将获得的利益。只有当供应链关系能够增加并且这些增加的利润能够公平地分配给所涉及的各方,此关系才能持续。

步骤二:确认各方的运作角色和决策权力

当为供应链关系的各方确认运作角色和决策权力时,管理者必须考虑由此带来的各方之间的依赖。如果任务分配后导致一方更依赖另一方,那么冲突就会产生,因为任何一方都不愿意在分配的任务之处扶持另一方。

图 5 依赖性对供应链关系的影响

互相依赖要求加大管理力度，如果不能恰当地管理，反而会增加交易成本。但是，互相依赖很可能带来使供应链利润最大化的决策，因为所有决策都会考虑双方的目标。提高运作角色和决策权力分配中的相互依赖性增加了建立有效关系的机会，如图5所示。管理者必须保证为了成功地将产品从一个环节传递给另一个环节已经很好地定义了每方需要完成的任务。为了实现协调，管理者还必须建立一些机制，以便于准确地追踪所有失误的根源。

步骤三：创造有效的合同

管理者可以通过创造一些鼓励协调解决偶然事件的合同来增进信任。当信息完全对称且所有将要发生的偶然事件都予以考虑时，合同的控制能力才最有效。实际上，将来的不确定性决定了不可能设计一份包括所有偶然事件的合同。因此，非常有必要发展供应商和零售商的关系，使得信任可以弥补合同的欠缺。

关系通常最先从双方的委派员工之间开始发展。随着时间的推移，当草拟新合同时，非正式的理解和承诺逐渐正式化。当设计合作关系和初始合同时，要明白非正式理解同时在起作用，它们有助于正式合同的不断形成。因此，随着时间演变的合同比那些在合作关系刚形成时就完全确定的合同有效的多。长期来看，合同在维持供应链有效合作关系中只起了一部分作用。仅靠合同不能有效地维持关系，合同、关系的互利及弥补合同缺陷的信任共同创造了有效的供应链合作关系。

步骤四：设计有效的冲突解决机制

有效的冲突解决机制能够显著地加强任何供应链关系。在任何关系中都会出现冲突。令人不满意的解决方案会恶化合作关系，而令人满意的解决方案会加强合作关系。在构筑更深层次信任的过程中，好的冲突解决机制可以为双方提供交流和求同存异的机会。

初始的准则和方针有利于供应链中合作伙伴之间的信息共享。随着时间的推移，信息共享有助于将关系由基于威慑的信任逐渐转变到基于过程的信任。基于过程的信任在双方之间一旦建立起来就有助于冲突的解决。

在设计冲突解决机制时，应该重视合作关系的环境。在美国，为了解决分歧，双方有时愿意依据详细的合同，也可以寻找法院或中介来解释合同。然而在亚洲，冲突双方更愿意直接为冲突协商解决方案。在这种环境下，允许协商的柔性合同对于建立信任非常有效。

2.管理供应链关系以促进合作和信任的策略

Doz和Hamel(1998)给出了供应链合作关系或联盟演变的基本过程，如图6所示。一旦设计和建立了合作关系，合作双方就开始了解关系运作的环境，各方要执行的任务和过程，各方需要的和拥有的技能及各方的目标。如果供应链关系带来的利益减少或一方被认为有投机行为,这种关系就会发生动摇。当双方的沟通较少且合作关系带来的共同利益没有被经常回顾时,问题就会出现。管理供应链关系时,管理者应该重视以下因素,以提高供应链关系的成功率。

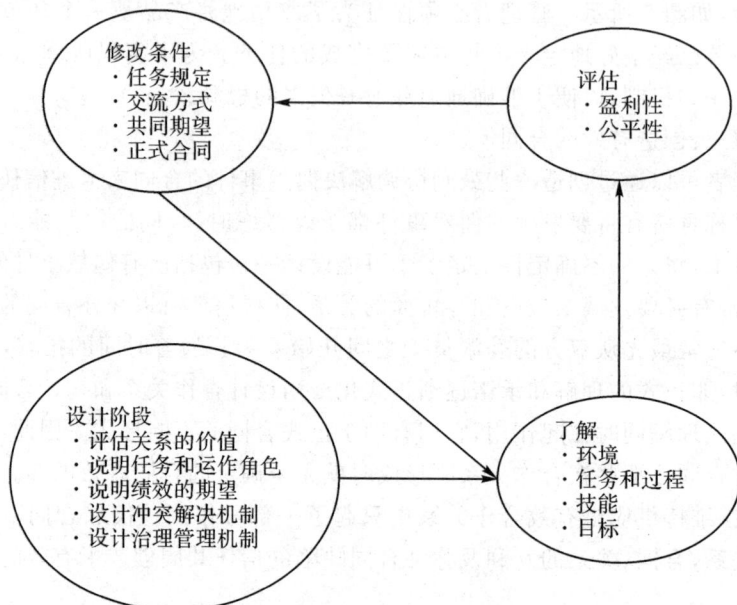

图 6   联盟和合作关系演变的过程

（1）双方表现出来的灵活性、信任和承诺有助于供应链关系的成功,尤其是双方高层管理者的承诺对成功非常关键。这是因为原有的保密信息必须在合作伙伴之间共享,成本分配也需要在较高水平上进行磋商。

（2）良好的组织安排,尤其是服务于信息共享和冲突解决方案的安排,增加了成功的机会。缺乏信息共享或解决冲突的能力是导致供应链关系失败的两个主要因素。在信息共享中保密性是一个重要的问题,当零售商拥有每个合作伙伴的保密信息时,如何管理潜在冲突需要重视。

（3）使各方行为及其结果可见的机制有助于避免冲突和解决分期。这些机制使得双方很难投机取巧,有助于查找缺陷过程,从而为双方提高关系的价值。

（4）强势方对弱势方越公平,供应链关系越牢固。公平对供应链环境相当重要,因为许多关系涉及的各方权力不均等。较强团体通常对解决方案有较大的控制权。解决方案的公平性影响着将来关系的发展。

3. CPFR

根据志愿性行业商务标准协会（VICS）的定义,CPFR 是指在计划和完成顾客需求过程中集合各方智慧的商业实践。VICS确定的应用CPFR的四种最普遍情形是：

（1）零售活动协作。双方共享营销等活动的详细信息,然后对活动进行预测,并共享此信息,这些预测再变成计划订单和交货安排。当活动开始进行时,监控销售量以确认任何变化或例外情况,这些变化和例外情况由双方多次协商解决。

（2）配送中心补货协作。贸易双方协作预测配送中心的出货或配送中心对制造商的期望需求。这些预测被转化为配送中心向制造商下的订单流,这些订单在一定时间内被承诺或锁定。

（3）商店补货协作。贸易伙伴在零售端预测基础上进行协作,这些预测转化为一系列订单,这些订单在一定期限内得到承诺。

（4）协作分类计划。对于季节性的需求,贸易伙伴根据行业趋势、宏观因素和顾客品位等协作分析,共同开发分类计划,生成计划采购订单。

五、关键要点

1.供应链成员之间构建战略性合作伙伴关系的关键在于信任,本案例的分析都是围绕着如何构建信任关系而展开的,教师在引导学生进行讨论时一定要立足信任。

2.在供应链中构建战略伙伴关系有系统的步骤可以遵循,因此在分析本案例时,应有意识地构建分析框架,按照层层递进的方式对各个步骤进行深入剖析,重点突出如何深化合作关系的具体策略,以培养学生运用该理论解决实际问题的能力。

六、建议课堂计划

本案例可以作为专门的案例讨论课来进行。如下是按照时间进度提供的课堂计划建议,仅供参考。

整个案例课的课堂时间控制在75—80分钟。

课前计划:提前2周发放案例,提出启发思考题,请学员在课前完成阅读和初步思考。

课中计划:

教师陈述简要的课程前言,之后建议让学生分享其所在企业与供应链上下游企业的关系,将学生的注意力引入所要讨论的主题(5分钟),进而结合案例材料提出问题,引导学生进行案例分析:上佰电商与美的一开始建立合作伙伴关系的基础是什么? 上佰电商有哪些技能是美的需要的? 美的在哪些方面被上佰倚重? 在后续的合作中,上佰电商和美的又各自发展出了哪些新的技能?(10 分钟)上佰电商与美的在电商供应链中各扮演着什么运作角色? 各自拥有哪些权力? 上述角色和权力是否会增进它们彼此之间的依赖? 这种依赖是否会促进供应链成员构建有效的关系?(10 分钟)上佰电商和美的合作关系是怎样一步步深化的? 促进合作关系深化有哪些手段和技巧?(20 分钟)上佰电商与美的以及天猫在合作过程中遇到了哪些冲突? 这些冲突他们是如何解决的? 哪些因素对冲突的解决有积极的作用?(15 分钟)上佰电商、美的以及天猫在哪些方面进行了协同?(10 分钟)上佰电商、美的以及天猫在未来如何进一步提升供应链协同?(7 分钟)最后教师总结点评(3 分钟)。

黑板计划如下:

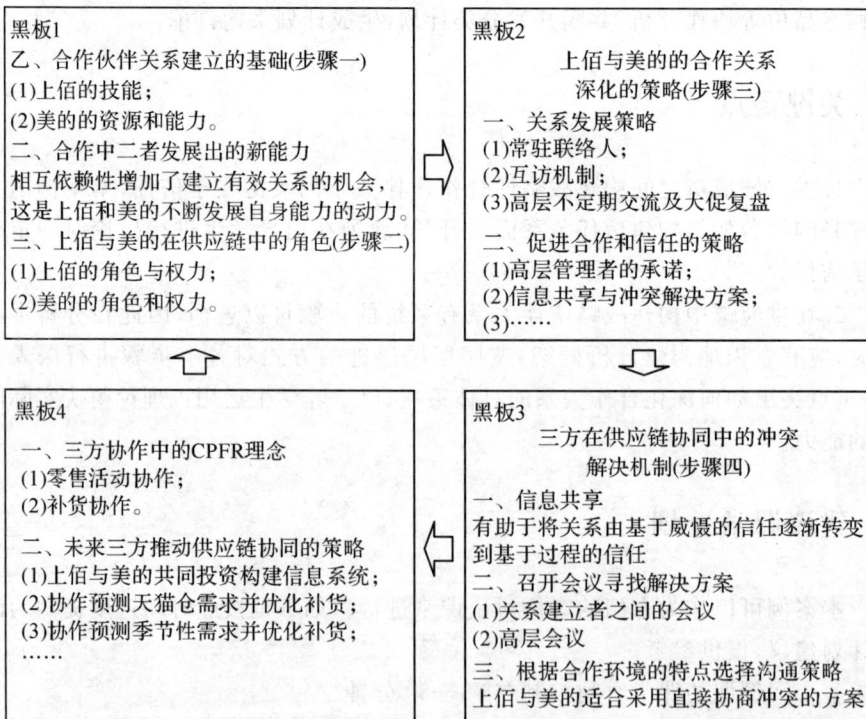

黑板1
乙、合作伙伴关系建立的基础(步骤一)
(1)上佰的技能;
(2)美的的资源和能力。
二、合作中二者发展出的新能力
相互依赖性增加了建立有效关系的机会,
这是上佰和美的不断发展自身能力的动力。
三、上佰与美的在供应链中的角色(步骤二)
(1)上佰的角色与权力;
(2)美的的角色和权力。

黑板2
上佰与美的的合作关系
深化的策略(步骤三)
一、关系发展策略
(1)常驻联络人;
(2)互访机制;
(3)高层不定期交流及大促复盘
二、促进合作和信任的策略
(1)高层管理者的承诺;
(2)信息共享与冲突解决方案;
(3)……

黑板4
一、三方协作中的CPFR理念
(1)零售活动协作;
(2)补货协作。
二、未来三方推动供应链协同的策略
(1)上佰与美的共同投资构建信息系统;
(2)协作预测天猫仓需求并优化补货;
(3)协作预测季节性需求并优化补货;
……

黑板3
三方在供应链协同中的冲突
解决机制(步骤四)
一、信息共享
有助于将关系由基于威慑的信任逐渐转变
到基于过程的信任
二、召开会议寻找解决方案
(1)关系建立者之间的会议
(2)高层会议
三、根据合作环境的特点选择沟通策略
上佰与美的适合采用直接协商冲突的方案

课后计划:

如有必要,请学员采用报告形式结合 CPFR 的理念,对上佰电商与美的集团的供应链协同策略进行提升,为后续章节内容做好铺垫。

七、参考文献

[1] 苏尼尔·乔普拉,彼得·迈因德尔.供应链管理(第3版)[M].北京:中国人民大学出版社,2011.

[2] 大卫·新奇-利维,菲利普·卡明斯基、伊迪斯·新奇-利维.供应链设计与管理(第3版)[M].北京:中国人民大学出版社,2010.

[3] 唐纳德J.鲍尔索克斯,戴维J.克劳斯,M.比克斯比·库珀.供应链物流管理(原书第3版)[M].北京:机械工业出版社,2011.

[4] F.罗伯特·雅各布斯,理查德B.蔡斯.运营管理(第13版)[M].北京:机械工业出版社,2011.

案例三　IT 赋能

不走寻常路：西子联合巧妙推进信息化建设^①

摘　要：作为中国五百强企业的西子联合集团，其信息化建设方面在 2011 年之前基本是空白的，这制约着其自身的进一步发展。2011 年高瓴出任该集团 CIO 后，针对西子信息化起点低以及多元化经营的特点，制定了与其业务战略相适应的信息化战略，并通过"采用私有云模式""通过云模式实现权力集中""曲线推进子公司 ERP 实施"等一系列创新举措巧妙地将信息化战略落地，可谓"不走寻常路"。西子因此得以在短短三年多的时间里实现了信息化的跨越式发展，CIO 高瓴也获得了"2014 年全国优秀 CIO"的殊荣。本案例将帮助读者掌握企业信息化战略的制定及落地细节，尤其能给起点低、多元化的集团企业的信息化建设提供有力借鉴。

关键字：多元化集团　信息化战略　战略制定与落地　创新举措

PART ONE　案例阅读

一、引言

2014 年 12 月 5 日，在由"BT 传媒"联合"CSDN"共同主办的"2014 最具价值 CIO 评选"颁奖晚宴上，获奖名单正隆重揭晓。伴随着一段激昂的旋律，大屏幕上逐渐滚动出了获奖者名单，原本安静的现场也开始有了些讨论的声音。

端坐在场下的西子联合集团（下文简称"西子"）的 CIO 高瓴很快就看到自己的名字出现在了获奖名单中，他满是欣慰和自豪地点了点头。这时同席的嘉

宾也意识到高瓴正是获奖者之一,便纷纷向他祝贺起来,其中一人可能对于西子和高瓴比较熟悉,只听他讲道:"高总进入西子后这几年,其信息化可谓是从无到有啊,这么大个集团公司,三年时间就把集团的 OA、E—HR、BI 这些个系统都搭起来了,那可绝不是偶然,高总可是有着独特的妙招呢!"高瓴谦虚地感谢了同席嘉宾的褒奖和祝贺后,心里暗暗念道:西子这三年多来信息化水平着实提升不少,但这背后却也是克服了诸多困难,有着不少的故事可讲啊。

二、初入西子

2011 年年初,从事 SAP 实施咨询工作十几年的高瓴来到西子联合集团,出任 CIO 一职,完成了从乙方到甲方的重要转变。许多人认为这一转型跨度极大,风险不小。但在高瓴看来这却是一个自然的过程,因为多年的咨询生涯使他熟悉了企业信息化建设的规范流程,积累了大量项目管理的经验;并且这种转型可能为其带来工作思路上的创新。这些都无疑为其担任 CIO 提供了有力的帮助。

对于西子的基本情况,高瓴在正式进入西子前在与西子高层接洽时就已经有所了解,其独特的发展轨迹更是让高瓴印象深刻(详见附录一):

➤ 1981 年成立的杭州西子电梯厂标志着西子联合的起步。

➤ 1995 年西子房地产开发有限公司成立,标志着西子进入房地产行业。

➤ 1997 年,西子与全球电梯第一的美国 OTIS 公司合资成立西子奥的斯电梯有限公司,通过引进国外顶尖企业的技术和管理模式,公司开始进入快速发展期。

➤ 随着电梯事业的发展,西子也在不断地进入新的行业。比如 2002 年收购杭州锅炉集团,2009 年西子成为国产大飞机的供应商之一等。难能可贵的是,西子创造了自动扶梯全球第一,电梯部件及余热锅炉全国第一等诸多佳绩。

➤ 发展至 2011 年,西子联合集团就已经成为一家横跨电梯、锅炉、重工、航空工业以及现代服务业五大板块(参见图 1)的中国五百强企业,员工近万人。2010 年集团的营收就达到了 158 亿元[①]。

而在信息化建设方面,西子起步比较晚,集团高层对于信息化的投资也比较谨慎,因此西子的信息化基础十分薄弱。据前任信息化主管介绍,2009 年的时候集团的 IT 部门才不过三个人,就主要负责一些硬件的维护和邮箱系统的管

---

① 此后西子联合集团营收保持稳步增长,2014 年营收突破 232 亿(详见附录一)。

图 1　西子联合集团五大行业板块

理工作。随着业务的扩张,集团高层领导希望通过信息技术的运用来为业务提供更多的支持,因此西子的信息化建设逐渐受到集团高层的重视,2011 年集团 IT 部门也扩充到 8 个人。

信息化工作的开展一定要建立在对业务和信息化现状都有深入了解的基础上。刚开始高瓴主要采取的是通过查阅文档以及 IT 部门内部沟通的方式来熟悉集团的具体情况。然而,这一方法收效甚微。就拿集团的子公司数量这一指标来说,高瓴在不同的文档中居然发现这一数值是不一致的。高瓴为此专门请教了公司总裁陈总。面对一脸无奈的高瓴,陈总轻描淡写地说了句:"这有什么好大惊小怪的,你多下去走走不就知道情况了。"高瓴半信半疑地回答道:"这样啊,那我试试看吧。"高瓴知道,陈总说的"下去"是指下到子公司去,但"下去"了就能解决问题了吗?虽然持怀疑的态度,但他还是按照领导的建议去做了。这之后,高瓴的下属便很少在集团总部见到高瓴本人,用他自己的话来讲就是,"经过领导的点拨之后,我会花将近三分之二的时间待在子公司,了解它们的运营情况和信息化的现状,必要的时候也可以做一些现场的指导。"

一个多月后,高瓴终于建立了自己对于西子更深入的了解。西子联合集团旗下有诸多子公司,但数目会有所变化。一方面是因为西子会不时进行一些公司的并购或重组;另一方面则是有些子公司只是由于业务的需要而暂时注册的,比如房地产行业的一些子公司只是销售楼盘用的,这些子公司很可能随着项目的结束就清算掉了。这也就解释了为什么文档中的数字会有所出入。不过可以确定的是,西子旗下业务开展稳定的子公司大概有六十几家。

然而令高瓴惊讶的是,这样一家横跨多个行业的大型集团企业的信息化水平基本为零：各子公司的域控建设不统一，十分紊乱；邮箱系统功能单一而且不稳定；部分子公司上了一些例如财务管理的小系统，但由于缺乏统一的规划，难以集成。面对这样一家触角伸向多个非相关行业而且信息化起点极低的集团企业，饶是见多识广的高瓴也觉得有点无从下手。

三、描绘蓝图

当然，现实的困难并未让高瓴彻底慌了手脚。在 IT 咨询界摸爬滚打多年的高瓴知道，情况越是复杂的时候越要保持冷静，不能盲目出手，一定要谋定而后动，否则极易造成资源浪费和各子公司的建设不协调等问题。

信息化战略是指导企业信息化建设的纲领，它必须与业务战略相匹配才能很好地发挥作用。通过实地调研以及与高层的沟通，高瓴逐渐摸清了西子的业务战略。西子经常会进行一些并购和重组，但目前所形成的五大业务板块总体比较稳定。尤其是公司 2009 年才开拓航空这一新板块，因此一定时期内西子的总体业务范围不会有大的调整。另外，西子主要通过一系列的管理措施来维持整个集团的正常运行，但这是以巨大的沟通成本为代价的。以财务为例，用手工的方式按照一套成熟的规则和流程虽然也能成功合并集团的财务报表，但耗时长，效率低，而且呈现不直观。高瓴通过集团高层还了解到：为了保持企业的持续发展，实现"百年西子，世界西子"的企业愿景，西子在 2010 年制定了"深挖改革和效益"的发展思路，提出了"降低费用，成本领先"的竞争策略。西子的高层已经意识到必须借助企业信息化来实现这一战略目标，而这也正是西子当初引进高瓴的主要原因。

与其他 CIO 可能不同的是，高瓴保留着从事咨询时的一些习惯，这为其更好地制定西子 IT 战略提供了一定的帮助。比如，高瓴会通过研讨会、产品发布会等途径保持着对前沿技术（比如云计算、物联网、移动互联网等）的跟踪。在他看来，西子虽然信息化起步晚，但换个角度来看这也是种优势，而西子信息化的"后发优势"之一就是可以考虑采用新兴的信息技术，享受新技术的红利。

通过一个多月的研究，西子的信息化蓝图在高瓴脑海中逐渐清晰起来。诸多集团企业信息化实践表明，信息化建设有其阶段性，西子难以跨越信息化建设所需经历的基础性阶段。更重要的是，西子业务上的竞争思路在于降低成本和提升效率。因此，西子相应的信息化战略在于从集团层面来主导整个西子的信息化建设，构建起协调统一的能有效支持不同子公司间信息交互的信息化体系，利用信息技术的便捷交互信息和智能处理信息等特点来支持集团的业务战略。

那该如何来实现这一目标呢？高瓴已经有了自己的初步规划。思路梳理清楚后，高瓴拿起笔在笔记本上写道：

> 使命：为西子联合集团的业务战略提供有力支持；
> 愿景：基于信息技术的运用，集团管理和生产等高效运行，集团对子公司的管控提升显著；
> 目标：用 3 至 4 年时间搭建集团的基础架构以及实现 OA、E-HR 等集团平台的上线；在此基础上在用 3 至 4 年的时间实现各板块的主要专有系统的实施；
> 基础架构：基础架构是企业信息化的地基，是首先要解决的任务。针对西子子公司众多等特点，刚兴起的云计算是一种合适的架构。云计算能避免各子公司间软硬件设施的重复投资，可以加强集团 IT 部门的领导权……

四、要致富，先修路

1. 方案提出

第二天，高瓴召开了集团 IT 部门的周例会。会上，高瓴直入主题："西子目前的信息化水平还很低，子公司间的信息互通都做不到，因此当务之急在于进行基础架构的建设，这样我们才有开展其他工作的基础。不知道各位对基础架构的建设有什么看法？"

首先表态的是 IT 部的顾副部长："西子目前总共有九个域控体系，各域控间无法兼容，这就出现了集团领导去下面子公司就登录不了邮箱，无法随时随地办公的情况。我们之前也有考虑过统一域控，但是预算过高。西子在 IT 上的投入一向比较谨慎，之前大老板（董事长）都没有批过超过一百万的 IT 项目，大家都觉得这个项目肯定批不下来，所以都没往上报。"

基础架构组的韩组长接着说道："域控制器就像每个网络的门卫（如图 2 所示），如果互不兼容，它们所对应的子网络也就难以通信，因此，域控的统一是建立整个集团网络连接的关键。不过我们还有一个很重要的问题需要解决，就是各子公司基本都架设了自己的服务器，十分分散，我们组人手本来就不多，一直都在疲于维护硬件，难以开展其他工作。"

高瓴答道："正如刚才所提到的，我们 IT 投入有限，从人手扩充上下功夫不太现实。我最近在关注一种新的模式——云计算，可能能为我们提供解决问题的思路，你们对此有没有了解？"韩组长说道："云计算这个概念我也知道，它主要是将服务器、存储设备等这些基础资源集中起来，并且能够灵活地按需分配给子

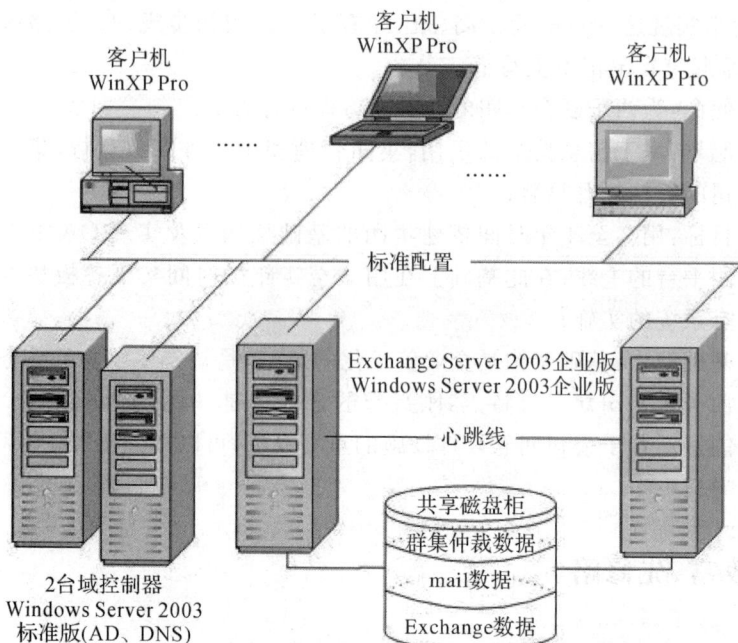

图 2   域控制器验证客户机访问权限示意图

公司,可以减少重复投入,管理起来也方便些,理论上讲是可以提升效率①。"这时应用运维小组也有人发言了:"云计算是一种新兴起的模式,而且是今后的一种趋势,我们搞 IT 的也很有兴趣去接触。不过据我所知,国内好像都还没有将私有云运用得很成功的案例,我们这个时候采用这种模式会不会有点冒险呢?"

这时会议陷入了短暂的沉静中,高瓴沉思片刻后打破了僵局:"大家的分析都有道理。采用云计算确实有一定困难和风险,但是这种模式能极大降低 IT 投入,加强我们对子公司 IT 部门的管理。我之前同相关的供应商也做了一些探讨,总体认为云计算还是很符合西子的特点的,所以这个方向应该是对的。当然了,创新往往伴随着风险,这是难以避免的,关键看我们怎么去通过充分的论证来控制住风险,因为只有控制住风险才能享受新技术的红利嘛。接下来我们就沿着域控建设和云计算这两个点制定具体的方案吧。至于预算的问题,我来和老板沟通!"接下来 IT 部门讨论完具体的任务分工后例会就结束了,走出会

---

①   据西子内部后来测算,因为 IT 资源的集中运用,人力成本可以减少 50%,电力成本可以减少 70%,集团的 IT 管理效率提升了五倍以上。云计算一方面改变了西子信息化的旧有模式,另一方面也改变了 IT 组织的结构,以往是子公司管理自己的 IT 资源,现在云计算打破了这一壁垒,资源由集团 IT 部门统一调配。

议室的高瓴却并未感到轻松了些许。他相信能干的同事们一定能拿出一份漂亮的项目方案,如何获得老板的支持反倒成了他最为担心的事情。

2.电梯测试

大概两周后,高瓴便带着基础架构的方案如约来找董事长了。高瓴知道高层领导都十分忙,对于 IT 又是外行,因此他给自身提出了一个新的角色要求——翻译官,就是将 IT 专业术语转化成领导能理解的日常用语。高瓴选择了从集团高层去子公司后经常遇到登录不上邮箱等现象谈起,指明问题的原因在于集团信息化基础架构的落后,进而引出开展该项目的必要性。董事长边听边仔细地翻阅着方案书,高瓴讲完后便心情忐忑地等着他表态了。"看得出来你对情况摸得比较透彻了,方案也挺详尽的,可是这个项目的投入太高了,超出了一百万上限呢。"董事长把方案合上后说道,见高瓴想要进一步解释,董事长看了看手表后抢着说道:"今天正好有外面的客人过来,定好中午在二楼一块吃饭,时间到了,这样吧,你先和我一块下去一趟吧。"

就这样,高瓴心情沉重地和董事长来到西子大厦的二楼用餐。饭桌上大家都很是健谈,高瓴也就和他们聊了关于自己以前做咨询时的一些趣闻。饭后,送别客人后高瓴和董事长两人从二楼坐电梯回二十三楼的董事长办公室。进电梯后,董事长突然说道:"刚才吃饭的时候你不是说咨询界有个"电梯测验①"吗,现在咱们正好在电梯里,要不你试试能否说服我同意那个项目?"高瓴听后心里又悲又喜,喜的是项目还没被"毙",悲的是"电梯测试"挑战太大。看着电梯里显示的楼层数字不断地跳跃增长,高瓴心里也开始焦急起来。这个时候,高瓴脑海中闪现出一句话。董事长正看着高瓴脸色越来越难看,忽然听他张口道:"董事长,改革开放初期有句话流传很广,叫'要致富,先修路!',咱们这个基础架构的项目就是我们集团信息化建设的致富之路。没有这条路,各子公司之间难以联通,集团难以实施平台化的系统,我们 IT 部门其他事情都干不了啊,就更不用谈通过信息化来提升企业的效率,节省成本了。"董事长若有所思地盯着高瓴看了一会后说道:"按你的意思,基础架构就相当于咱们西子大厦的地基是吧,没有地基你这楼就盖不起来了。那好,这个项目就由你们 IT 部去推,我等着你们把致富路给修起来!"话音刚落,电梯正好到达二十三楼,惜时如金的董事长没等高瓴答话就已经起步往外走了,高瓴长吁一口气后大声答道:"Yes,Sir!"高瓴心想,这算是万里长征迈出了第一步!

---

① 电梯测验是麦肯锡公司检验咨询师陈述咨询报告能力的一种方法,指"在乘坐电梯的短暂时间内必须向顾客清晰地解释你的解决方案"。

五、队伍建设

1.加强管控　双线汇报

基础架构项目获得批准后,集团 IT 部门很快就开始着手实施。经过重新规划,原本混乱的网络被整合成了一个体系,云计算中心的设计和选址工作也基本完成了。与此同时,集团 IT 部门也在推动集团级系统的开发和整合工作,不想在这个过程中却遇到了来自子公司的巨大阻力。

以往集团 IT 部门只负责集团的信息化工作,子公司的信息化由各自的 IT 部门负责。随着对信息化的逐渐重视,集团高层希望能统一整个集团的信息化工作,因此在高瓴来到西子后,集团 IT 部门的工作范围变成了面向整个集团。子公司原本对于自身的信息化工作有足够的自主权,现在权力受到限制,许多子公司都表现得很不适应,在推进集团级系统的过程中不给予足够的配合。

面对子公司的阻力,高瓴曾试图求助于集团总裁。然而,高瓴并未如愿获得总裁的支持。高瓴仍清楚地记得当时跟总裁反馈完情况后总裁的回复:"我给你授权了吗?我给你授权了呀!集团 IT 部门领导整个西子集团的信息化工作。具体怎么搞定子公司的人就得看你自个的能耐了。"无奈之下,高瓴只好重新思考解决问题的方法。

西子是典型的"先有儿子后有老子①"的集团企业,集团对子公司的管理难度较大。既然无法获得领导的直接支持,那是不是可以从子公司 IT 资产入手呢?这样分析下来,高瓴不由想到了云计算这回事。云计算要求集中管理所有的计算、存储等信息化资源,然后灵活地按需分配给子公司使用。如果服务器等基础设施都集中在我们这边管理,那子公司要上任何项目都绕不开我们了,集团 IT 部门的管控作用就会强化很多。想到这里,高瓴不由感叹,基础架构的方式确实还影响着权力的分配啊,没想到云计算这一基础架构的模式还成了权力斗争的一个有力武器。此后,集团 IT 部门抓住子公司的机房难以达到国家标准,存在安全隐患,以及运维成本过高等弊端,加快了将子公司的服务器收纳至计算中心统一管理的步伐,集团 IT 部门对子公司 IT 部门的管理也得以加强。

而为了避免由此给子公司 IT 部门造成既受子公司管理又受集团 IT 部门管理的多头领导的困境,集团 IT 部门设法将子公司 IT 部门的汇报内容进行了

---

①　即子公司比集团成立得更早,比如西子旗下的杭锅集团有五十多年历史,并且属于国有企业。

区分,提出了虚实汇报相结合的方式。所谓的实线汇报即指子公司的 IT 部门接受子公司的直接领导,其工作思路必须围绕子公司的情况来制定,同时其薪酬、岗位等级等也由子公司确定,涉及的财务方面的事宜统一向子公司汇报。所谓的虚线汇报即指子公司的 IT 部门开展具体的 IT 项目时必须向集团 IT 部门汇报,并接受集团 IT 部门的专业指导。通过上述方法的实施后,集团 IT 部门的领导权在得到有力提升的同时,厘清了与子公司 IT 部门间的关系。

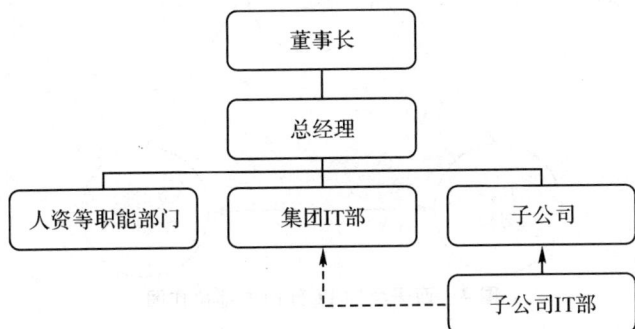

图 3　双线汇报示意图

2.内部调整　权责分明

参照国外标杆企业的划分标准,西子集团 IT 部门按照硬件和软件两个维度划分成了基础架构和应用运维两个小组。基础架构小组主要负责信息化基础设施的搭建和维护,包括网络的规划和部署、服务器的配置等。应用运维小组的主要职责便是维护和升级公司所应用的各种系统软件。

以往这样的分工基本能满足集团 IT 部门的工作要求,但是随着西子信息化建设的推进,集团及各子公司有一系列的信息系统要上,尤其是采取了云计算的模式后,集团的 IT 部门加强了对子公司 IT 项目的管控,子公司高于一定费用的 IT 项目都得上报集团 IT 部门审批。

新的工作任务到底该由谁来承担成了集团 IT 部门需要面临的又一问题。为此,高瓴和 IT 部顾副部长进行了多次讨论。讨论后发现,交给任何一个组来做都不太可行,正如顾副部长所指出的,系统的规划按目前的分工来看给应用运维组可能合适一点,毕竟这更偏软件这块,但是这在操作上又不太可行,因为应用运维组目前要应对的任务范围已经比较宽泛了,再加一个系统审核的工作可能会导致这个小组内部难以协调。既然无法在现有情况下找到平衡,那就只有选择打破旧有模式了。新的形势往往也需要新的举措来应对。基于这样的思路,高瓴打破了以往的工作分工模式,重新划分了内部的职能分工,将涉及软件系统设计评估等相关工作集中起来,交给一个单独的小组来负责。为此,西子集团 IT 部门开设一个新小组——软件规划组①,主要负责对所提出的软件项目进行可行性分析、优先级评判以及软件设计规划等工作。基础架构组负责基础设施部分,软件规划梳理需求,系统通过外部开发上线后,应用运维负责后续的维护工作,这样一个明确完整的组织体系能有效地提升 IT 部门工作的效率。

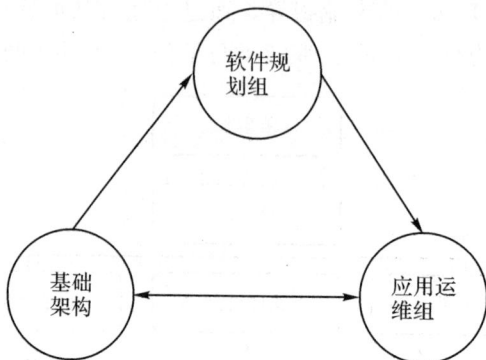

图 4   西子集团 IT 部门内部协作图

五、系统应用

1. 平台规划

企业的信息化建设并非简单的上系统,但是系统的实施无疑是重要的着力点。参照企业信息化建设的典型建设路径,集团 IT 部门制定了西子的应用系统的规划,如图 5 所示。

高瓴曾在集团高层领导的会议上就西子的应用规划这样解释:"我们应该首先从以 OA(办公自动化)为代表的办公型应用系统入手,实现日常办公的信息化;当办公型应用系统开始起步后,紧接着就以 ERP(企业资源管理计划)为代表的生产型应用系统的建设;最后,在 ERP 等系统的基础上,搭建供企业高层分析的决策型应用系统——BI(商务智能)。西子是一家典型的集团型企业,集团高层所关注的主要就'人''钱''事'这几个方面,它们分别对应了 E—HR(人力资源管理系统)、资金管理系统以及 OA,这几个系统以及 BI 都是与行业无关的,因此建成集团化的系统是没有问题的。而生产型的系统却和行业息息相关,不同的行业差异极大,想要集团统一就困难了。为此,西子事先就根据所跨行业的特点分成了制造业和非制造业两类,提出了制造业 ERP 和非制造业 ERP 分别实施的策略。"

---

①   通过招聘补充了新的职员,集团 IT 部门逐渐扩充到 13 人。

决策型应用系统	商务智能BI				
生产型应用系统	制造业ERP				非制造业ERP
办公型应用系统	资金管理系统				
	人力资源管理系统E-HR				
	办公自动化系统OA				
行业板块	电梯	锅炉	重工	航空	现代服务业

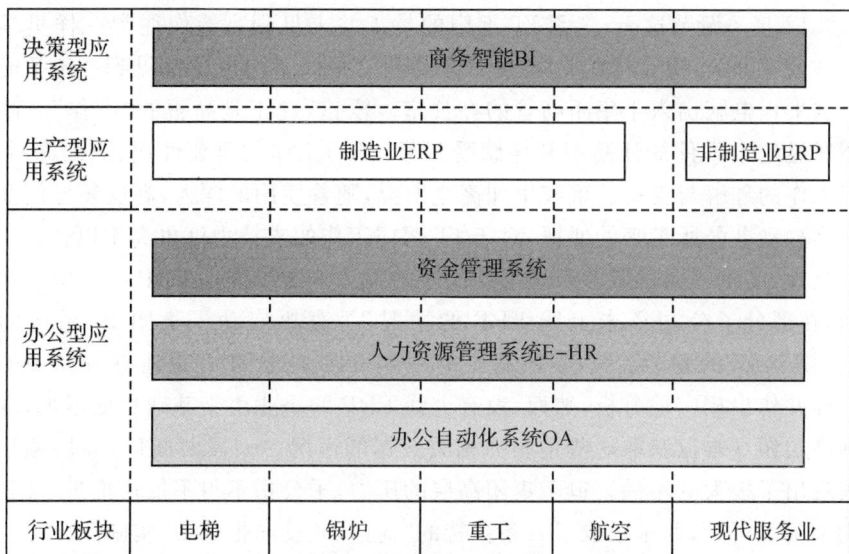

图5　西子联合集团系统应用架构图

2.曲线推进

由于 OA 能明显地提升子公司的办公效率,并且以往各子公司就有一定的运用基础,集团的 OA 系统推进比较顺利,2011 年 10 月左右就基本在整个集团铺开了。除了少部分人员继续负责和开发商蓝凌洽谈移动 OA 系统的开发外,集团 IT 部门开始把主要的人力投入到 ERP 系统的建设上来。ERP 由于管理着企业的核心资源以及关键流程,对于企业的信息化可谓至关重要。高瓴曾跟媒体形象地比喻道:"企业的 ERP 系统是增强企业执行力的有力保障,是信息化的'灵魂'。"

然而,与 OA 的推进明显不同的是,子公司考虑到上线 ERP 需要其自身投入一笔不菲的资金,甚至还会使得子公司的运营完全透明化,因此大部分子公司对于 ERP 的实施有很严重的抵触情绪。就这样,直到 2012 年 7 月,西子云计算中心一期都基本完工了,许多子公司还没有开始实施 ERP 系统。

无奈之下,为了保证西子信息化的快速推进,集团 IT 部门一方面回过头来启动了 E—HR 系统的建设。另一方面,高瓴创造性地提出了曲线推进 ERP 的实施策略。2012 年 10 月左右,集团移动 OA 系统开发完成,正好集团 IT 部门通过与运营商的合作获得了浙江联通公司赠送的一批 IPAD 平板。高瓴敏锐地感觉到这是一个争取高层领导对于信息化工作支持的良好契机。高瓴让 IT 部门的同事在这批平板电脑上预装新推出的移动办公系统等常用的软件应用,但具体用来做什么高瓴却一直卖关子,不肯向大家透露。

2012 年圣诞节这天,集团 IT 部门的员工并未见到高瓴像往常一样早早地来到办公室办公,更奇怪的是,在集团总部办公的大部分职员都见到一位圣诞老人手拿平板电脑出入于集团高管的办公室。没错,这正是高瓴的"杰作"。高瓴希望通过这个事件能让高层领导感受到 IT 部门工作的重要性,从而加深对 IT 部门工作的理解与支持。事实也如高瓴所愿,随着使用的深入,高层领导们开始感受到移动办公所带来的便捷,对于 IT 部门工作的支持力度也高于以往。

此外,高瓴还通过调整系统上线次序的方式来曲线推进 ERP 的实施。2013 年初,在部分子公司还未上线 ERP 的情况下,高瓴启动了集团 BI 系统的建设①。随着 BI 的逐渐上线,集团高层的领导可以通过 BI 直观地查看相关的数据指标并作出相应地分析,然而,没有上线 ERP 的企业由于基础数据不足,导致出现高层领导难以获取这些企业的相关数据的情况。一段时间后,高层领导对此表现出了极大的不满。迫于集团高层的压力,子公司不得不加快推进 ERP 实施的节奏。可见,西子采取了一条独特的"通过 BI 反向推 ERP 实施"之路。

3. 分合之道

随着 BI 系统功能的逐步完善,西子平台级的系统基本搭建起来了。为了衡量以往的工作成效,集团 IT 部门进行内部满意度调查。各级员工普遍表示这些系统的上线极大地提升了办公和生产的效率。正如一位财务部门的员工表示:"现在只要点点鼠标,就能完成以往繁重的工作了,还基本不会出错。"调研的反馈给西子的 IT 人以很大的鼓舞,但他们并未停下前进的脚步。根据之前的规划,接下来西子应该建设各子公司具体业务层面的一些系统了。2014 年年中开始,西子旗下的子公司开始逐渐上一些适合自身需求和特点的系统应用。

对于西子选择分开建设各子公司业务系统的选择,高瓴在某次研讨会上这样解释:"虽然我们经典的理论都在强调信息化建设的统一性,但是通过对西子各板块业务的深入分析,我们发现业务层面的系统实在难以统一。不过我们选择了灵活处理,毕竟一般规律是死的,人是活的嘛。标准中应该也可以有一定独特性。因此,当平台级的系统基本完成后,下一阶段的工作就是建设各子公司独特的一些小应用了。"以近几年发展起来的航空板块为例。浙江西子航空工业有限公司在上线 ERP 后,于 2014 年 5 月份开始启动了自己独有的 CAPP(computer aided process planning,计算机辅助工艺过程设计),以及 DNC(Distributed Numerical Control,分布式数控)两个项目。这两者都是该公司的独有系统,它们与 ERP 互联,相当于 ERP 向工艺流程领域的一个延伸。

---

① BI 系统往往要从 ERP 中抽取数据并进行处理后展现给决策者,因此一般都是先上 ERP 再建 BI。

当然,建设独立项目的过程也不会一直延续下去,正所谓"合久必分,分久必合"。在各子公司都建立了自己的一些独有系统后,集团公司就得推一个集团化的流程管理系统(Business Process Management,BPM)了,通过它来管理各系统中的流程,这样其实相当于又从流程的角度把各独立系统重新整合起来了,能更好地管理大大小小的独立系统。高瓴对于下阶段的信息化工作也已经有了规划。

七、结束语

回顾完这些点点滴滴,高瓴感触颇多。这一路走来,西子在按照着企业信息化建设一般性的理论和框架来进行规划,同时,在这个过程中又不拘泥于这些规则,能够在固有理论中推陈出新,因此,高瓴认为西子能够快速稳步推进其信息化建设也就不足为奇了。今天能获得"2014 全国最具价值 CIO top50"这一奖项也是对他以及西子 IT 人的高度认可。当然高瓴也深知,西子的信息化之路才起步不久,目前只能说搭好了整体性的架构,往后还有许多难题等着西子的 IT 人去克服。比如接下来该如何集成不同的系统,如何有效运用快速迭代的信息技术以及如何把握企业信息化的趋势为企业的发展提供服务,这些都是西子的 IT 人所需要思考和面对的问题。一想起这些,高瓴就觉得自己丝毫不能懈怠,一定要继续发扬以往"尊重理论但又能创新举措"的工作思路,将西子的信息化水平提升到新的高度。

Taking an Unusual Way: How XIZI UHC Propelled
Its Information Construction Tactfully

Abstract: As one of China's top 500 enterprises, the gap of information-based construction in XIZI United Holding Corporation had long been neglected before 2011, which prohibited its further development at one time. Since Gaoling took up the host of the chief information officer of XIZI UHC in 2011, he planned out several information strategies according to its low information level and diversified operation and took innovative means which included adopting the pattern of Private Clouding to realize the concentration of power and promoting the implementation of organizational ERP systems in subsidiaries to propel its information construction tactfully. With the great efforts made by Gaoling and his team, XIZI UHC achieved the leaping development for information construction within only three years. Meanwhile, Gaoling was honored with one of the best CIO in China due to his contribution. Our case hopes to provide suggestions to the enterprises with diversified operation whose information level is quite low and help readers to understand how the information strategies are formulated and implemented.

Key words: Enterprises with Diversified Operation; Information Strategy; Strategy Formulation and Implementation; Innovation

附　录

☞附录一　西子联合集团介绍

西子联合集团是一家以装备制造业为主,同时横跨电梯、锅炉、现代服务业等五大板块的多元化民营企业。公司总部位于杭州,是中国五百强企业之一,员工近万人,近年来在宏观经济增长乏力的情况下,西子营收连创新高,2014 年营收达到 232 亿元。

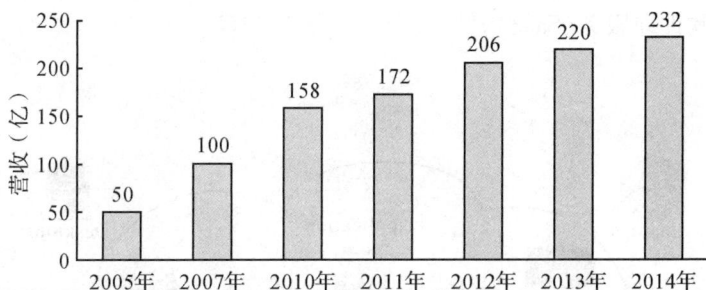

图 6　近年西子联合集团营收图

西子联合大事记。

2014 年,西子电梯产业园投入使用。

2012 年 8 月,西子航空飞机零部件项目在杭州经济技术开发区前进工业园正式奠基,标志着航空产业将作为西子未来的一个重要引擎。

2011 年 1 月,西子联合旗下的杭锅集团成功在深圳中小板上市。

2009 年 9 月 5 日,西子联合首次跨入中国企业 500 强行列。

2009 年 5 月 26 日 西子联合成为九家入围中国大型客机 C919 项目首批供应商的唯一一家民企。

2006 年 8 月,西子联合成为百大集团第一大股东。

2004 年 3 月,与日本石川岛合资成立西子石川岛停车设备有限公司,西子第二次与世界 500 强合资。

2003 年 3 月 12 日,西子联合控股有限公司成立,杭州锅炉集团加盟西子。

2002 年,投资成立杭州西子典当有限公司、杭州西子担保有限公司。

2000 年 3 月,国家科学技术部认定西子联合为“国家级火炬计划重点高新技术企业”。

1997 年 3 月 12 日,与排名全球电梯第一位的美国 OTIS 合资成立西子奥的斯电梯有限公司。

1995 年,成立浙江西子房地产开发有限公司。

1995 年,集团公司被认定为国家大型企业,并被批准为国家级集团。

1981 年 7 月,花园农机厂注册成立"杭州西子电梯厂"。

☞附录二　云计算介绍

云计算(Cloud Computing),是一种基于互联网的计算方式、它将软硬件以及数据等资源集中起来,资源池中的软硬件资源和信息资源都可以按需计费,灵活地通过网络提供给使用者。

云计算主要包括以下三个层次的服务:基础设施即服务(IaaS)、平台即服务(PaaS)和软件即服务(SaaS)。

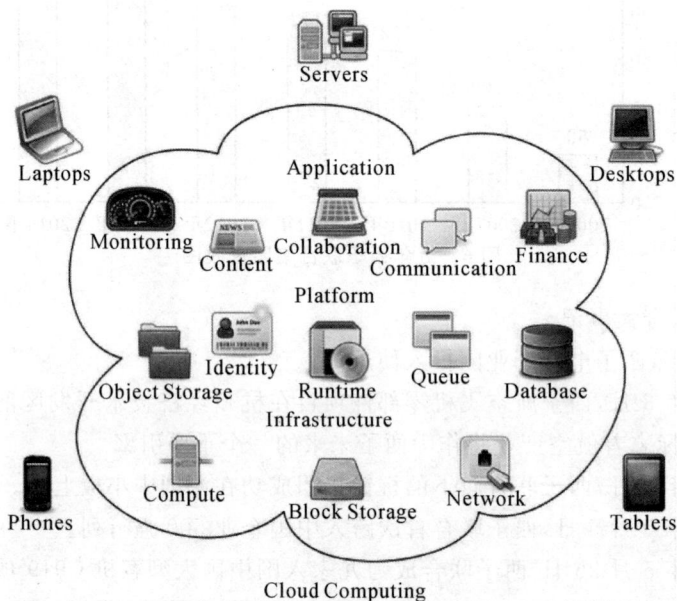

图 7　云计算示意图

IaaS(Infrastructure-as-a-Service):基础设施即服务。

它是通过互联网为消费者提供完善的计算机基础设施方面的服务,包括提供处理能力、存储能力、网络和其他基本计算资源的服务。通过 IaaS,消费者不需要自己去购买和配置相应的诸如服务器之类的设施,而是可以按需购买相应的服务。他们可以在这些基础设施上安装自己需要的系统软件或应用软件,但不能对硬件层进行修改。西子联合将各子公司的服务器等设施收集起来统一分配的方式就是基础设施层的云计算模式。

PaaS(Platform-as-a-Service):平台即服务。

除了在基础设施层实行云计算的模式外,在软件平台层同样可以采取这种统一资源、按需分配的模式。比如,在基础设施平台上,云计算提供者可以为客户搭建统一的软件开发平台,客户可以在这一统一的平台上快速地开发所需的系统或应用。比如著名的微软 Azure 就提供了这种服务,Azure 是微软的云计算平台,其主要目标是帮助开发者开发可运行在云服务器、数据中心、Web 和PC 上的应用程序。开发者能使用微软全球数据中心的储存、计算能力和网络基础服务。

SaaS(Software-as-a-Service):软件即服务。

软件即服务是最顶层的云计算模式。即云计算提供者通过统一部署软件应用,用户无需在本地部署软件,只需在具有权限的前提下通过网络即可应用该软件。这是直接为普通用户提供服务的云计算模式。比如目前我们所普遍使用的云盘(云存储)即为典型的 SaaS 模式。西子集团目前在推行的云桌面也是这一模式的服务,即每台计算机的桌面由计算中心统一管理,这样极大提升了维护效率。

PART TWO   案例使用说明

一、教学目的与用途

1.本案例适用于"管理信息系统"课程中关于企业信息化战略的相应章节。MBA、硕士研究生以及本科生均可使用。

2.本案例主要描述了多元化经营的西子联合集团如何在 CIO 的推动下,有效制定符合其业务发展需要的信息化战略,并且采取一系列创新的措施将其落地,最终使得西子联合集团的信息化水平在短短三年多的时间内实现了从"零"到领先的跨越式发展。通过该案例的讨论与分析,学生应该:

(1)了解信息化战略在企业信息化建设中的重要性;

(2)掌握企业信息化战略的规划步骤和主要要素;

(3)懂得根据企业的特点通过举措创新灵活地将信息化战略落地。

二、启发思考题

1.高瓴刚进入西子时西子集团的信息化工作主要面临哪些困难?

2.高瓴为什么要在采取具体举措前先制定集团的信息化战略?

3.高瓴是如何来制定西子联合集团的信息化战略的?

4.西子联合集团是从哪几个方面来落实其信息化战略的? 西子联合集团在这几个方面分别采取了哪些创新性的举措?

5.西子集团 IT 部门采取一系列创新措施,巧妙推动其信息化建设的事例给我们怎样的启发?

三、分析思路

本案例的启发思考题主要从企业信息化现状分析,企业信息化战略的制定方法以及战略如何落地(重点)这几个方面来进行设置,试图环环相扣地引导学生对案例主题进行分析,从而达到本案例的教学目的。当然,教师可以根据自己的教学目标来灵活地使用本案例,本文提出的案例分析思路,仅供参考。

1.企业信息化的主要工作就是利用各种资源将企业信息化水平提升到最

佳状态(Roger,2000)。因此,为了全面地分析总结高瓴刚进入西子时所面对的困难,我们可以从信息化现状、可利用资源及信息化愿景这三个方面来归纳总结。

> 信息化现状:2011 年初,西子集团的信息化水平基本为零,具体表现在集团域控紊乱,各子公司之间难以互联互通;没有任何集团性的系统平台,集团难以在信息化方面对各子公司进行管控;各子公司都只是上了一些财务管理等部门级的系统。

> 可利用资源:从资金资源来看,西子集团作为一家典型的民营企业,对于信息化的投资比较谨慎,集团高层一般不会给予较大力度的资金支持;从人力资源来看,西子集团的 IT 部门人手缺乏(从正文第四部分可以得知,当时集团 IT 部门仅仅只有 8 个人)。

> 信息化愿景:西子集团旗下业务稳定的子公司超过了六十家,这些公司横跨了电梯、现代服务业以及航空等五大行业,各个行业差异明显,并且各子公司之间信息化水平参差不齐,西子的信息化愿景十分模糊,难以描绘。

2.要准确地解读高瓴进入西子联合集团后采取具体举措前先制定信息化战略的行为,就必须对于信息化战略的内涵及意义(参见理论依据分析 4.1)有比较深入的了解。教师可以考虑从"是什么""有什么用"以及"缺少会有什么后果"三个方面来进行分析。

表 1　制定信息化战略必要性的分析框架

角　度	内　容
企业信息化战略是什么	➤ 企业信息化战略是企业战略的重要组成部分; ➤ 它是企业进行信息化建设的纲领。
企业信息化战略有什么作用	❖ 提升企业对信息化工作的重视; ❖ 从全局的角度规划企业信息化的建设路径; ❖ 为企业业务战略提供有效的支撑。
没有企业信息化战略会怎样	◇ 信息化建设和企业发展需要相偏离; ◇ 企业信息系统繁多,且形成信息孤岛; ◇ 维护费用高,风险高,且收效低。

此外,王鲁滨(2007)曾提出企业信息化工作的几个主要步骤,如图 8 所示,为了更好地让学生了解企业信息化战略在企业信息化工作中所处的具体环节和重要地位,教师可以将该一般过程模型介绍给学生们。

从图 8 可以看出,企业信息化战略的制定是在对信息化现状进行分析后的

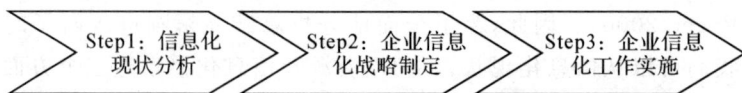

图 8   企业信息化建设一般过程

重要环节,信息化战略的制定是实施企业信息化的先导性工作,而高瓴首先制定了西子的信息化战略也为其后来工作的开展厘清了思路,打下了坚实的基础。

3.根据 Henderson 与 Venkatraman(1992)提出的战略匹配模型可知,企业的 IT 战略必须与其业务战略相匹配,并且 IT 战略的提出有四条路径(参见理论依据分析 4.2)。通过案例正文第二节的介绍,可以看出西子 IT 战略的制定主要采用了战略匹配模型中的第二条路径,即先明确业务战略,再推导其 IT 战略,最后细化 IT 战略的要素,如图 9 所示。

图 9   西子集团 IT 战略提出路径

需要注意的是,信息化战略的制定受多方面因素的制约(参见理论依据分析 4.3)。通过对案例正文第一、二小节的阅读,我们可以发现高瓴是在进行了多角度的分析后才确定西子联合集团的信息化战略的。借助理论依据分析 4.3 的推导关系图,我们可以对高瓴制定西子信息化战略的过程进行梳理,如图 10 所示。

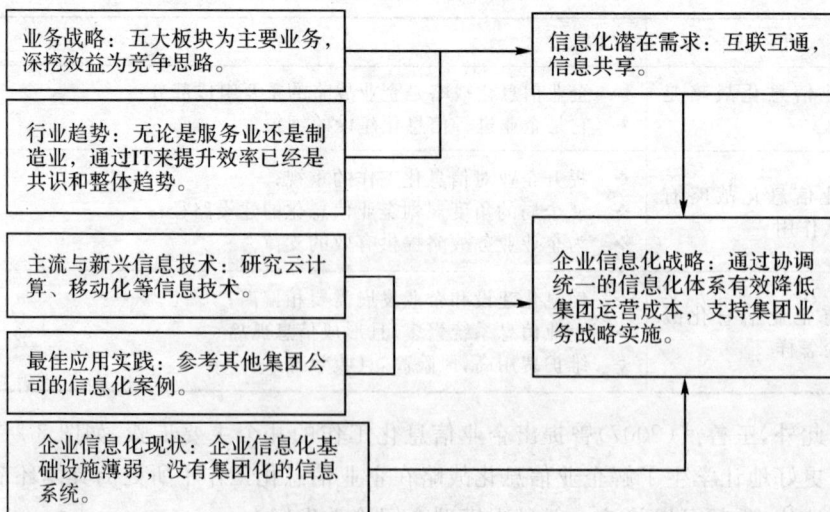

图 10   西子信息化战略的推导过程

4.通过对案例正文第三、四、五部分的总结归纳,可以看出西子联合集团的信息化战略主要从基础架构、IT 组织以及应用系统这几个方面来落地。各方面又分别采取了一些独特举措,不走寻常路。各方面的具体情况如下文所示。

(1)基础架构(Infrastructure)

从案例第三部分"要致富,先修路"中可以看出,基础架构是开展信息化建设的基础,高瓴初入西子时西子的基础架构极不完善,更重要的是这制约了其他工作的开展。因此,高瓴带领着集团 IT 部门率先进行了基础架构的建设。基础架构的建设有其自身的一般规律和要求(参见理论依据分析),高瓴在这些要求下开展了统一域控以及建设西子"私有云"等基础架构方面的工作。

其中采用私有云的架构在当时是具有一定创新性的举措①。当时(2011 年)私有云的概念才刚兴起,国内还没有集团公司成功落地私有云的案例。高瓴根据西子集团子公司众多、运营人手不足等特点,研判出云计算这一新兴的信息技术适合西子信息化的开展,并经过权衡后最终果断地采取了这一架构。

另外,高瓴对于 CIO 这一职位提出了新的角色要求——翻译官,即将专业的 IT 术语转化成能被决策者理解的常用语。比如在基础架构项目中,高瓴在与董事长进行沟通当时,尽量采取了通俗易懂的阐述方式来描述信息化的项目,从而尽量争取领导的支持。很好地扮演了翻译官的角色,如图 11 所示。

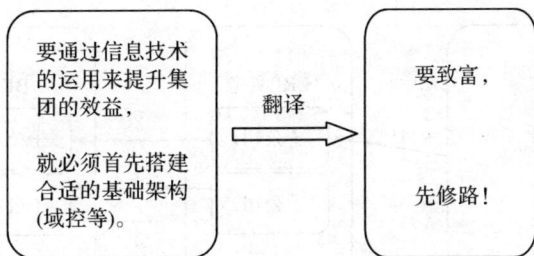

图 11　高瓴将专业术语转化成日常用语的范例

(2)组织(Organization)

在 IT 组织设计方面,西子集团 IT 部门首先理顺了集团 IT 部门与子公司 IT 部门之间的关系,针对子公司 IT 部门不接受集团 IT 部门管理的问题,高瓴巧妙地利用云计算集中管理基础设施的特点加强了对整个集团信息化工作的管控。很好地利用了信息技术的架构特点来实现组织权力的重构。针对子公司 IT 部门可能陷入多头领导的困境,提出了双线汇报的方案,即财务方面子公司直接向子公司负责人汇报,IT 专业方面向集团 IT 部门汇报。如图 12 所示。

①　下划线标注的字体表示西子集团采取的创新举措。

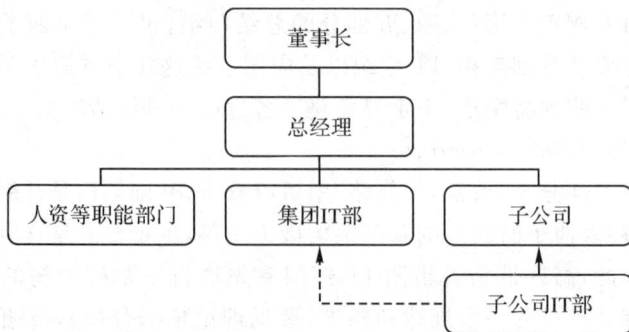

图 12　双线汇报示意图

　　另外,根据新的需求,集团 IT 部门还调整了内部的组织结构,在原来两个小组的基础上增加了软件规划小组,专门负责子公司 IT 项目的可行性分析、优先级评估以及系统规划的工作,使得三个小组之间形成良好的相互支撑。

　　(3)应用(Application)

　　西子在系统应用这一战略要素方面的举措主要有:率先实施了集团层面的信息系统;在 ERP 实施遇到阻力时西子 IT 部门创造性地采取了先上 BI,再通过 BI 推动 ERP 的策略(如图 13 所示);提出符合西子集团特点的"统一平台下有独立系统,独立系统最终又能集中起来"的系统规划。

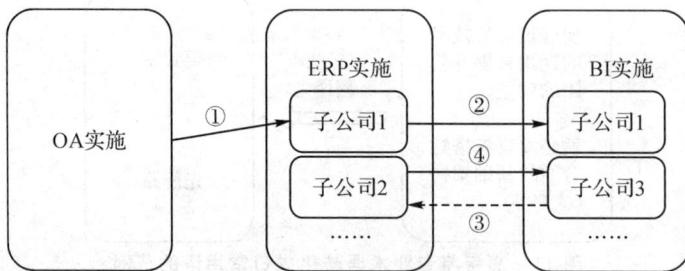

图 13　西子主要系统实施顺序示意图

　　(注:实线①、②表示按部就班推进各系统实施;虚线③表示未实施 ERP 的子公司在 BI 系统中缺乏数据,迫于集团高层的压力而不得不实施 ERP;实线④表示部分企业较晚实施 ERP 后为 BI 中的基础数据作了补充。)

　　在独立分析完这三个方面的举措后,教师可以考虑进一步揭示这三者之间的关联。如系统应用必须是建立在基础架构之上的,比如西子的私有云模式在一定程度上影响着其系统应用的布局,而 IT 组织则必须与基础架构以及系统应用相适应。比如私有云的模式使得集团 IT 部门加强了对于子公司 IT 部门的领导权,而评价系统应该的工作则又使得集团 IT 部门内部重新划分了小组。可见,三者之间相互影响。

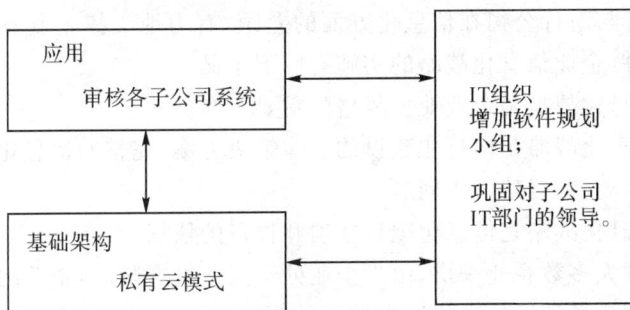

图 14　IT 战略要素之间的关系

　　5.经过多年的理论研究和实践摸索,企业信息化建设已经形成了一系列指导理论和经验总结,比如企业信息化建设的一般过程一般原则及信息化战略的主要战略要素等。但是应该如何来运用这些理论或者经验依然值得我们思考,本实践案例或许能带给我们一些启发。

　　高瓴具有多年的 IT 咨询经验,熟悉进行企业信息化建设的一般思路和流程。但是却并未拘泥于这些模板和框架,而是在遵照一般规律的基础上根据企业的具体特点,提出一些有创意的能有效解决问题的举措。这种做法值得我们去学习和思考。当然实践者还需要了解的是,创新往往伴随着风险,因此在采取新措施时要衡量新举措的可能受益和风险之间轻重关系。比如西子集团在采用云计算模式时便进行了相关的分析和论证。

　　本思考题相对开放,没有绝对标准的答案。教师关键要引导学生对高瓴种种举措背后的思路进行探究。

四、理论依据与分析

　　1.信息化战略的内涵及制定必要性

　　内涵:信息化战略是指企业为适应激烈的竞争环境,通过有效运用信息技术,整合和应用信息资源,调整相应的组织制度以期获取未来长期竞争优势的全局性规划和制度体系(刘希俭,2013)。

　　制定必要性:当前,国际上先进企业信息化已经从最初的技术部引导驱动、后来的业务板块需求驱动,逐步成为企业实现发展战略驱动的统一规划行为。企业信息化,首先必须站在企业发展战略的高度,统一制定企业目标清晰、任务清晰、步骤清晰、切实可行的信息技术总体规划,确保信息化建设沿着科学发展的轨道持续推进。一些国内领先的大型企业集团,应用先进方法制定了具有国际先进水平的信息化战略,并根据规划分步建设统一集成高效实用的应用系统,大幅度缩小了与对标公司在信息化方面的差距,有力地支撑企业业务战略的实施。具体来讲,企业信息化战略的实施有以下意义。

第一,信息化战略是企业业务战略的重要支撑;

第二,信息化战略是信息化建设的总体解决方案,完整的信息化战略能有效地避免信息孤岛、重复建设等问题;

第三,信息化战略是信息化项目立项和投资的依据。

对于中国大多数企业来讲,由于企业处于高速发展阶段,企业的发展战略和目标随着国际市场环境的变化发生较大的影响。因此,无论是企业战略规划也好,还是企业信息化规划也好,一般在三至五年期间需要再进行重新的规划。并且要及时地根据新的环境、企业新的发展和技术上新的趋势等等因素对其做出相应的调整和完善。

2.战略匹配模型

战略匹配模型(Strategic Alignment Model)也称作战略一致性模型、战略对应模型,Venkatraman 和他的同事于 1992 年提出这一模型。他们认为,企业信息化投入的价值难以体现的主要原因在于企业的业务战略与 IT 战略之间缺少互动协调的关系。战略匹配模型是一套进行 IT 战略规划的思考架构,帮助企业检查经营战略与信息架构之间的一致性。如图 15 所示。

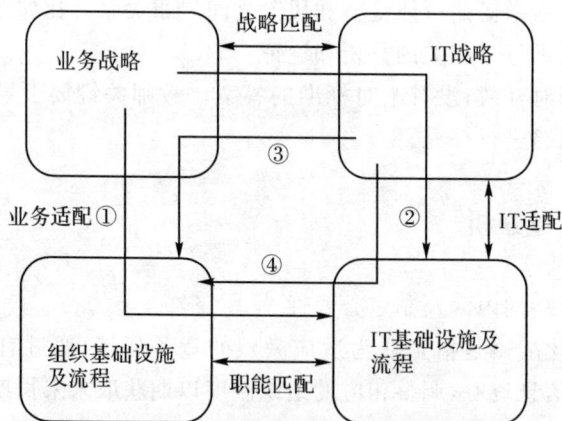

图 15   战略匹配模型示意图

该模型中主要包括四个要素,其中业务战略是指一个公司在产品和市场上的定位选择,IT 战略是指公司在 IT 运用方面的定位,SAM 模型要求业务战略和 IT 战略必须是相互适应、相互协调的。业务战略和 IT 战略的实施需要企业内部的相应支持,它们分别对应了组织基础设施及流程、IT 基础设施及流程。同样的,这两个职能要素也需要相互匹配。

根据 SAM 模型,IT 战略的提出有四条路径。

第一条路径,即先确定企业的业务战略,再据此设置其组织基础设施和流程,最后直接得到 IT 战略的具体要素。这一路径以业务战略为主导,直接得到 IT 战略的具体内容。

第二条路径,即确定企业业务战略后,制定与其匹配的 IT 战略,最终提出 IT 基础设施等战略内容。

第三条路径,即首先明确 IT 对于业务可能的作用,进而反推其业务战略和组织基础设施等。

第四条路径,即先制定 IT 战略、明确 IT 基础设施等内容,再推断组织的基础设施和流程。

3. 信息化战略的制定

企业信息化战略的制定是以企业总体的发展目标和发展战略、管控模式和业务流程等为基础,结合本行业信息化方面的实践和对信息技术发展趋势的把握,提出适合企业战略发展相匹配的信息化规划、信息化建设蓝图和目标,制定信息化工作的实施策略和保障措施等方面的工作(刘希俭,2013)。信息化战略规划是企业信息建设的纲领性文件,用以指导和帮助企业信息技术的协调发展、满足企业信息化建设的需要,达到有效地、充分地利用企业的信息资源。

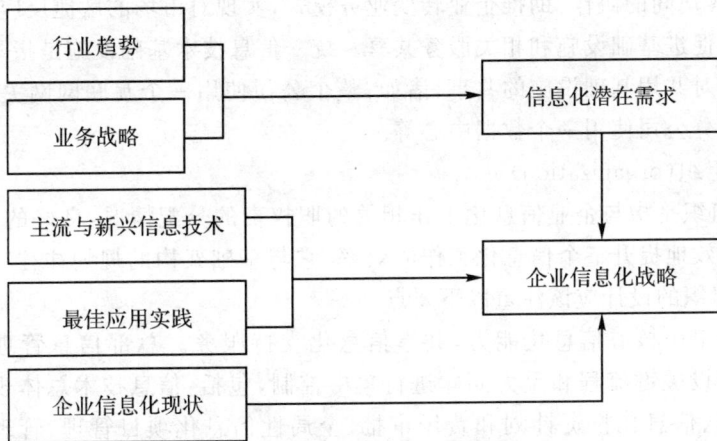

图 16 企业信息化战略的推导过程图

企业信息化战略的制定不能凭空想象,也不能闭门造车。要综合分析行业趋势和企业的业务战略及面临的挑战与机遇,获得企业对信息化的各种需求;综合分析主流与新兴信息技术的应用与发展,以及这些技术在本行业和企业应用的典型成功案例,考虑企业信息化当前的发展基础,确定企业信息化的发展机遇和系统建设,进行企业信息化愿景和统一的总体架构设计。

4. 信息化战略的战略要素

信息化战略主要包括以下三类具体的战略要素:基础架构(Infrastructure)、组织(Organization)以及应用(Application)(赵捷,2011)。各要素的建设要点如下。

(1)基础架构(Infrastructure)

基础架构是信息化的根基,包括企业的网络规划、服务器配置方式等多个方面的内容。系统开发等工作均必须在这个模块的基础上开展。基础架构的建设主要应遵循以下原则。

一是注重总体拥有成本。总体拥有成本指公司拥有一套基础设施的总费用,不仅包括软硬件等直接成本,也包括相关的实施费用、维护费用、用户的业务费用以及运行维护费用。设计时不仅要考虑降低如硬件采购等某些直接成本,而且还要注重降低总体拥有成本。

二是基础设施标准化。根据开放系统和实际上的工业标准,使整个企业的信息技术基础设施包括用户桌面计算机配置全部标准化。基础设施标准化是应用系统集成的先决条件,比应用系统标准化更需要强制执行。

三是提供广泛的网络连接。走向网络化运营是企业的战略抉择,而可靠的网络连接是网络化运营的先决条件。通过与互联网的连接将进一步扩大企业与供应商、客户间的协作,助推企业转变业务模式,实现对市场的敏捷反应。

四是促进基础设施和相关服务共享。统一信息技术基础设施是指不同业务单元之间对共用基础设施的共享,诸如:整个公司使用一个互联网网关,两个或两个以上分公司使用一个数据中心等。

(2)组织(organization)

IT 组织是指与企业信息化工作相关的职权责的分配情况,良好的 IT 组织设计能有效地提升整个信息化工作的效率,它与基础架构的规划往往有一定关联。IT 组织的设计应该注重以下要点。

一是集中核心信息化能力,共享信息化支持服务。总部信息管理部门对信息化建设关键流程和重大问题进行集中控制,包括:信息技术总体规划的制定和实施、信息化投资计划和费用审批、全局性信息化项目管理、管理制度和技术标准的制定与实施、公司应用系统政策等。信息化业务流程要落实信息管理、应用软件和基础设施的设计原则;要支持应用开发和运行维护的靠前服务。

二是强化信息技术人员能力建设。信息管理部门应加强关键能力建设,加强管理职能,重视信息化队伍建设。企业要明确业务战略实现所必需的主要信息化能力,确定信息化机构、岗位和人员要求,据以评估员工能力,制定能力提升的培训发展计划,将信息技术能力纳入公司人力资源筛选和考核体系。

三是建立集中严密的项目管理组织。明确信息化项目投资周期内的关键流程,合理管理信息系统建设和后续支持投入。制定项目管理制度,明确各级项目管理的职责。国际上有不同的信息化项目管理模式。

(3)应用(application)

系统应用是企业所需要实施的各种信息系统以及其相互之间的关联设计。常见的系统应用规划如图 17 所示。

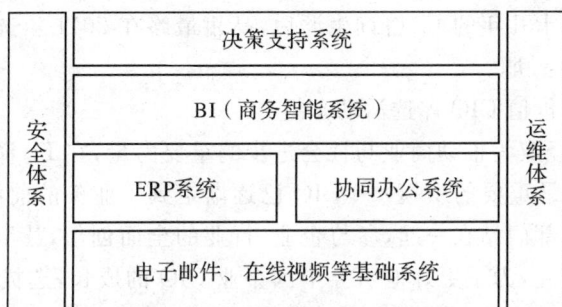

图 17　应用系统规划示意图

系统应用的实施应注重以下要点。

一是应用系统标准化。在整个企业内部建立统一的应用系统架构,建立标准化的应用信息系统,除非当一项业务量非常大(超出系统正常处理能力,如石油地球物理勘探数据处理),或者此应用系统在公司内的使用不具重要性(即小范围应用的小型专用系统)。应用系统的标准化有以下好处:信息和知识广泛共享,简化培训要求、系统支持更为有效、采购和维护成本显著降低等。

二是根据软件优化业务流程,减少客户化开发。减少修改应用软件来满足现有业务流程的做法,要进行业务流程重组来满足软件应用,以便缩短实施周期,获得优化业务流程。实践证明,成熟软件客户化开发在实施和维护上都是相当昂贵和困难的。

三是集中管理应用系统,确有必要时才适当分散管理。应用系统设计应优先考虑集中管理,保证系统的统一和软件的最佳利用。要对多个地点运行的系统实施集中管理,以便得到更好的信息管理和标准化控制、更有效的技术支持、更好的采购价格等。只有受技术条件的约束无法实行集中管理的,才考虑分散管理。大型企业应用系统应首选通过共享服务中心进行系统的集中与管理。

五、背景信息

1.高瓴的职业背景

高瓴最初是在德勤从事审计工作,由于一次偶然的机会修好了主管的电脑而获得派去美国学习计算机审计的机会。在国外学习了上百种与财务相关的系统,对于 SAP 尤其有深入了解。高瓴回国之后先后到汉德咨询以及某美国知名公司担任要职,其间也开始过自己的创业,高瓴曾经是高维信诚咨询公司的创办人之一。经历了十几年的 IT 咨询生涯后,高瓴最终在 2011 年选择加入西子联合集团担任 CIO 一职。

2.全国最具价值 CIO 评选活动介绍

当下 IT 已经成为推动商业与社会进步的重要力量,在 IT 释放商业价值的过程中,而 CIO 是重要的中枢——CIO 已逐渐走到了业务的前沿,从服务业务部门转为和业务部门站在一起,参与企业、行业的全面创新,甚至赋予业务部门创新的能量。因此,为了更好地引导中国企业 CIO 的成长,选拔优秀 CIO 作为典范,《商业价值》、IT 价值联盟以及香港电脑学会等国内著名媒体与组织于 2009 年发起了全国最具价值 CIO 的评选活动,每年一次。

"最具价值 CIO 评选"立足"价值",即 IT 为企业带来的商业价值,评估体系分为领导力、优化、创新 3 大维度。这 3 大维度将始终贯穿"最具价值 CIO"评选,成为评选标准与价值体系。评委会将广泛渠道征集候选人,在经过专业评审团初选后,将派调研专员对候选人和其内外部用户进行面对面的实地访谈。最终,评委会将依据实地访谈与候选人提交的书面问卷,评选出 50 位年度"最具价值 CIO"。在此基础上,评委会特设 3 个单项奖和 1 个评委会大奖。

六、关键要点

在使用本案例时应该注意以下两个关键要点:

第一,要通过案例的引导全面掌握企业信息化战略的基本内涵及制定方法;

第二,西子巧妙将信息化战略的过程是本案例的重点和亮点,因此读者要深入揣摩高瓴为了将信息化战略落地所采取的各种策略,并尽量引发自身的思考。

七、建议课堂计划

为了让学生尽量熟悉案例内容,提前进行思考,以保证案例教学的质量。建议在教学中应至少提前一周将案例发放给学员阅读,并要求学生尽量提前思考。同时,教师应该根据自身知识基础并参考本案例提出的案例说明准备好课堂点评材料。在时间上,案例课堂教学时间控制在 100 分钟左右,具体计划如下(仅供参考):

课前计划:提出启发思考的问题,请学员在课前完成阅读和初步思考。

课中计划:简要回顾案例,明确主题(5 分钟);

分组讨论(25 分钟);

各小组代表发言(总时间控制在 30 分钟);

教师点评各小组汇报结果(10 分钟);

教师根据事先准备的材料(包括本案例说明)进行案例的解读,解读过程可以尽量引发学生们的思考、讨论,希望学生们能在思辨中获得成长(25 分钟)。

解读过程应当配合黑板板书,黑板计划参考如图 18:

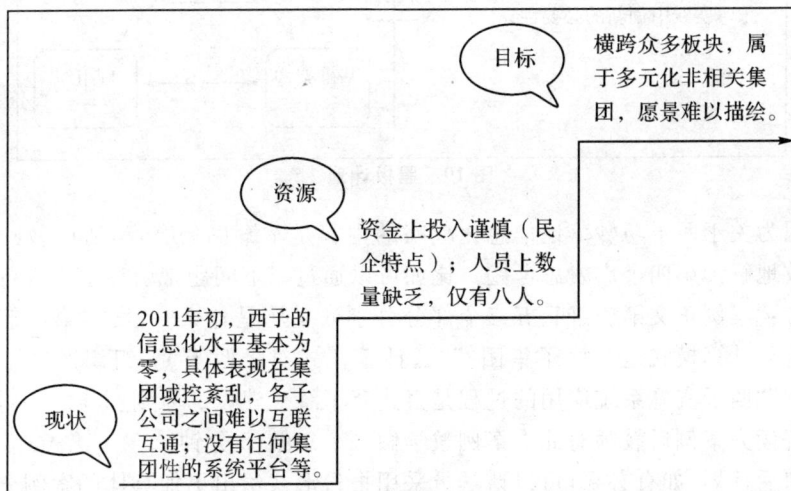

图 18 黑板计划 1

黑板计划 1 主要分析了 2011 年初时,西子开始大力发展信息化建设时所面临的问题。教师可以通过以下几个问题的提出来引导学生分析思考该问题。"当时西子的信息化起点是怎样的?""当时西子对于信息化的目标是否明确?"以及"工欲善其事,必先利其器。西子当时在 IT 上的投入如何?"

　　在明确现实的困难后,教师可以继续后续的思考启发。教师可以通过"信息化战略是什么以及在信息化建设中的地位如何?"等问题来帮助学生思考启发思考题二;可以通过战略匹配模型的介绍来帮助学生思考启发思考题三;可以通过基础架构与组织结构设计等 IT 要素之间的关系介绍来帮助学生思考启发思考题四;可以通过理论与实践的关系介绍来帮助学生思考启发思考题五。最终形成的黑板计划如图 19 所示。

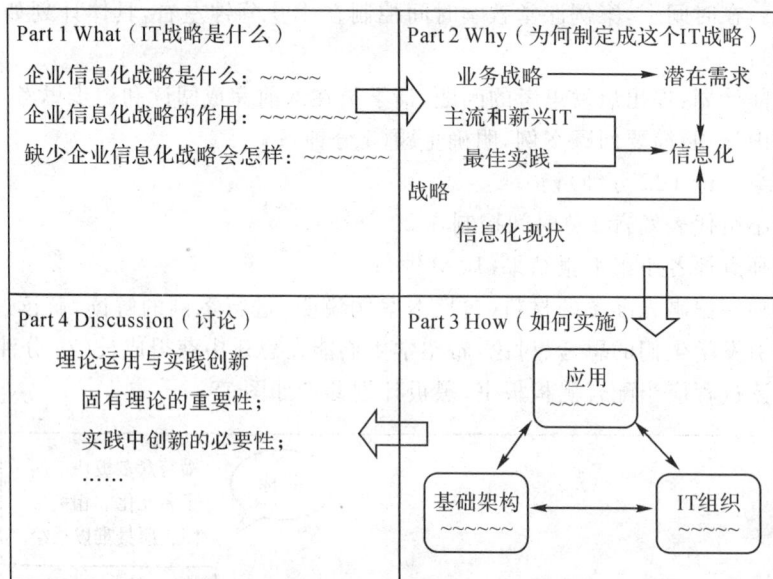

图 19　黑板计划 2

　　因为关于西子巧妙落地信息化战略的内容是本案例的亮点,所以教师可以更细致地解读第四个启发思考题。比如可以通过以下问题来引导学生进行深入地思考:"案例正文第三、四、五三个部分分别的主题是什么?""案例第三部分为什么讲云计算模式适合西子集团?""云计算模式对于西子 IT 组织产生了怎样的影响""西子实施系统应用的过程是否违背了统一建设的原则?"

　　解读完案例后教师对此次案例教学做一个总结(5 分钟)。

　　课后计划:如有必要,可以请学员采用报告形式给出更加具体的案例分析报告,包括具体的职责分工,对于 IT 战略的认识以及采取创新举措的看法等,为后续章节内容做好铺垫。

八、案例后续进展

　　截至 2015 年 3 月,西子联合集团旗下各子公司的服务器已经基本搬迁至云计算中心,由集团 IT 部门统一管理。同时,目前西子已经逐步开展软件即服务层面的云计算,比如云桌面等已经开始运用起来,云计算中心的价值逐渐彰显出来。

在组织方面,随着开展项目的逐渐增多,为了加强对项目的管控,集团 IT 部门新增了一个项目经理小组,主要负责对系统项目的实施管理。

在系统应用方面,西子联合集团目前正在积极开展各子公司的独有系统的实施,比如西子电梯模块在实施产品管理系统(PLM)以及电子销售系统(E-business)。

九、相关附件

关于案例正文中"电梯测试"内容的进一步解读

案例正文中关于高瓴通过电梯测试的考验,成功说服决策者批注基础架构方案的描述看似具有一定的偶然性,但其实这种偶然性的背后有一定的必然性。首先,正如案例正文所描述的,西子集团的高层领导对于信息化建设越来越重视,这种态度的转变在某种程度上意味着集团高层对于信息化投入会有所放宽,会考虑给予比以往更多的支持。

其次,高瓴将信息化基础架构的建设巧妙地比喻为经济建设中的道路修建活动,形象生动。其之所以能做到这点,很大程度上时因为高瓴对于企业信息化建设有较深的理解,同时这也与他平常就将翻译官作为 CIO 的扮演角色之一有关。

十、其他教学支持资料

本案例包括幻灯片文件一份。

十一、参考文献

[1] 王鲁滨.企业信息化建设:理论·实务·案例[M].北京:经济与管理出版社,2012:56—62.

[2] 刘希俭.企业信息化管理实务[M].北京:石油工业出版社,2013:15—23.

[3] 俞东慧,黄丽华,石光华.建立与企业战略相适应的 IT 战略的路径和方法研究——对 UPS 和 FedEx 的战略匹配案例研究[J].管理工程学报,2005,19(1):24—29.

[4] 赵捷.企业信息化总体架构[M].北京:清华大学出版社,2011:20—26.

〔5〕Henderson J C，Venkatraman N. Strategic alignment：a model for organizational transformation through information technology management in transforming organization〔M〕. T. Kochan，M Useem，Eds . New York ：Oxford University Press，1992；97—117.

〔6〕Rogers E M. Informatization，globalization，and privatization in the new Millenium 〔J〕. Asian Journal of Communication，2000，10(2)；71—92.

PART TWO　案例使用说明

一、教学目的与用途

　　1.本案例可用于企业管理诊断、管理信息系统、企业战略管理等课程,适用于工商管理硕士(MBA),硕士生和本科生。

　　2.本案例的教学目的是通过一个著名民营企业的信息化历程来更深入、更全面地理解企业信息化管理。正泰快速发展到今天,离不开信息化,否则不可能拥有如此的规模以及在电器行业的影响力。我们希望借这个案例来分析企业为什么需要信息化,信息化是如何改善企业管理和提高企业运行效率的,以及在企业发展的不同阶段如何采取不同的信息化进程等企业信息化建设过程中的重要问题。

二、启发思考题

　　1.什么是企业信息化? 企业为什么要进行信息化?

　　2.企业信息化有哪些常用的系统?

　　3.企业信息化的主要价值及其背后的影响因素主要有哪些?

　　4.企业如何开展企业信息化? 信息化成功的策略是什么?

　　5.企业信息化的风险主要是什么? 如何控制?

　　6.如何看待企业信息化的延续性?

　　7.试分析正泰集团在不同生命周期中采取的信息化措施与当时企业生命周期阶段的对应关系?

　　8.如何对企业信息化进行有效、合理的规划?

三、分析思路

　　教师可以根据自己的教学目标(目的)来灵活使用本案例。这里提出本案例的分析思路,仅供参考。

　　1.什么是企业信息化? 企业为什么要进行信息化? 其价值有哪些?

　　企业信息化是指企业在产品的设计、开发、生产、管理、经营等多个环节中广泛利用信息技术,并大力培养信息人才,完善信息服务,加速建设企业信息系统。企业信息化的动机,是内部需要和外部环境共同作用所激发的一种行动意向。正泰的屡次信息化措施,在内部是集团结构优化的需要,信息化更有利于管理、更利于提升企业绩效;在外部则是随着改革开放的浪潮,信息化成为提升企业竞争强有力的因素,良好的对外环境也提供了更好的信息化渠道。

2.信息化的风险主要是什么? 如何控制?

信息化主要表现的症状是资金投入巨大、技术要求高,有时还与企业发展不相适应。在整个信息化的过程中企业不得不持续投入巨大的资金进行更新和维护,这对企业的资金流动会产生较大的压力。同时,在企业不同的发展阶段中信息化的重要性也有所不同,盲目进行信息化容易对企业的管理造成干扰,反而不利于企业的发展。

对于信息化风险的控制,最重要的是掌握进行的时机。在当前的大环境下,国际国内交流频繁,有充足的信息化经验可供借鉴。同时,在信息化进行过程中,可以通过雇佣成熟有经验的团队协助或负责管理信息化进程。正泰集团与上海企业资源研究中心、北京英克科技有限公司等的合作正是借助外来团队的表现。

3.什么是企业生命周期? 划分企业生命周期有何意义?

企业生命周期是指企业诞生、成长、壮大、衰退甚至死亡的过程。企业生命周期理论是一个起步于 20 世纪 50—60 年代的管理理论,其目的在于为处于不同生命周期阶段的企业找到能够与其特点相适应、并能不断促其发展延续的特定组织结构形式、管理模式、制度和人员,使得企业可以从内部管理方面找到一个相对较优的模式来保持企业的发展能力,在每个生命周期阶段内充分发挥特色优势,进而延长企业的生命周期,帮助企业实现自身的可持续发展,使企业在激烈的竞争中立于不败之地。

4.正泰的信息化进程与生命周期的延续有何内在联系?

正泰是个不断发展的企业,在其企业的成长过程中,信息化与企业本身的联系日益密切。企业生命不止,信息化也不会中断。正泰的生命周期延续要求信息化的深入,而信息化的深入则推动正泰向更好的阶段发展。企业在不同的生命周期中对管理和发展的需求是不同的,因而需要不同的信息化措施进行协助。针对不同的生命周期阶段,需要了解分析正泰可能面临的挑战和危机,以及正泰在相应阶段采取了怎样的信息化措施进行应对。

四、理论依据及分析

1. 企业生命周期理论。
2. 企业管理信息系统评价理论。
3. 企业信息化实施和应用的关键成功因素理论。
4. 企业信息化实施和应用风险理论。
5. 企业管理信息系统实施和应用的阶段理论。
6. 企业信息技术能力理论。

五、关键要点

该案例分析的关键在于运用企业生命周期理论来分析企业在不同的发展阶段如何实施和应用与之匹配的企业管理信息系统,从而提升企业的经营管理水平、提高企业的绩效,进而获得竞争优势。关键知识点为与企业生命周期相匹配的企业信息化建设。

六、建议课堂计划

本案例可以作为专门的案例讨论课来进行。如下是按照时间进度提供的课堂计划建议,仅供参考。

整个案例课的课堂时间控制在80—90分钟。

课前计划:提出启发思考题,请学员在课前完成阅读和初步思考。

课中计划:简要的课堂前言,明确主题　　　　(5—10分钟)

分组讨论　　　　　　　　　　(30分钟),告知发言要求

小组发言　　　　　　　　　　(每组5分钟,控制在30分钟)

引导全班进一步讨论,并进行归纳总结　(15—20分钟)

课后计划:如有必要,请学员采用报告形式给出更加具体的解决方案,包括具体的职责分工,为后续课程内容做好铺垫。

正泰集团企业信息化建设之路①

摘　要:正泰集团作为浙江企业信息化建设的典型代表,从 1984 年正泰电器正式成立之初就特别重视企业信息化建设,自 1991 年实现"会计电算化"以来,正泰集团先后建立物理网络、销售管理系统、门户网站、工程技术系统、知识与资源管理系统、企业经营综合管理系统,着重发展"数字化正泰",并持续优化升级已有的企业管理信息系统,其信息化应用已经深入企业经营管理的各个领域,并伴随着企业的成长,对企业做出了突出的贡献。正泰集团信息化建设的成功经验,展现了企业如何在不同发展阶段运用不同的信息化手段提高企业的管理水平和经营效率,如何提升企业的综合实力和核心竞争力。

关键词:企业信息化　企业管理　企业生命周期　正泰集团

PART ONE　案例阅读

一、引　言

不知不觉间"市场全球化"时代已叩响了正泰的大门,作为最高决策者的南存辉董事长需要时刻关注着这些业务点的经营状况,攥在手上的事务更是千头万绪。然而南存辉显得应付自如,成竹在胸。他天南地北,行踪不定,却时刻将各项指令下达得淋漓酣畅。他的秘书常说的一句话是:"没关系,我跟董事长是联机的。"偶尔露面的南存辉也常拍拍那台只比一本杂志略宽的手提电脑对部门经理们说:"有什么事,请直接输入我的电脑里。"行踪不定的南存辉,办公室就"拎"在手上。

---

①　1.本案例由浙江工商大学孙元、朱亚丽、王曼、姚迪琪和浙江万里学院彭新敏共同撰写,作者拥有著作权中的署名权、修改权、改编权。未经允许,本案例的所有部分都不能以任何方式与手段擅自复制或传播。2.本案例授权中国管理案例共享中心使用。3.本案例只供课堂讨论之用,并无意暗示或说明某种管理行为是否有效。

二、正泰集团概况

正泰集团,正,即经营要走正道,为人要讲正气,产品要做正宗;泰,即泰然、安泰、三阳开泰。因正而得泰,正道则泰兴,是谓"正泰"。正泰始创于 1984 年 7 月,从 5 万元起家,本着"精益求精"的精神,依靠质量和信誉得以发展、壮大。现有员工 23000 余名,辖 8 大专业公司、2000 多家国内销售中心和特约经销处,并在国外设有 40 多家销售机构。产品覆盖高低压电器、输配电设备、仪器仪表、工业自动化、建筑电器、光伏电池及组件系统和汽车电器等产业,产品畅销世界 90 多个国家和地区。其发展目标是要成为世界一流的低压电器全面解决方案提供商。经营理念是为顾客创造价值、为员工谋求发展和为社会承担责任。

正泰集团是中国工业电器行业产销量最大的企业之一,综合实力连续多年名列中国民营企业 500 强前十位,年利税总额连续三年名列中国民营企业纳税百强前五名。"正泰"商标被认定为中国驰名商标,四大系列产品跻身"中国名牌"。企业从创立之初至今在不同的发展阶段都成功地实施和运用了企业信息技术,早在 2004 年,正泰集团就获得了中国企业信息化前 100 强,是温州唯一一家进入前 100 位的企业。在正泰集团的发展道路上,信息化始终发挥着其重大的作用。因此,本案例选择正泰集团作为浙江企业信息化建设的典型代表,研究其信息化建设之路。

1. 初次尝试信息化

从 1984 年正泰电器正式成立,老板就对信息化建设特别关注,这种做法在中国民营企业界少之又少,信息部总经理肖飓先生,就是当年一名软件开发员,据肖先生说:当年公司的效益很好,但环境比较差,只能在车间旁写程序,主要是一些单机版小型 MIS 系统,每天都要忙到半夜,整个工厂人都下班了,我们还待在办公室灯火通明,这还引发了一些有趣的事情。老板的老爸看我们每天半夜都不关灯,每天待在电脑前面敲个不停,心里很奇怪,以为我们在偷懒,浪费公司的电费,经过多次观察后,突然一天晚上他气冲冲地跑上来,责问我们每天在干什么,又看不出造的什么东西,就是在浪费电,然后怒气冲冲地把电源总闸关掉,把我们赶出办公室。第二天一早,我们就跑到老板那边去申冤,还好老板"大义灭亲",让老爷子不再干预软件开发这事,从而也给信息部门正了名,大家干起活来更带劲。

1991 年,正泰与美国商人黄李益合作成立"中美合资温州正泰电器有限公司"。当时公司高级管理层就非常重视信息技术的应用,在财务预算比较紧张的情况下,依然决定投资信息化建设。首先是在财务部门建立了计算机网络,实现了"会计电算化"。企业建立初期,资本实力并不十分雄厚,但人工进行会计计算的话不但需要耗费巨大的时间,而且容易出现纰漏,或是发生财务人员以权谋私的情况。实现了会计电算化以后,会计资料由电子计算机按规定的程序生成,保证了计算机生成的会计资料真实、完整、安全。会计信息质量由于系统内部控制的严格规范,减少了人为原因造成的信息不实、删改等,大大提高了会计信息质量。而正泰在如此艰苦的条件下依旧实施信息化是出于两方面的考虑:一是为了更加精确的会计核算,据此在进行成本分析的前提下,采取相应的措施来降低成本;二是在会计精确合算的基础上,能够在财务方面做出更加精准的预测,从而达到降低必要的营运资本,使得更多的资金用来投资增值。

2.领跑物理网络建设

正泰集团很早就意识到了企业进行信息化的巨大作用,而作为实现企业信息化的基础必须构建一整套物理网络。因此早在 1993 年,正泰就已着手建设企业的物理网络。在基础平台的建设方面,正泰集团充分利用电信资源,构筑了正泰的广域企业网。

正泰企业网综合利用专用网络、公共网络和移动网络三种物理网络资源,并构造了集团核心主干网。信息中心通过网络中心和数据中心两大主干网功能,主要面对企业网用户提供网络应用服务和数据存取服务,并利用网络设施连接生产企业、销售企业、分支机构、协作单位和客户。

各销售企业通过电信的帧中继电路与集团企业主干网相连,形成慢速的局域网,不仅能完全共享集团企业网络的资源和应用服务,而且还能相互通信。并且,销售企业的网络设备预留了接入服务模块的接口,以便将来提供电话拨号接入服务,让所辖地区重要的分销机构直接连接到销售企业网络,形成三级网络结构。同时,有关客户也可通过 INTERNET 连接到集团企业的电子商务网站进行交易,集团企业网站将根据客户的地域将业务转到相应的销售企业,在此基础上可进一步构筑和完善电子商务系统网络平台。各生产企业和职能部门通过局域网或光纤与集团企业主干网连接,完全共享集团企业网络的资源和应用服务。

同年,在上述物理平台基础上,正泰实现了第一个系统销售管理系统,并开始运行。销售管理系统帮助企业快速应答市场变化和客户需求,并使企业内部的经营生产活动自觉接受市场导向。销售管理系统提供日常业务管理、销售决策支持和电子商务接口三个层次的信息处理功能。

销售管理系统将客户管理、订单处理、交付、物流和销售财务等环节有机地联系起来,使得企业对销售流程和物流的管理更加科学规范、高效,加快了产品库存和资金周转,避免了管理的随意性。同时这套系统也是实施企业全面电子商务最基础、最核心的支撑系统。它使正泰处理业务的响应时间比之前手工处理时成几何倍数地加快,应收款周转周期大大缩短,应收款管理质量大大提高,成品总库存大幅度下降。

此外,在此硬件基础上,正泰针对企业存在的职工之间文化、技术等差异而又缺乏好的交流方式,以及管理信息的传递不便等问题。不断地进行技术创新,建设了应用系统、邮件系统等系统,这些系统共同构成了企业交流与信息共享的高效、统一的平台,并日益成为正泰进行信息传递、文化交流、决策指挥的智能平台。

3.信息化为"对外扩张,加快发展"助推

从 1994 年至 1996,正泰招聘管理层进行规模扩张后,明确了"对外扩张,加快发展"的企业发展道路。如何让这个企业拥有符合其规模的影响力并坚持实施信息化措施成为新任管理者们的头等大事。为了扩大企业的影响力,1995 年正泰建立了企业门户。正泰公司门户网站主要构成为两部分:多语言企业站点和应用站点。正泰门户网站是企业品牌宣传、信息发布的窗口,也是正泰与各个商业伙伴和用户进行电子商务和电子服务的主要通道。正泰网站自 1995 年成立至今,其命名管理权和域解析权都在公司手里,使得公司的应用域名解析管理随应用任意扩展而不受控制。建立企业的门户网站,不仅有利于企业的宣传,增加企业的影响力,同时尽早地建立企业的门户能使得门户系统尽早地发展、完善,也为之后的信息化建设奠定坚实的基础。

除了企业的门户网站外,正泰公司还建立了内部网站,该网站为知识资源管理系统的核心,设计目标是满足企业员工在互联网时代基本的日常办公、知识管理、业务处理和电子商务需要。系统提供了 5 大块基本功能:个人、交流、信息、学习和办公。

4.集团向股份制转型,信息化将企业推向世界

1997 年 7 月 21 日,集团内首家规范的股份有限公司"浙江正泰电器股份有限公司"经浙江省人民政府批准成立。以此为契机,正泰集团对所属企业进行股份制改造,组建股份有限公司和有限责任公司,按照现代企业制度的要求发展企业,并向国际化企业迈进。

在进行股份制改造以后,为了确保核心竞争力,防止竞争对手在市场上的挤压,正泰集团在工程技术领域也进行了信息化。正泰集团多年的技术机构调整后,在 2000 年成立了技术研发中心,所属 6 大专业公司基本实现了计算机辅助设计和工程图纸及技术档案管理。

其主要应用包括:采用 AutoCAD、电气 CAD 和 Pro/E 等设计软件实现计算机辅助制图和三维产品设计;实现了产品三维模拟造型和装配;实现了计算机辅助模具设计;采用零部件快速成形技术进行产品试制;采用简单的 PDM 系统进行工程图纸和各种工程技术档案的电子化管理和辅助工艺;在产品的制造过

程中,引进了大量的数控设备和柔性制造线;对大量传统的工艺流程和生产流水线进行了技改,添置自动化控制部分和智能调试装置增强了生产过程的柔性。上述举措的实施大大加速了企业产品开发和制造的质量和进度,提高了企业对市场需求的反应能力,为企业快速满足市场需求提供了有力的保障,为实现支持产品创新设计的协同制造系统奠定了扎实的基础。

至此,正泰集团已经拥有了很多独立的信息化的系统,但是始终都缺乏系统与系统之间的联系,为了能够将孤立的系统进行有效的整合。2000 年底,正泰与北京英克科技有限公司开始合作,分步建立知识与资源管理系统(KRM),该系统的实施主要作用如表1。

表1   实施知识与资源管理系统的主要作用

作用概述	具体作用描述
(1)提高管理质量	利用远程通信联网,加强内部协作实现业务数据相互传递和监督管理的深入、实时。
(2)有效配置资源	排产计划功能科学地协调人力及设备能力,最大限度地利用企业资源。运用原子级的基础数据定义,完善设备管理及车辆调度,有效控制管理费用。
(3)单品核算	基于计算机强大的计算功能和信息传递的及时性和准确性,现已做到单品核算,更精确地计算出单品成本、毛利等,便于统计公司销售业绩。
(4)消除信息孤岛	利用远程通信联网,清除企业中存在的信息孤岛,加强内部协作实现业务数据相互传递和监督管理的深入、实时。
(5)控制库存在合理范围内	通过对企业业务的综合管理,包括采购、销售、进货策略、库存控制等全过程,建立起企业的良性运转机制。
(6)完善信誉额度管理,减少应收账款	利用计算机进行管理,对应收账款进行较为方便的量化考核,通过应收账款总额和信誉额度标准有效地控制年底应收账款的增加,从而减少企业被占用的资金和可能的坏账损失。
(7)保持和发展企业的核心竞争力	利用管理插件技术将原子级的企业特色和规则加载到原有系统中。挖掘、保持和发展企业的核心竞争力。
(8)提供决策支持	实现企业经营业务、财务数据的全面收集,综合统计分析及时为管理者提供真实的经营数据以支持决策。
(9)提高企业的市场应变能力	采用系统的实时数据采集分析,动态地掌握和传递业务信息及市场状况,提高企业对客户的服务质量和效率,及时对市场反馈信息做出相应决策。

2001 年,正泰引进了英克科技公司(INCA)企业经营综合管理系统(Power Manage,简称 PM)并在接触器公司实施,该系统包括 ERP、CRM/Call Center

和 E-B,广泛适用于生产制造、流通和连锁配送型企业。

PM 系统的主要宗旨是将企业的各方面资源(信息、人力、物料、资金、设备、时间、方法等方面)进行优化、整合,强化企业财务管理、提高资金运营效率、建立企业—供应商—客户之间的供应链、在提高生产效率、降低成本、减少库存积压、提高客户服务水平等方面提供强有力的管理。帮助高层管理人员对企业中海量的、错综复杂的动态数据和信息进行及时、准确的分析和处理,使企业管理真正由经验管理进入科学管理模式,使企业的管理手段和管理水平产生质的飞跃。

由于正泰自主开发的营销管理系统运行情况良好,故只在生产环节实施PM 系统。通过正泰集团的二次开发,系统实现了与营销管理系统的接口,初步体现出业务流程控制和成本控制的效能,配合公司的自动化立体仓库和综合物流管理系统,使得接触器公司在生产管理方面有了显著的改进和提高。

5.数字化正泰引领前进

正泰集团公关外联部副总经理廖毅刚进正泰不久,正碰上正泰召开"正泰信息化建设咨询评审"的网上会议。主持人南存辉远在美国,其他与会领导在上海、杭州和温州等地。廖毅刚当时想,网上又看不见人,谁参加不参加会议,他怎么知道?谁知,会议时间刚到,南存辉的秘书就打来电话,"南董问你怎么还不到会呢?"我赶紧点击上网,找到"会议室",对话框里随即出现一行字:"廖主任,你好!欢迎你参加会议,并积极发言。南存辉。"

"这只是'数字化正泰'的一个小小功能。"信息部总经理肖飓介绍,近年来,正泰信息化投入近 1 个亿。正泰已建成覆盖各地办事处和各大生产公司的广域网,具备全球范围内的移动接入能力,实施 PDM、CAPP、CAD、QC、SPC 等系统上线运行。系统成功地支撑了公司财务、销售、生产、人事等业务运行,不仅实现了企业信息资源的快速流动与共享,而且大大提升了管理水平。

当互联网的普及,以及信息技术的快速发展,使得企业管理等方面日益变化,而正泰集团就在这样的一个时间,开始了耗资巨大的信息化建设——数字化正泰,所谓的数字化正泰主要分为三个阶段,详见图1。

(1)数字化正泰第一阶段

其中第一阶段自 2002 年 11 月至 2003 年 06 月是"数字化正泰"的准备阶段。这一阶段主要是为了解决企业业务量越来越大,集团内部信息没有有效交流,信息重复输入现象普遍存在等问题,规范企业内部管理,以信息系统替代手工作业,实现财务业务一体化。

为了第一期工程的顺利进行,正泰集团同时启动了另外一期工程推进计划,详见图2。

第一阶段	第二阶段	第三阶段

02/11 02/12   03/06   03/12   04/06   04/12   05/12

股份公司平台应用试点

股份公司平台功能完善

集团平台应用推广

集团平台功能持续完善

以信息系统替代手工作业，重点解决企业瓶颈问题，规范企业内部管理，实现财务业务一体化	实现各信息系统的集成，满足业务协同要求，实现协同式销售和协同式供应管理，提高企业管理水平。	实现支持产品创新设计的协同制造、支持协同商务的供应链管理，进行决策支持和知识资源管理，提高企业核心竞争力

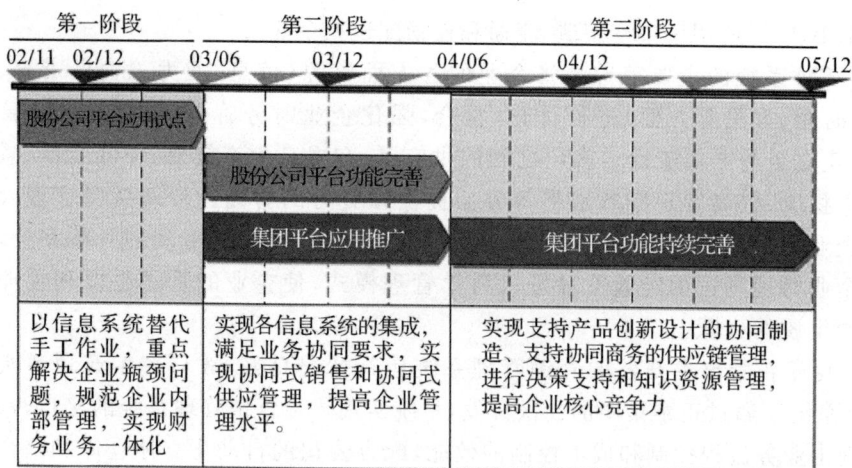

图 1   数字化正泰的三个阶段

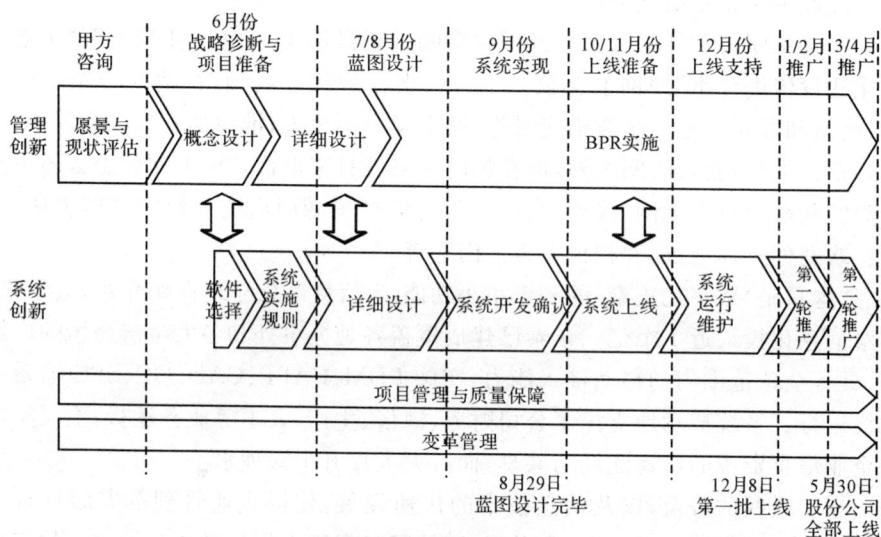

图 2   一期工程推进计划

在项目刚开始的时候，为了解决各个部门、各级参与者的认知问题，正泰集团的信息化主管倪仕灿找到了上海企业资源研究中心（简称 AMT，现名上海企源科技有限公司）为正泰培训。

初次接触信息化，倪仕灿对于使用哪一家的产品感到难以选择。此时，AMT 出面建议，在"数字化正泰"的项目过程中，正泰可以聘请"甲方咨询"，从专家角度对正泰信息化建设提供咨询和帮助。其中甲方咨询就是针对企业（甲方）和管理咨询公司及 IT 系统提供商（乙方）之间信息不对称的特点，由第三方专业公司对企业(甲方)提供特别的项目咨询,并监理管理咨询公司及 IT 系统提供商(乙方)工作,以保证信息化项目的安全实施。由于甲方咨询公司本身不多见,而 AMT 也有意,加上之间有过良好的合作,于是由 AMT 来担任正泰的"甲方咨询"的角色。

而确实正泰从甲方咨询专家方面获得不少帮助。例如如何规范招标文件,AMT 对正泰提供了严格的指导,给倪仕灿留下了深刻的印象;又比如针对招标过程的控制,AMT 提供了一套完整的流程,对招标过程中容易出问题的环节帮助很大。倪仕灿当时说:"对国外软件的集成和服务费收取方式这块,我们自己不太了解,AMT 都预先注意了。"之后相应的一系列的"数字化正泰"的实施详细计划,规划的完成为数字化正泰的正式实施的顺利进行提供了保障。

(2)数字化正泰第二阶段

其中第二阶段自 2003 年 6 月份开始是"数字化正泰"的正式启动,主要是平台功能的完善和集团平台应用推广。这一阶段实现各信息系统的集成,满足业务协同要求,实现协同式销售和协同式供应管理,提高企业管理水平。

2003 年 6 月 12 日,投资 5000 万元,以打造企业核心信息系统为目标的重大系统工程——"数字化正泰"启动会在高科技工业园召开。标志着正泰集团的数字化正泰项目正式开始启动。

2003 年 6 月,富士通(Fujitsu)(上海)有限公司与中国正泰集团签订 5 年的 IT 产品与服务的合作协议。在"数字化正泰"信息项目的建设中,富士通、SAP、毕博(BearingPoint)全球三大企业软件公司紧密地联系在一起,为正泰集团的数字化项目提供强而有力的平台支撑和业务支持。正泰集团选择了国际著名的 SAP 公司作为支持协同商务的供应链管理系统的软件供应商,选择了国际著名的管理咨询公司毕博公司作为 SAP 系统的实施商,所有这些系统都采用国际著名的富士通公司的服务器及存储设备作为硬件系统。

富士通提供了目前最先进、高端的 IA 服务器 T850,构建了庞大 CRM/ERP 应用的服务器群。在服务器群的每个服务器节点都采用了目前国内最高档次的配置,都采用了最先进的技术,在相关业务的服务器节点相互之间实现群集,保证业务的 7×24×365 工作状态。同时富士通为正泰的数据安全,实施了异地容灾备份。提供了光纤存储设备,和数据存储灾备的系列软件解决方案。

作为数字化正泰的成果,现代化仓储物流系统为正泰带来了巨大的效益。在高达十几米的物流仓库,工作人员介绍,以前原料进库和产品出库全肩扛背驮,效率低不说,物流的周转还极其不合理,进进出出全是外层的货,靠里边的和底层的就永远积压着。现在,采用全套微机控制的现代化仓储物流系统,货物像流水一般此进彼出,操作全是由机械手完成,每个环节的数量、品类和有效期限一目了然,货物周转周期缩短为 5.5 天,从而使得企业的资金运转始终处在最高效的匹配点。

(3)数字化正泰的第三阶段

第三阶段自 2004 年 6 月份开始,主要内容是集团功能持续完善。实现支持产品创新设计的协同制造,支持协同商务的供应链管理,进行决策支持和资源管理,提高企业核心竞争力。数字化正泰的最终成果(详见图 3)就是形成主要包括 ERP/SAP 系统、知识管理系统和分销管理系统的平台,通过该平台的协同网连接起各个独立又相互联系的系统来为正泰集团的发展服务,具体如下:

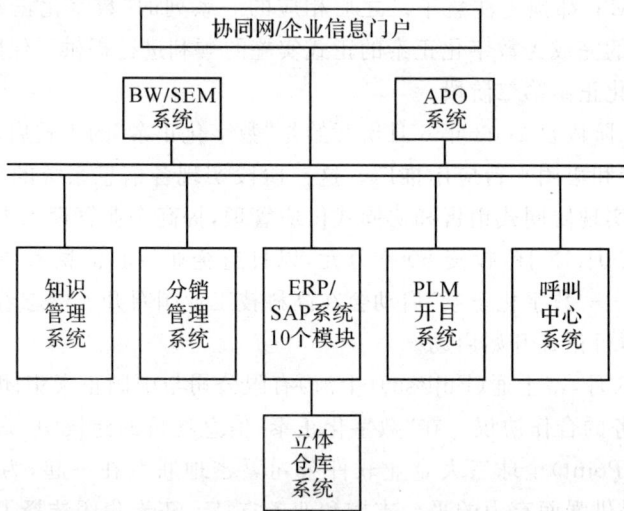

图 3   数字化正泰最终成果

①ERP/SAP 系统。2004 年 4 月 2 日,正泰 SAP 系统正式上线。SAP 系统首先在股份公司内部实施,包括 SAP 系统的各个模块,解决企业的业务过程中瓶颈问题为重点,实现以信息系统代替手工作业,实现财务业务一体化,满足正泰的业务协同要求,实现企业的协同式销售管理和协同式供应管理,提高企业运作效率,规范企业管理。

②知识管理系统。正泰实施企业决策支持和知识资源管理系统,通过正泰应用的内部信息门户实现办公系统与业务系统的文档流转和企业高层的决策支持,实现正泰对企业内部知识和内外部资源的有效管理,最终构建正泰股份公司统一的"数字化正泰平台",实现为管理人员提供定制的信息和知识支持,从而达到提高其工作效率和创新能力,改善工作质量的目的,最终实现企业资源、办公、业务的一体化管理。

③分销管理系统。2005 年正泰电子商务项目成立,准备打造供产销信息一

体化的高效产业链。营销部分中的经销商内部管理模块基本完成并批量应用，在线交易模块实现了网上订单功能，还需加强物流管理跟踪功能的完善与推广。计划能让部分条件成熟的经销商优先体验到各模块集成应用后的便利：经销商可通过设定库存上下限，让系统自动产品补货建议，并通过在线交易功能实现从订单到物流的全程跟踪。电子商务对非常规定制产品的管理分析起到非常积极的推进作用。

在电子商务的平台上，公司内部产品数据和客户资料实现了统一共享，库存信息即时有效地传递给销售人员，同时销售人员的信息即时有效地传递给生产人员，以帮助他们分配生产任务。电子商务系统还对同一客户的应收款自动累积，避免了手工累加中可能出现的差错，并对客户的信用程度进行实时的系统监控。客户的采购方式也由传统的电话、传真改为了网络下单、网络查询，节省了许多办公成本。

三、尾声

"数字化正泰"实施后，企业又持续优化升级已有的企业管理信息系统，典型的有销售和财务管理系统。该系统于 2008 年 1 月 14 日正式启动，实施范围以财务中心、销售中心为主，覆盖电气股份全体事业部、各子公司销售处、财务处、采购处和成品仓库。经过一系列业务蓝图设计、二次开发与测试、数据准备等工作后，该系统于 7 月 10 日正式上线。上线期间，与原来的新中大软件并行使用，8 月底，正泰电气股份有限公司采用用友 NC 软件开发的销售和财务管理系统经过两个月的上线并行后，运行结果显示一切正常。9 月 1 日起全部切换使用用友 NC 软件，这一系统的上线运行，打破了原来各个业务体系相互独立的孤岛局面，使公司在基本业务层面形成一个整体，实现销售与财务、财务与银行、金税系统、库存管理系统"四个集成"。

原来财务、销售业务的信息系统相对独立，数据分离，尤其是业务和财务的应收账款数据口径不一致，且存在很多的业务手工作业，差错较多，严重影响工作质量和效率，同时，信息系统也无法满足组织机构变革后的管理需要。销售和财务管理系统项目的实施，梳理了公司业务逻辑关系，明确以项目本身作为管理对象，支持代理、直销、佣金等多种销售模式的业务模型；集成构建了公司内部销售、财务和公司外部金税、银行的一百多个业务流程。

项目的成功实施，离不开团队的付出和努力。电气股份销售中心财务信用处经理助理黄爱霜感慨地说："初始化数据整理是最辛苦的，近三个月每天晚上要讨论到 12 点，我都受不了，请了一周的假，诸星龙、郑鸿飞、陈光金他们一直坚持着。陈光金主要负责销售系统的开发,与用友软件并行基本完成,但在售前、售后方面还要进一步开发,所以他还要继续奋斗。"

信息化建设是现代企业的驱动力,谁执行好了信息化,必将处于竞争的有利地位。正泰集团的企业信息化建设正在如火如荼地进行中,未来的发展道路还很艰辛,但机遇和挑战并行,正泰一直在努力地诠释着这一点……

The Enterprise Informatization Construction Road of CHINT Group

Abstract: CHINT Group, an enterprise informatization construction representative in Zhejiang Province, has paid special attention to the construction of enterprise information since its establishment in 1984. It had accomplished "accounting computerization", physical network establishment, sales management system, enterprise web portal, engineering and technical systems, knowledge and resource management system, business management system, developed "Digital CHINT" project and continued to upgrade the existing enterprise management information system. The information technology has been applied in all areas of business management, and has made outstanding contributions to the growth of enterprises. The successful experience of the information construction in CHINT Group, shows how to employ different kinds of information technology at different stages of enterprise development to improve enterprise management level and operation efficiency, how to enhance the enterprise's comprehensive capability and core competitiveness.

Keyword: Enterprise Informatization; Business Management; Enterprise Life Cycle; CHINT Group

PART TWO　案例使用说明

一、教学目的与用途

1.本案例可用于企业管理诊断、管理信息系统、企业战略管理等课程,适用于工商管理硕士(MBA)、硕士生和本科生。

2.本案例的教学目的是通过一个著名民营企业的信息化历程来更深入、更全面地理解企业信息化管理。正泰快速发展到今天,离不开信息化,否则不可能拥有如此的规模以及在电器行业的影响力。我们希望借这个案例来分析企业为什么需要信息化,信息化是如何改善企业管理和提高企业运行效率的,以及在企业发展的不同阶段如何采取不同的信息化进程等企业信息化建设过程中的重要问题。

二、启发思考题

1.什么是企业信息化? 企业为什么要进行信息化?

2.企业信息化有哪些常用的系统?

3.企业信息化的主要价值及其背后的影响因素主要有哪些?

4.企业如何开展企业信息化? 信息化成功的策略是什么?

5.企业信息化的风险主要是什么? 如何控制?

6.如何看待企业信息化的延续性?

7.试分析正泰集团在不同生命周期中采取的信息化措施与当时企业生命周期阶段的对应关系?

8.如何对企业信息化进行有效、合理的规划?

三、分析思路

教师可以根据自己的教学目标(目的)来灵活使用本案例。这里提出本案例的分析思路,仅供参考。

1.什么是企业信息化? 企业为什么要进行信息化? 其价值有哪些?

企业信息化是指企业在产品的设计、开发、生产、管理、经营等多个环节中广泛利用信息技术,并大力培养信息人才,完善信息服务,加速建设企业信息系统。

企业信息化的动机,是内部需要和外部环境共同作用所激发的一种行动意向。正泰的屡次信息化措施,在内部是集团结构优化的需要,信息化更有利于管理、更利于提升企业绩效;在外部则是随着改革开放的浪潮,信息化成为提升企业竞争强有力的因素,良好的对外环境也提供了更好的信息化渠道。

2.信息化的风险主要是什么?如何控制?

信息化经常表现的症状是资金投入巨大、技术要求高,有时与企业发展还不相适应。在整个信息化的过程中企业不得不持续投入巨大的资金进行更新和维护,这对企业的资金流动会产生较大的压力。同时,在企业不同的发展阶段中信息化的重要性也有所不同,盲目进行信息化容易对企业的管理造成干扰,反而不利于企业的发展。

对于信息化的风险的控制,最重要的是掌握进行的时机。在当前的大环境下,国际国内交流频繁,有充足的信息化经验可供借鉴。同时,在信息化进行过程中,可以通过雇佣成熟有经验的团队协助或负责管理信息化进程。正泰集团与上海企业资源研究中心、北京英克科技有限公司等合作正是借助外来团队的表现。

3.什么是企业生命周期?划分企业生命周期有何意义?

企业生命周期是指企业诞生、成长、壮大、衰退甚至死亡的过程。企业生命周期理论是一个起步于20世纪50—60年代的管理理论,其目的在于为处于不同生命周期阶段的企业找到能够与其特点相适应、并能不断促其发展延续的特定组织结构形式、管理模式、制度和人员,使得企业可以从内部管理方面找到一个相对较优的模式来保持企业的发展能力,在每个生命周期阶段内充分发挥特色优势,进而延长企业的生命周期,帮助企业实现自身的可持续发展,在激烈的竞争中立于不败之地。

4.正泰的信息化进程与生命周期的延续有何内在联系?

正泰是个不断发展的企业,在其企业的成长过程中,信息化与企业本身的联系日益密切。企业生命不止,信息化也不会中断。正泰的生命周期延续要求信息化的深入,而信息化的深入则推动正泰向更好的阶段发展。企业在不同的生命周期中对管理和发展的需求是不同的,因而需要不同的信息化措施进行协助。针对不同的生命周期阶段,需要了解分析正泰可能面临的挑战和危机,以及正泰在相应阶段是采取怎样的信息化措施进行应对的。

四、理论依据及分析

1.企业生命周期理论。

2.企业管理信息系统评价理论。

3.企业信息化实施和应用的关键成功因素理论。

4.企业信息化实施和应用风险理论。

5.企业管理信息系统实施和应用的阶段理论。

6.企业信息技术能力理论。

五、关键要点

该案例分析的关键在于运用企业生命周期理论来分析企业不同的发展阶段如何实施和应用与之匹配的企业管理信息系统,从而提升企业的经营管理水平、提高企业的绩效进而获得竞争优势。关键知识点为与企业生命周期相匹配的企业信息化建设。

六、建议课堂计划

本案例可以作为专门的案例讨论课来进行。如下是按照时间进度提供的课堂计划建议,仅供参考。

整个案例课的课堂时间控制在 80—90 分钟。

课前计划:提出启发思考题,请学员在课前完成阅读和初步思考。

课中计划:简要的课堂前言,明确主题　　　　(5—10 分钟)

　　　　分组讨论　　　　　　　　　(30 分钟),告知发言要求

　　　　小组发言　　　　　　　　　(每组 5 分钟,控制在 30 分钟)

　　　　引导全班进一步讨论,并进行归纳总结　　(15—20 分钟)

课后计划:如有必要,请学员采用报告形式给出更加具体的解决方案,包括具体的职责分工,为后续课程内容做好铺垫。

案例四　服务创新

不止是有温度:亚朵酒店的服务创新①

摘　要:亚朵酒店抓住了我国中产阶层崛起对商旅住宿升级的需求,以"阅读"和"属地摄影"为切入点,并结合O2O和网络社群的互联网运营模式,对中端酒店的服务进行了创新,向顾客提供了高品质的个性化服务,从而成为中端酒店中的一匹黑马。该案例对亚朵酒店服务创新的全过程进行了详细的描述,能够为服务型企业运用服务视图、服务蓝图等工具进行服务创新提供有益借鉴。

关键词:服务创新　服务蓝图　中端酒店

PART ONE　案例阅读

一、引言

　　新年伊始,曾任生活・读书・新知三联书店总编辑的李昕正在举办一个特殊的讲堂——在上海徐家汇亚朵酒店的竹居阅读空间,与读者分享他创作《清华园里的人生咏叹调》的心路历程。这是亚朵酒店在上海举办的第37场阅读分享会。演讲告一段落,听众们显然意犹未尽,操着五湖四海的不同方言向李昕提出各种问题,现场的气氛非常热烈。亚朵酒店的CEO耶律胤也在听众之中,他观察着人们的一举一动,嘴角微微露出了一丝笑意,暗自思索:"正如高晓松所说,生活不仅是眼前的苟且,还有诗和远方的田野。看来把人文情怀引入到酒店服务中的路子走对了。不过,万里长征刚迈出第一步,我们还有很多需要提升的地方。"

虽然公司的业务发展得不错,但耶律胤却很清醒,两天前收到的内部报告中关于企业O2O业务的数据更让他如芒在背。亚朵酒店的O2O业务已经推出一年多了,但顾客购买的意愿并不强烈,目前公司O2O业务收入占营业收入的比重仅为15％,远远低于当初30％的目标。更让他郁闷的是,很多顾客甚至都不知道亚朵有O2O业务。如何才能引爆亚朵的O2O业务?耶律胤陷入了沉思……

二、众里寻他千百度

1.红海中的商机

早已过下班时间,但已经位居国内知名经济型连锁酒店执行副总的耶律胤却没有离开办公室的意思,桌上那份《经济型酒店市场报告》中的数据将他近年来心中的隐忧赤裸裸地呈现在眼前。自己所处的经济型连锁酒店行业近年来发展迅速,酒店数量从2007年时的1698家激增到了2012年的10000多家,但增长速度已经明显放缓。如家、华住、7天三巨头2012年总营收之和与2011年相比虽略有上升,但总利润却出现下降。如家等同行不断压低利润,甚至出现每套房利润只要9元的让利营销活动,使整个行业陷入一片红海。同时,经济型酒店之间存在着严重的同质化问题:装修抄袭成风,目标客户都为一线、二线城市的商务人群。在经济型连锁酒店行业打拼多年的耶律胤觉得整个行业已经极度饱和,很难再有发展的空间。

思忖良久,耶律胤内心深处迸发出另外一个想法:山重水复疑无路,柳暗花明又一村,是时候实现自己怀揣多年的梦想了!身为文艺青年的耶律胤一直想开一家有"人文情怀"的酒店,却一直没有下定决心创业。现在,耶律胤认为时机已经成熟。自己在酒店行业已经摸爬滚打了多年,行业经验已经足够丰富。此外,中国的中产阶层正在崛起,他们普遍有较高的人文素养,希望自己生活得更加精致,对商旅住宿有升级的需求,而不是仅仅想要个睡觉的地方。经济型连锁酒店已经无法满足他们的需求,而传统中等价位的酒店普遍设备老旧,服务理念落后,难以入他们的法眼。这个消费群体希望酒店更加个性化、有人文色彩以及有更好的服务品质,同时又难以承担高档酒店昂贵的房价。总之,市场上缺乏为这一消费群体量身定制的酒店产品。

办好离职手续,耶律胤踏上了旅途,希望在行走中获得灵感,让自己还有些模糊的创意能够落地。耶律胤在去往尼泊尔的途中偶遇一位中国的摄影师苏学,共同的爱好让两人相见恨晚。耶律胤欣赏着苏学拍摄的尼泊尔当地的风土人情照片,突然意识到,属地照片有极强的文化属性,在酒店里摆上当地的照片是一种绝佳的文化嵌入。之后,两人又巧遇获得了复旦大学博士学位的当地人高亮,三位朋友相谈甚欢。高亮说:"你们中国什么都比我们好,但你们的阅读比我们差。"言者无心,听者有意,耶律胤暗想,如今我们中国人的生活都快餐化了,大家都没时间静下心来读一两本书,阅读不就是文化情怀很好的载体吗? 踏破铁鞋无觅处,得来全不费功夫,耶律胤暗暗想:"摄影和阅读,这就是新酒店的灵魂。"大局已定,应该给新的酒店起什么名字呢? 耶律胤的心头蓦地跳出了"亚朵"二字。亚朵是他和创业团队的朋友自驾旅游时路过的一个原始村落,在怒江源头,自然静谧,山青水绿,村民生活朴实。耶律胤暗想:"我所要打造的酒店气质就是要做到像亚朵村这样舒适、清新、朴实、静谧。"

2.宝剑锋从磨砺出

耶律胤认为阅读是传递酒店人文精神的重要载体,希望能够将阅读无缝嵌入到酒店提供的服务中,让顾客享受阅读的乐趣,而不只是让书本成为赏心悦目的摆设。为此耶律胤和整个创业团队煞费苦心,设计了每一家亚朵酒店必备的阅读空间——竹居(如图 1 所示)。竹居并非在酒店中另辟空间,而是由原来的接待大厅改造而来。竹居在书籍的选择上颇有讲究,耶律胤成立了一个名为"第一美差"的团队专门打理,每一本书都由团队成员精心筛选后才能上架。竹居里很少有畅销书,耶律胤希望呈现那些能够接地气的,又能真正丰富旅客精神世界的作品。第一美差团队会根据门店所在地的地域特色和全国各大门店的书籍借阅情况及时调整、更新上架书籍,确保每一本书都使客户有种量身打造的阅读冲动。为了让更多的人放心阅读,客户体验部主管海百合还专门设计了一种写着"请把我带回房间"字样的卡片放在书中。

竹居书籍借阅采用"无抵押免费借阅"制度,即无论是入住的客户还是特意来看书的读者都可以无抵押免费借阅,无归还期限,甚至可以异地还书。创业团队中的很多人对此项制度是持保留意见的,认为这可能会成为亚朵的一个财务黑洞。耶律胤则坚定地说:"我们要相信顾客的素养。另外,我们也应该欢迎一些'雅贼'能把我们的书带走,只要它真的对顾客有益。"

属地摄影是亚朵酒店的另一张名片,耶律胤希望每一家亚朵酒店都能成为一个摄影艺术馆,为此他着实动了一番脑筋。在照片主题方面,他希望每一张照片都能反映当地城市特色的风土古迹和人文风貌,例如,西安的主题可以是老城墙,上海的主题则可以是花样年华。耶律胤认为,这样的照片也许可以唤起顾客深埋在心底的那份乡愁。

为了确保照片的独一无二,耶律胤并没有直接采用已经发表的成熟作品,在人人都是摄影师的年代,他决定另辟蹊径面向社会征稿。慢慢地,这个决策产生了一些意想不到的效果。长期向亚朵投稿的业余摄影爱好者们逐渐形成了一个

```
预订 ──→ ┌─────────────────┐      问候
          │  ⬭ 排房          │       │
          │  ⬭ 制作房卡      │       ↓
          └─────────────────┘      登记
                                     │
                                     ↓
  送客                              收押金
   ↑                                 │
   │                                 ↓
退房结账 ←── 在酒店餐厅、康乐中心 ←── 如有特殊要求
            或商务中心、精品屋的      通知客房部
            消费，入账
```

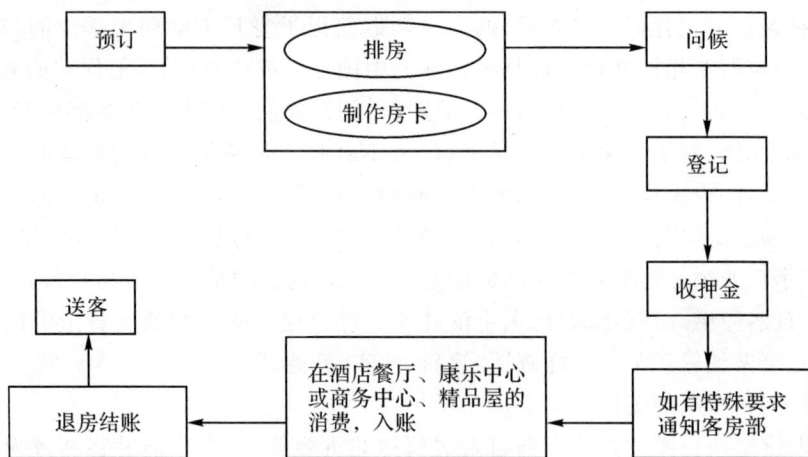

图 1　亚朵酒店竹居布置

自组织,平时他们会在朋友圈或者微信群交流摄影技术与成果,一旦亚朵有征稿需求他们就会通过微信渠道进行投稿,这无意中为亚朵开拓了一批摄影爱好者客户群体。当然,一些特定主题或要求较高的照片则由与亚朵长期合作的专业摄影师来完成。这种混搭模式既保证了照片素材来源的广泛,也能够保证摄影作品的品质。亚朵会购买这些作品的使用权,悬挂在每个所属城市的酒店里。竹居等功能性的空间中也少不了这些摄影作品的装点,就连每个房间都有截然不同的摄影作品,而且附有摄影作者的信息。

3.他山之石

近年来互联网的浪潮扑面而来,耶律胤也一直在关注用互联网思维来改造传统行业的商业实践。在这次创业中,他觉得是时候将自己的思考付诸实践了。耶律胤想移花接木把当下流行的O2O模式用到亚朵,把酒店变成一个生活体验馆,客人在住宿时喜欢酒店内的某样用品,包括床垫、茶具以及洗漱用品等,都可以直接扫产品手册中的二维码,到亚朵网上的淘宝店或者微店下单,然后就可以在家坐等收货了。在这个过程中,亚朵只扮演流量入口的角色,一切围绕商品交易的服务均由合作方提供,加盟商可以获得较高利润分成。这样一来,亚朵就从一个单纯的酒店升级成为一个生活体验的天然平台。

耶律胤认为,只有体验足够好才会激发起顾客购买的兴趣,而好的体验也会提升顾客对服务的满意度,所以挑选到优质的产品是成功的关键。但他也深知,为了保障盈利也要控制成本,不能无限制堆砌硬件,而是要把好钢用在刀刃上。因此,他决定所有和用户身体接触的物件都要精心选择,这些用品最终的采购价格都远超同等价位的酒店。床垫是由全球顶级供应商MLILY专门定制的记忆海绵床垫,能够平均支撑身体重量,更容易产生深睡眠,迅速恢复体力。试睡员

的评价是:睡上去就不想起床。棉织床品是由业内顶尖供应商康乃馨专门定制的 60 支×60 支、350 针超五星级棉织床品。沐浴选择了轻奢品牌 BODY LABO 体研究所 HERBAL 本草系列,这款产品由刘嘉玲、成龙的御用造型师 Rick Chin 亲自研发。

为了提升顾客的整体体验满意度,耶律胤特意请来了酒店服务管理专家海百合,由她带来的整支台湾团队原班人马专门优化亚朵的房间设施和服务细节。在海百合的提议下,亚朵购入了地暖设备,因为室内采用地暖设备比空调的体感舒适度更高,即使赤足行走,亦可感受四季如春。网络方面,整个酒店实现了 50M 的 WiFi 覆盖,并且做到了在任何角落,即使在洗手间、刷微信、发邮件也可以很快。此外,一个房间配备十个国际通用插座,顾客为所有电子产品充电都不成问题。此外,像 5 秒钟出热水的淋浴、可移动写字台、自助免费洗衣、大容量洗浴品,这些细节都出自海百合的手笔。在服务方面,耶律胤定下这样的基调:"对于我们中端酒店来说,很难实现像家一样舒适,我们要向海底捞学习,不要轻易对客人说不。我们的服务员要像邻家小妹那样,温暖自然,并要在细节上强调人与人的信任。"为此,海百合对入住和离店都进行了优化。入住取消了交押金的制度,而离店则采取了无停留离店的方式,客人在办理退房时只需要把房卡交给前台,即可离店。海百合在培训时向服务人员强调,亚朵把每个客人都当作亲密的邻里,不需要繁复的礼节,也不用热络的寒暄,但是,只要客人有任何困难,作为服务人员都要尽心竭力地去解决。

三、初露峥嵘

1. 小试牛刀

2013 年 8 月,亚朵第一家酒店在西安正式开业,这家店在西安南门城墙边,位于核心商务区,在房间中能看到外面的城墙和大雁塔。酒店里每间客房面积约 25—30 平方米,价格设定为一间标间 300 元。酒店内以天然原木色和初萌新芽的绿色为基础色,用简约的线条、精心设计的光源布局,营造出清新自然、简洁纯粹的氛围。这家酒店的摄影主题为《终南问禅》,照片采用了华商报首席记者陈团结耗费十年时间拍摄的《终南隐士》系列。耶律胤虽然表现很淡定,但心里却依然有些紧张,毕竟这是检验自己商业判断的时刻。他放下手头的工作,在酒店里四处走动观察着客人的一举一动。

酒店的前台,服务员王晓娟正在将一杯茶端给刚刚到的顾客,这是亚朵的"奉茶"服务。亚朵之所以提供这项服务源自我国古已有之的"客来敬茶"之道。耶律胤在去亚朵村的路上曾在一个名为"凤巢茶社"的小茶馆短暂歇脚,他一进门店主人就给风尘仆仆的他们主动"奉茶",这个细节深深地印在他的脑海里,他被云南边境至今保留的"奉茶"文化深深感动了,所以"奉茶"的文化也被移植到"亚朵"。

为了让员工更加透彻地领悟"奉茶"的文化精髓,亚朵特意安排员工进行系统学习:酒满茶半,茶满八分为宜;左手托茶盘底部,右手扶茶盘的边缘;右手端茶,从客人的右方奉上;面带微笑,眼睛注视对方并说"这是您的茶,请慢用!"。王晓娟的奉茶一丝不苟,而客人脸上露出了惊喜的微笑,说道:"这茶真不错!"耶律胤心想:"前台是和顾客接触的第一关,应该让顾客感受到亚朵温馨服务的内核,这小小一杯茶的担子实际上并不轻呐!"

看到前台的接待工作在有条不紊地进行,耶律胤来到了竹居。几位旅客正在随意地翻阅书架上的书籍,非常放松和惬意的样子。耶律胤心里很得意,竹居里每一本书与客户的距离、高度、角度都经过精心设计,像儿童读物基本上都放在1.2米以下,普通读物基本不超过1.5米,并且侧45度摆放,具体的摆放还要根据不同的装修调整,所有这些都是为了确保每一本书都能被读者轻松取得。也有一些旅客并不是在看书,而是被墙上《终南隐士》的照片所吸引,在凝神欣赏。

随后,耶律胤来到了餐厅,这是他有点不放心的地方,因为对于餐厅的经营亚朵采用的是外包而非自营的方式。事实上,从筹备开店起,餐厅的运营就是耶律胤举棋不定、反复斟酌的问题。在"民以食为天"的中国,即便在以住宿为主的酒店,餐厅也是极其重要的一个环节。我们力争以五星级酒店的标准做服务,那么是否要请五星级酒店的厨师? 在这短暂居住的客户真的需要这种级别的餐饮服务吗? 比这更纠结的是选择自营还是外包。一旦外包出了问题,可能会砸了自己的招牌,而要自营的话又会使得管理的重点分散。反复权衡之后,耶律胤最终还是决定将餐厅运营外包给当地有特色的餐饮公司,主打本帮菜,这样就与亚朵属地摄影的特色相得益彰了。为了与外包商构建良好的合作关系,耶律胤给外包商开出非常优厚的条件,餐厅这一块亚朵自己并不赚钱,为的就是确保餐饮的品质。但耶律胤也对外包商讲明,要求只有一个,那就是"质量上乘"。耶律胤还让海百合抽调部分人马,成立了一个专门团队定期对餐厅运营情况进行审核评估,并且跟踪关注网络上客户对餐厅的评价来提出改进建议,以保证菜品的质量。餐厅里的服务员都在忙碌着,绝大多数客人都是一副轻松愉快的表情,有些人还对菜品的味道赞不绝口。耶律胤这才长出一口气,暗想:"前期努力没有白费,亚朵终于有了一个好的开始。"

2. 锦上添花

亚朵的日常经营逐渐步入正轨,原来担心的图书遗失的情况也几乎没有发生,绝大部分借书的旅客看完书后会把书寄回原来住的酒店。耶律胤知道,是时候在亚朵所着力打造的人文情怀上做点增量的内容了。竹居很好地向旅客传递了亚朵的人文情怀,但显然还可以发挥更大的作用。耶律胤进一步将竹居向社区开放,使得竹居兼有社区书店的功能,附近的居民无须交押金也可以来看书,还能享受免费的茶水。竹居对外开放后产生了一些有意思的效应。耶律胤发现,有了优质的社交平台,其实很多人是乐于分享的。一些亚朵附近的居民经常来看书,享受了免费的茶水和舒适的环境会觉得不好意思,就把自己家闲置的书赠送给竹居,这样竹居的书反倒比以前更加丰富了。

为了更好地发挥竹居的力量,耶律胤给客户体验部交代了新任务:创办亚朵读书会。利用节假日定期召开,让阅读爱好者们以此为平台分享读书感受、畅所欲言,并且邀请书籍作者和文学大咖们来进行讲座,以满足客户们的阅读需要。逐渐地,亚朵的读书会也伴随着亚朵一同成长起来,读书会开展的频率越来越高,名声也越来越响,甚至一票难求。曾经一位下属问海百合,"我们花了这么多的投入在'阅读'上面,难道真的只为实现耶律总的一个'人文情怀'的梦想吗?"。海百合笑着说:"整个竹居看上去是无利项目,实际上是给很多客户增加了一个选择亚朵的理由。有的时候他们是因为对酒店开办的图书馆和读书会感到好奇而前来参观,正是这些阅读服务远远超出了他们的预期,所以才会继续选择体验我们亚朵的客房以及其他消费项目。"

摄影是亚朵在阅读之外的另一主题,每一家新的门店开业前,亚朵都会举办摄影大赛,很多会员都会参赛,获奖作品会在亚朵官网展示并挂到房间里。这样一来,会员也就成为亚朵酒店的建设者,而他们往往会高兴地向朋友介绍他的作品,希望他的朋友能够入住挂有他作品的房间体验到他的这种快乐,无形中成了亚朵的义务宣传员。亚朵也会不定期举办摄影讲座,这给亚朵的群众摄影师们和爱好摄影的客户提供了切磋交流的平台。耶律胤之前在尼泊尔结识的好友苏学现在已经是亚朵图文首席摄影师,也是摄影讲座的常任嘉宾。亚朵也会与一些时尚摄影设备的经销商合作,在举办讲座的同时让大家知道当下大众业余摄影的潮流与时尚。2015年6月,亚朵就曾与努比亚智能手机合作,邀请到了资深手机摄影师王治钧来讲解如何"把玩眼里的世界"。在一旁听讲座的耶律胤内心有种冲动:"以前都是拿着单反走世界,以后是不是应该拿着手机再游一次,将精彩的瞬间用手机再记录一次。"目前亚朵已经拥有2000名签约摄影师,成了中国摄影最大的属地摄影图片库,拥有200多万张照片。一些经典的摄影作品被拿来做成了文创用品,如书签、明信片、U盘或笔记本,与当地城市的伴手礼一起,供酒店住客选择。

亚朵还会经常聚集一批人就企业管理与发展的问题进行探讨,这个活动叫

"有度沙龙"。耶律胤自己也经常作为演讲嘉宾参与其中。2015 年的 10 月 30 日，亚朵就举办了题为"'互联网＋'时代：跨界生长的路径与策略"的主题沙龙，"秦朔朋友圈"的创始人——秦朔，璞金资本合伙人——张忠，都作为演讲嘉宾，发表了自己对跨界经营的观点与思考。耶律胤也做了题为"亚朵——跨界绽放的人文酒店"的演讲，与大家一同探讨亚朵的发展。讲座前一天，耶律胤准备到夜里两点，他对身边人说，我一定要将亚朵最好的一面展示给大家。

耶律胤深知现在已经是社交网络时代，因此为亚朵建立了网上社区，把喜欢亚朵的"朵粉"更紧密地组织起来，朵粉们可以通过社区跟他的朋友分享这些优美的作品，而持续不断的线下活动又会进一步提升亚朵网上社区的凝聚力。

3. 稳扎稳打

在酒店行业摸爬滚打十几年的经验告诉耶律胤，业务若想更上层楼需要打好基础，而对于互联网时代的酒店来说，员工和信息系统则是最关键的部分。耶律胤深知所有服务行业的价值创造者是员工。"要求员工服务好客户，首先我们得服务好员工"，这是耶律胤常常给人力资源部说的话。在亚朵，从事一线服务工作的基层员工有不错的待遇。他们的宿舍备有宽带、微波炉等配套设施，请阿姨大嫂整理宿舍，员工不论是否当班都提供三餐。每个门店都实现了"民主"，酒店总经理 KPI 中 30％的业绩是通过员工微信无记名投票得出来的。因此，酒店总经理必须照顾好选民的感情。耶律胤不允许设置屏风和办公室，管理层和员工融合在一起，公司上下直呼花名，不许称呼职称。事实上，耶律胤也是花名，其本名是王海军。亚朵还向星巴克学习，推出了花朵合伙人制度，无论是直营还是特许酒店，70％员工都可以拿到期权，这让很多员工感觉自己是企业的主人和经营者，能够激励他们为客人提供让客人惊喜的服务。

耶律胤一只手抓员工，另一只手也没闲着，准备拿信息系统开刀。事实上，随着公司规模的迅速扩大，亚朵发现原有的信息系统已经很难支撑业务规模的扩张。因此，亚朵酒店将所有 IT 系统，包括 PMS、CRM、中央预订等系统全面切入阿里云，成为了中国首家"云端酒店"。传统酒店行业最典型的配置是自己采购服务器、租用机房、购买宽带存储数据、支持系统运转，大型连锁酒店集团在这一项的成本达到千万级别。亚朵则为了降低成本及提高效率选择了云计算。耶律胤的考虑是，这样酒店将有更多精力投入到产品研发、服务提升、门店开拓中去，为目标消费者提供更极致的体验。经过云端的改造，消费者可以体验到更稳定、流畅的亚朵系统。在酒店入住、退房或促销活动等高峰时段，能避免系统卡顿和断线。云端数据接口的开放性，能缩短酒店与其他第三方软件商的系统改造时间。

四、遭遇瓶颈

1.触网碰壁

虽然亚朵的线下服务表现良好,但在耶律胤的设想中,亚朵并不仅仅是普通意义上的酒店,而应该具有平台型企业的思维,借力互联网以取得突破性发展。因此,他对亚朵在互联网领域的表现非常看重,希望越来越多的收入来自于产品销售。但理想很丰满,现实很骨感,这就有了文章开头的一幕。耶律胤百思不得其解,亚朵重点推的商品品质都相当好,价格也不贵,拥有像小米手机一样的性价比,为何就是卖不动呢? 耶律胤让海百合调查问题到底出在了哪里。海百合的效率极高,一周后将一份报告交到了耶律胤手中,对他说:"真是让人大跌眼镜,相当多的顾客竟然不知道我们房间的用品可以购买!"原来,亚朵将可销售的产品名目都放在了房间的宣传册里,但在商品上没有任何的标识,大多数顾客住店根本就不会看这些宣传册,所以压根就不知道产品可以购买这件事情。听到海百合这么说,耶律胤恍然大悟:"我们自己知道产品可以销售,就想当然地认为顾客也会知道,真是犯了个低级错误!"海百合应道:"是啊。我还了解到,那些看到了产品销售信息的顾客往往也不会下单购买,可能还是心存疑虑吧。"耶律胤说:"我们高估了顾客对于新服务的接受程度,虽然看起来我们这种体验式销售的做法和宜家有相似的地方,但顾客到宜家本来就是冲着买东西去的,而我们的顾客首先是要住店,购物对他们来说是可有可无的事情,也许这就是问题的关键。看来我们触网的思路要改一改了。"

2.服务问题

一波未平,一波又起。耶律胤还没有理出亚朵互联网业务的脉络,客户服务部经理司马远反映的一个看似不起眼的小问题又给耶律胤添了一件心事。西安店的店长发现一位前台的员工好像一直闷闷不乐,于是午饭时间就问她是不是遇到什么麻烦,这位员工讲了早上发生的一件事。那天早上,有位客人在前台结账之后发现自己只剩下20元钱了,而他又必须立马赶去机场,所以向这位员工先借了200元。久等不到客人还钱,这位员工就发愁了:前台员工的工资本来就不多,自己认了,这200元也是个不小的数目,找公司报销,事先也没有申请,公司也没有这个报销的条例。店长调查后发现情况属实,将情况报告给司马远。司马远马上就让那位员工填了报销单,把这件事情处理掉了。司马远之所以将这件事情上报是因为他知道类似情况可能以后还会发生,是否需要在公司层面形成相应的制度,而不是作为例外情况进行处理。耶律胤正在苦思对策,财务总监韩无忌推门进来说:"我们现在业务发展势头良好,但是用于亚朵特许授权店建设在资金方面还存在一定的缺口,要到哪里找些钱呢?"

五、柳暗花明

1.无心插柳

事情总要一件件处理,耶律胤首先考虑的是资金缺口问题,毕竟发展是硬道理。耶律胤问韩无忌:"你有啥好想法吗?"韩无忌说:"我觉得可以尝试一下众筹啊。一来目前的资金缺口并不是很大,众筹是一种很便捷的途径,二来可以测试一下我们在顾客心里的地位,何乐而不为呢?"耶律胤说:"好! 就按你说的办!"经过细致筹划,亚朵推出拍拍贷共同打造亚朵会员专享的 60 天理财产品——"亚朵天天盈",第一次试水互联网金融,这款产品预期年化收益率为 8%。就在发行前,耶律胤还在不停地责备负责该项目的创新事业部。因为"亚朵天天盈"的购买程序要求投资者先要申请成为亚朵会员,然后在活动开始后开始抢名额,再过 5 日抢产品,这根本不符合互联网金融简易、便捷的特点,很可能因为购买流程的复杂降低了投资者的积极性。到了这一天,整个创新事业部的人心里都没底,项目一投放,大家都死死盯着电脑屏幕,空气如凝固住一般,1 分钟、2 分钟,到了第 9 分钟,整个办公室沸腾了,就是这个设计上还带有瑕疵的项目,仅仅9 分钟,330 万元就被一抢而光,整个项目组的人都不敢相信。12 天后的"梦想合伙人 3 年期理财计划"也在短短的 7 天融得 430 万元的发展资金,最高单人投资达到 20 万元,投资人中亚朵原有会员占比近 50%。发行产品所筹款项计划用于亚朵旗下成都春熙路店的建设,该店位于成都核心商圈春熙路上的川报大厦,未来将成为亚朵生活旗舰店。

耶律胤深刻地领悟到了什么叫"粉丝经济",他也更透彻地理解了"为会员服务,对粉丝负责"的重要性。忽然一个念头闪过耶律胤的脑海,是不是可以借助实物众筹来销售我们的优质产品呢? 第三期的"亚朵众筹计划"选用了"实物众筹"的方式,根据投资者的投资额度提供相应的银卡会员、储值卡、免费住宿、棉枕、床垫、早餐或下午茶等具体的服务或产品,在 45 天内完成 660 万元的融资,床垫卖掉了 1300 多张。就这样,原来触网碰壁的难题竟然通过意想不到的方式在某种程度上被破解掉了。耶律胤意识到,众筹模式既让朵粉成为了酒店的"股东",进而加强了与粉丝之间的联系,还以酒店为流量入口,让粉丝社群创造了更大的增量价值,可谓一举两得。

2.服务优化

司马远反映的问题虽然看似不大,但实际上却关系着服务人员的积极性。

因此,耶律胤专门召开会议讨论这件事情。耶律胤说:"我们必须给员工一定额度的信用授权,让他们知道自己就是亚朵的主人,一些事情是可以自己做主的。"司马远说:"的确,如果遇到突发情况,顾客是等不及我们前台员工一级一级上报的。就像家里妈妈买菜,总是要先拿几百块去买菜吧,总不会说要让妈妈先报账,我再给钱吧。我们信任待客,我们也信任我们的员工。拥有信用授权后,员工就会有信心、有资源用邻里的态度去更好地服务客人,有权利向客人提供超出预期的服务。"经过管理层讨论,授信额度定为300元。这项制度运行一段时间后效果开始显现,有的员工打出租车给将手机遗忘在酒店的顾客送手机,有的员工则帮助顾客垫付医药费。事后的抽检也表明,没有一起员工滥用授信额度的事件。"这说明我们的员工非常珍惜这300元的授信额度,他们感受到这是企业对他们的信任。"海百合看到调查结果后欣慰地说。

六、砥砺前行

2015年春节前夕,耶律胤坐在办公室里回想着一年以来公司的点点滴滴。确实,亚朵的发展很迅速,现在已经拥有60多家酒店,100万会员,这些会员当中,第二次有效率约达40%,即10个住过亚朵的人,有4个还会再住。阿里巴巴、百度、德勤、中石油等公司已经把亚朵列为出差指定酒店。但耶律胤也深知亚朵还有很长的要走,于是在电脑上敲下了一封写给员工的内部邮件:

我们有了一些小成绩,随之而来的是:赞美多了,考察多了,介绍经验多了,个别的伙伴也飘飘然了,真的认为自己可以打遍天下了?我只能说:兄弟,你入戏了,该清醒清醒了,我们真那么好吗?错了,我们差得远了,我们做得不好的地方太多了,捧杀致死可是毫不费力的!

看看我们在产品和服务上的问题吧?

隔音,一直是我们的痛点和用户的槽点。在这点上,我们努力过,但做得还不够坚决、彻底。在新开业的成都春熙、杭州玉泉等3.0的产品中,产品部门用了70公斤的全填充木门,25厘米的砌块,2—3层中空断层隔音窗等各种极致;我都去体验过,有改善,但还不到位。况且3.0的产品数量还不多,我们需要加快3.0全面落地的脚步,我们需要再逼自己一次,能不能做得更好。不用迷信权威部门,也不要迷信所谓的检验数字,没有让用户满意,没有他们的好评,所有设想的结果都是YY!

早餐,这是我们另一个没有达到90%以上满意度的项目,在菜品、环境、服务上都存在很多不足。不要说我们比其他中端酒店都好,我们可是卖了高于所有中端酒店的价格,我们比别人好是应该的。但更应该的是:让用户满意;明档的本地化特色能不能更浓厚一些,菜品能不能更精致一些,餐品准备能不能更充分一些,服务能不能更到位一些。我们每个餐厅可都是最好的位置和最充足的空间配置,我们要对得起这份投入,我知道,我们还没有竭尽所能!

2016 年,从亚朵酒店到亚朵生活,虽只有两字之差,但这是从单品到平台的跨越,是亚朵发展史上的里程碑!

如何去实现这个里程碑呢?

不忘初心,砥砺前行!

There Are More Than Temperature: Atour Hotel Service Innovation

Abstract: Atour Hotel caught the rising demand of the middle class in China for business travel accommodation upgrade, chose "read" and "territoriality photography" as their breakthrough point, and combined with O2O and the Internet operation model of network community to innovate the service of mid-range hotel and also provide customers with the high quality personalized service, making it be a dark horse in mid-range hotel. This case give the detailed description of the Atour Hotel whole innovation process, and also can provide a useful reference for service-oriented businesses to use some tools like the service view and service blueprints for service innovation.

Key words: Service Innovation; Service Blueprint; Mid-range Hotel

附录：

☞附录1

表 1　亚朵互联网金融产品清单①

发行时间	名称	产品简介	销售情况
2015 年 7 月 10 日	亚朵天天盈（与拍拍贷合作）	收益率：8%（年化） 期限：60 天 融资目的：亚朵特许授权店建设，亚朵同时承诺债权到期前先行回购。 融资规模：330 万元人民币 运作规则：5000 元起投，50000 元封顶，单期产品购买金额满 10000 元，还将获得一张亚朵酒店房券，最多可获得 5 张，价值约 3250 元	9 分钟完成
2015 年 7 月 22 日	亚朵梦想计划（与去哪儿网）	收益率：11%（年化） 期限：3 年 融资目的：用于亚朵旗下成都春熙路店的建设（该店位于成都核心商圈春熙路上的川报大厦，未来将成为亚朵生活旗舰店。） 融资规模：430 万元人民币 运作规则：1000 元起投，投资者可获赠"亚朵"会员卡，投资 10000 元以上赠送亚朵免房券，募集款项成功即发放首年利息收益	7 天完成
2015 年 8 月 10 日	亚朵众筹计划（与淘宝众筹合作）	融资目的：用于杭州"亚朵"旗舰酒店的建设以及主题房间的设计升级 融资规模：660 万元人民币（原计划 200 万元人民币） 运作规则：根据投资者的投资额度提供相应的银卡会员、储值卡、免费住宿、棉枕、床垫、早餐或下午茶等具体的服务或产品	45 天完成
2015 年 11 月 17 日	无霾之旅（与绿地、海航、中兴和泰合作共同组建"未来酒店联盟"）	融资目的：打造一个以酒店为起点的品质生活生态圈，为用户、为生态圈的伙伴创造增量价值，引领和重构"在路上"的新兴生活方式。 融资规模：100 万元人民币 运作规则：用户只需在京东金融平台上参与"无霾体验""专车接送机""无霾住""无霾之旅—标准版"四个不同的众筹产品，就可以获得价值、数量不等的阿芙无霾精油、滴滴专车券、全国 25 家酒店通用房券	——

---

① 数据来源：笔者根据访谈资料整理。

表 2　亚朵酒店与其他中端酒店的比较①

	亚 朵	全 季	桔子水晶	丽 枫
特　色	不提供餐饮	提供餐饮服务	餐饮供应齐全	不提供餐饮
平均单店投资额	1200 万元	1100 万元	1200 万元	900 万元
平均每间房投资额	12 万元	10.5 万元	14 万元	9 万元
平均出租率	84%	82%	80.5%	78%
投资回报率	26.8%	24.4%	24.1%	25.6%

---

① 数据来源:笔者根据网络资料整理。

PART TWO   案例使用说明

一、教学目的与用途

1. 本案例主要适用于 MBA、本科生等的《运营管理》《服务管理》课程中有关新服务开发以及服务创新章节时讨论使用，也适用于其他层次学生的服务管理教学。

2. 本案例是一篇描述亚朵酒店服务创新来龙去脉的案例，对其服务创新的整个过程、遭遇的问题以及解决方法进行了细致的陈述，教学目的聚焦于使学生正确、深刻地理解服务视图、服务蓝图以及服务系统设计矩阵等工具在服务设计与创新过程中的作用，真正掌握和提升运用服务蓝图对服务系统进行分析并解决实际问题的技能。

二、启发思考题

1. 怎样的市场环境让耶律胤产生了创业的想法？耶律胤所选择的目标顾客群具有怎样的特点？他所设想的酒店与其他竞争对手有何不同？

2. 亚朵酒店服务运营的重点有哪些？其运营成本主要由什么构成？亚朵是如何对这些成本进行考虑和管理的？

3. 一个顾客在亚朵酒店接受的服务流程是怎样的？在顾客接受服务的过程中，哪些是顾客可以观察到的部分？对于这些部分亚朵酒店在管理时关注的重点是什么？哪些是顾客观察不到的部分？对于这些部分亚朵酒店在管理时关注的重点是什么？以上二者关注的重点是否有差异？

4. 亚朵酒店的服务流程中有哪些地方是容易出现问题的？可能出现什么问题？亚朵酒店的对策是怎样的？您认为亚朵酒店的这些对策是否合适？您是否有更好的对策？

三、分析思路

教师可以根据自己的教学目标（目的）来灵活使用本案例。这里提出本案例的分析思路，仅供参考。

　　本案例描述了亚朵酒店进行服务创新的来龙去脉,为了帮助学生从服务运营战略的高度来理解服务蓝图,建议教师可以从服务视图切入,首先花费较少的时间分析服务视图的前三个要素,即目标市场、服务理念和服务策略。然后自然地引入服务蓝图分析服务视图的第四个要素,即服务传递系统。对服务蓝图的分析是整个案例的核心,重点讨论服务蓝图的构建、服务蓝图前后台关注点的差异以及失误点的识别及管理。为了加深对服务传递系统的认知,教师可以选择进一步引导学生学习顾客服务接触设计矩阵的相关知识。需要特别指出的是,笔者撰写本案例的主旨是帮助学生掌握服务蓝图这一工具,如果教师在授课中希望集中精力对其进行细致讨论,可以减少甚至忽略服务视图或者顾客接触设计矩阵两个知识点的分析。下面给出以问题为引导的详细案例分析思路:

　　1.怎样的市场环境让耶律胤产生了创业的想法?耶律胤在萌生创业想法时找了怎样的顾客,这些顾客对于酒店服务有什么需求?(服务视图中的第一个要素:确认目标市场)耶律胤想提供怎样的服务来满足这个顾客群的需求?与现有的竞争者相比,他所设想的酒店服务有何独树一帜的地方?(服务视图中的第二个要素:服务理念)

　　可以从供给和需求两个视角分析使耶律胤产生创业想法的市场环境。从供给方面来看有两个特点:(1)当时国内的经济型连锁酒店行业的增长已经显出疲态,市场趋于饱和。具体表现是:数量从 2007 年时的 1698 家激增到了 2012 年的超过 10000 家,但增长速度已经明显放缓。各巨头的总营业额上升,但总利润开始出现下降。(2)同质化竞争严重,陷入一片红海。具体体现是:装修抄袭成风,目标客户都为一线、二线城市的商务人群。从需求方面来看,正在崛起的中产阶层对商旅住宿的升级需求却得不到满足。这体现在,一是经济型快捷酒店和传统中等价位酒店的服务品质已经无法满足该顾客群的需求,二是该顾客群还无法承担更高端酒店的价格。正是由于供需之间的不匹配使得耶律胤认为存在着蓝海市场,因此萌生了创业的想法。

　　耶律胤找到的顾客具有如下的特点:(1)具有较高的人文素养;(2)希望自己的生活更加精致,因而希望有改善商旅住宿条件的需求。上述顾客对酒店服务的需求如下:(1)有人文色彩;(2)服务品质更高(与经济型快捷酒店相比);(3)个性化服务;(4)无法承担高档酒店的昂贵房价。

　　与现有竞争者相比,耶律胤所设想的酒店服务的独特性体现在:以"阅读"和"属地摄影"为特色并融合了 O2O 理念的具有人文情怀的中端酒店服务。需要特别指出的是,阅读和属地摄影的特色并非仅仅是宣传包装,耶律胤希望将二者真正融入酒店服务中。对于阅读,耶律胤希望能够让喜欢阅读的顾客无障碍地享受到阅读的乐趣，而对于属地摄影，顾客可以欣赏到原创的属地摄影作品，而对于旅客中的摄影爱好者，甚至可以亲自参与到作品的创作中，使顾客成为酒店的建设者之一。

2.亚朵酒店服务运营的重点是什么？主要的投资是什么？这些投资亚朵的控制策略是怎样的？（服务视图中的第三个要素：服务策略）

首先，亚朵酒店主打的特色是"人文情怀"，因此其服务运营的重点之一在于将人文情怀最重要的载体，即阅读和属地摄影落到实处，与顾客的需求有机地融合起来，而不是仅仅将其作为营销上的噱头。其次，亚朵酒店要打造与经济型快捷酒店相比具有差异化的服务品质，以凸显自己中端的定位。最后，亚朵酒店如何提升其邻里服务的水平，以满足顾客群追求个性化服务的需求也是其运营的重点。需要说明的是，这一点很容易在讨论中忽略，教师应引导学生找出这一点，以便为讨论问题4中讨论亚朵在管理中采取的员工授权、服务员工等策略埋下伏笔。

对于第1问，需要特别提醒的是，教师可以引导学生讨论O2O服务是否应该被列为亚朵酒店服务运营的重点，建议可以从顾客群的核心需求角度切入。顾客群的核心需求是"有人文情怀、有特色以及高品质的服务"，O2O并不在顾客的核心需求之内，只是一个辅助性的服务，因此至少在创业的初期阶段这并不是运营的重点。

本题的第2问和第3问关系密切，可合并分析。亚朵酒店的主要投资包括两个部分：(1)酒店场地租金，由于亚朵酒店选址策略是核心商务区，这对于亚朵酒店来说是一笔不小的费用。但是，由于其中端的定位，服务的便利性是非常重要的，因此这笔费用是不能够节省的。(2)酒店装修费用。为了在保障服务品质的前提下尽可能地降低成本，亚朵采用的成本控制策略是"好钢用在刀刃上"，对于凸显特色和有助于提升关键性顾客体验的投资是不遗余力的。前者如竹居和属地摄影方面的投入是很慷慨的，竹居经过精心的布局设计，摄影采用的是采购的原创作品；后者则在与顾客有身体接触的物件上做足了功夫，如 MLILY 的记忆海绵床垫、康乃馨超五星级棉织床品，沐浴用品选择了轻奢品牌 BODYLABO 体研究所 HERBAL 本草系列。

3.这一部分是本案例分析的关键环节。经过问题1、2的分析，学生已经对亚朵酒店的特色及服务内容有了基本的了解，接下来可以引导学生画出亚朵酒店的服务蓝图，帮助学生掌握服务蓝图中的关键要点。服务蓝图是服务传递系统的准确定义，因此服务视图中的第4个要素，即服务传递系统，可以借助服务蓝图进行学习，并可以借助服务过程设计矩阵，从顾客接触度的视角加深对服务传递系统的学习。

在引导学生画出服务蓝图的时候,有如下要点供教师参考:

(1)可以按照顾客从进店到离店的时间顺序,引导学生挖掘案例中提供的亚朵酒店的服务流程。需要特别指出的是,为了适当增加学生分析案例的趣味性和难度,案例特意没有按照顾客从进店到离店的顺序进行组织,教师可以根据图2已经做好的服务蓝图加以提示。

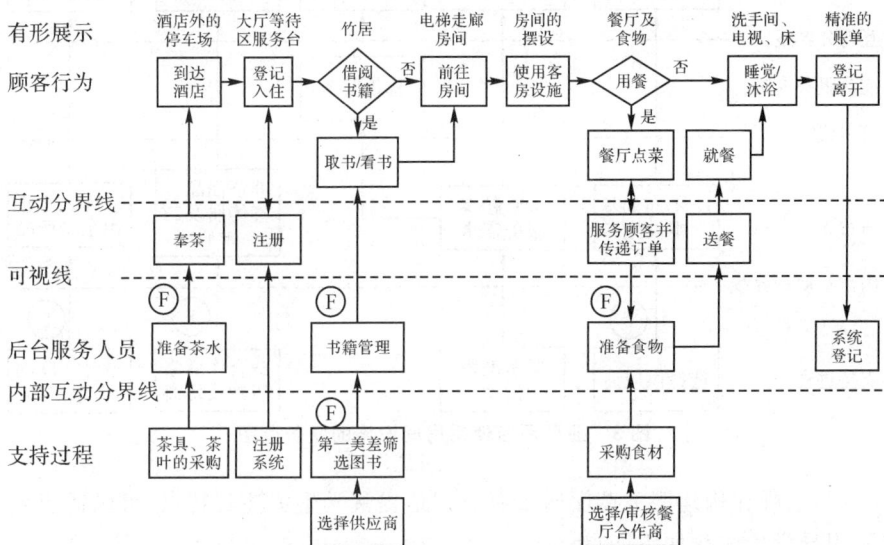

图 2 亚朵酒店整体服务蓝图

(2)绘制服务蓝图时注意向学生介绍绘制技巧,让学生掌握两个维度的关系:横向关系(顾客行为)、纵向关系(各类行为的纵向对接)。

①识别顾客对服务的经历——横向关系

主要包括两点:掌握服务蓝图中各种符号的含义;根据案例中的描述及学生的经验,按照先后顺序依次绘制出服务蓝图。大多数人都有酒店住宿的经历,因而能知道酒店服务的流程和内容。

②描绘员工前台与后台服务的行为

这一步的关键在于能否辨别出员工的前台和后台行为。首先画上可视线,然后从顾客和服务人员的观点出发绘制过程、辨别出前台服务和后台服务,即哪些行为顾客可以看到,哪些行为在幕后发生。

③把顾客行为、服务人员行为对接——纵向关系

a.把顾客行为与服务人员的前台行为进行纵向对接。

b.把员工的前台行为和后台行为进行对接。

(3)由于顾客"使用房间设施"的部分较为复杂,且涉及较多的后续流程,为

方便讨论起见,建议将流程中这个过程进行细化,形成单独一张服务蓝图,参见图3。

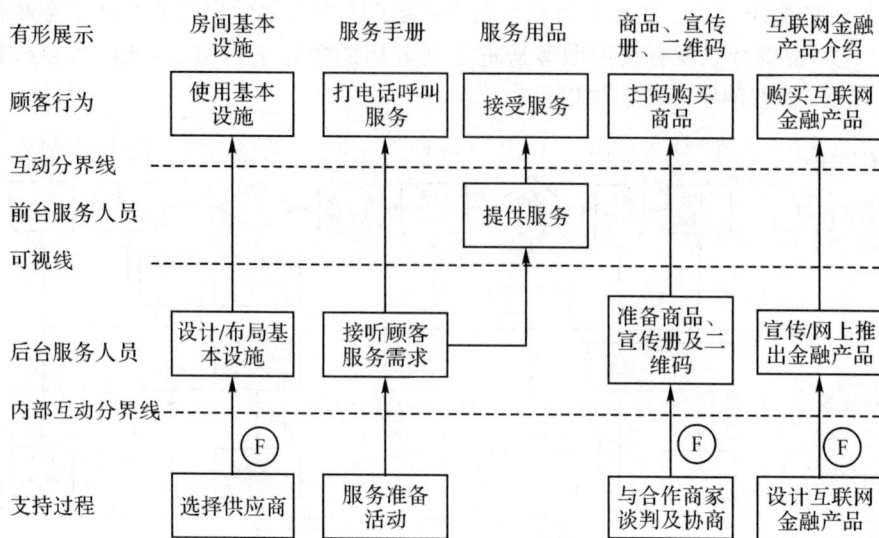

图 3 亚朵酒店使用房间设施的服务蓝图

（4）教师在构建服务蓝图时要有意识地提醒学生关注其特点,可以适当采用暗示引导学生注意如下四点:

①对于"有形展示"部分,这些顾客可以看到和体验到的"物质证据",在服务蓝图中重点关注的是这些有形展示与顾客的期望相一致,是否和酒店的形象相一致。

②每一条与"互动分界线"交叉的垂直直线描绘了顾客与亚朵酒店之间的直接接触,应关注顾客是应该与同一个人相互作用还是应该被服务人员传递给其他人来继续服务。与顾客进行相互作用的亚朵酒店工作人员所需要的人际关系技能是否存在不同?

③可视线将亚朵酒店服务前台与后台划分开:可视线以上的部分是前台,前台所有的活动都是与顾客直接接触的;可视线以下的部分是后台,后台所有的活动是在顾客不在场的情况下进行的。服务蓝图中前台和后台的关注点是不一样的,前台服务应注重提供服务质量,后台作业应注重流程效率。

④内部互动作用线下方是支持过程,应关注对亚朵酒店内部后勤系统能力要求的问题。

（5）关于失误点,可以在梳理亚朵酒店服务流程的时候就画出来,也可以先集中精力画出主流程,再引导学生找出并标记可能的失误点。教师可以根据自己的喜好自行选择。

4.在画出服务蓝图后可以引导学生进一步对亚朵酒店前台和后台关注重点的差异进行深入分析。可以提出如下问题:亚朵酒店前台服务如何关注服务质量?后台作业如何对前台业务进行支撑?如何关注效率?

对亚朵酒店前台服务的分析如下:

(1)精心设计的奉茶服务,凸显亚朵温馨服务的内核,强化亚朵的"人文情怀"特点,提升顾客对亚朵服务质量的感知。

(2)充满设计感的竹居,人性化的借阅制度,满足了顾客的精神需求,突出了亚朵的"人文清华",提升了顾客对亚朵服务的满意度。

(3)装饰全店各处的属地摄影,勾起顾客的乡愁,给顾客以美的享受,有助于顾客了解当地文化的特点,同样强化亚朵的"人文情怀"特点。

(4)尽可能缩短顾客入住和离店的时间,提升顾客的等待满意度。入住取消了交押金的制度,而离店则采取了无停留离店的方式,客人在办理退房时只需要把房卡交给前台,即可离店。

(5)实施邻里服务,温暖而不繁杂,尽可能帮助客人解决所有困难,改善服务质量,进而提升顾客的满意度。

(6)提供高品质的服务设施,室内地暖、50M Wi-Fi、十个国际通用插座、5秒钟出热水的淋浴……,在不大幅增加开店成本的前提下尽可能提升服务的品质,使顾客对睡眠、办公、沐浴等核心服务的要求得到充分满足。

对亚朵酒店后台的分析如下:

(1)对竹居书籍精挑细选。成立"第一美差"团队专门打理,每一本书都由团队成员精心筛选后才能上架。

(2)对属地摄影费尽心思。面向社会征稿,培养强大的摄影作者群,保证了照片素材来源的广泛,也能够保证摄影作品的品质。搜集好稿件后精心布置,每个房间都有截然不同的摄影作品,而且附有摄影作者的信息。

(3)聘请酒店服务管理专家优化亚朵酒店的房间设施和服务细节。

(4)对前台服务人员进行"奉茶""邻里服务"等各方面的培训,提升前台服务人员的服务能力,进而提升服务品质。

(5)为了实现真正的邻里服务,激发一线员工的积极性,亚朵酒店采用了为员工提供优质内部服务的措施。例如,在生活方面给予员工良好的照顾(宿舍打扫、提供三餐),尊重员工(门店民主、办公室开放以及称呼花名)以及花朵合伙人制度。

(6)为了提供个性化的服务,提升顾客的满意度,采用员工授权方式。

以上措施主要体现了后台对前台服务品质的支撑作用。其中(5)、(6)两点与问题2中亚朵酒店的运营重点中如何满足顾客群追求个性化服务的需求这一点可以形成呼应。

（7）餐厅选择外包经营的方式，主要是为了提高经营效率。

（8）信息系统切入阿里云，主要为了在保证系统稳定性的前提下降低成本，提高经营效率。

（7）、（8）两项措施主要体现了后台运作关注的重点是如何提升经营效率。

5.亚朵酒店服务蓝图中的失误点有哪些？亚朵酒店采取了怎样的措施来管理服务蓝图中的失误点？

可以按照服务蓝图中服务流程的顺序来分析亚朵酒店管理服务蓝图的措施：

（1）"奉茶"服务中为了防止服务水平参差不齐，让顾客有不好的感受，亚朵特地安排员工根据服务标准进行系统学习，确保顾客在进店的第一时间感受到亚朵酒店服务的真诚。

（2）为了防止顾客在借阅图书中的各种可能出现的问题，亚朵主要的措施如下：

①预防取书不方便。亚朵团队对竹居里每一本书与客户的距离、高度、角度都经过精心设计，方便顾客借阅图书。

②无法阅读完整本书。采用"无抵押免费借阅"制度，即无论是入住的客户还是特意来看书的读者都可以无抵押免费借书，无归还期限，甚至可以异地还书。

③顾客误以为书籍不能借阅。设计"请把我带回房间"的卡片放在书中。

（3）为了防止外包餐厅服务水平低下降低顾客满意度，亚朵酒店开出优厚的条件给承包商，以及成立专门团队对餐厅进行审核评估的方式来保证服务质量。

（4）为了防止员工在遇到顾客的个性化需求时无法很好地处理，亚朵酒店授权给每个员工300元的额度，以应付特定情况。

（5）为了防止顾客在使用房间设施时有不好的感受，亚朵酒店对所有和用户身体接触的物件都进行了精心选择，供应商均为业界顶级。

对于这个问题，还需要讨论亚朵酒店在失误点管理中的一些教训，主要有如下两点：

（1）在设计最初的O2O业务中，亚朵酒店没有意识到"顾客可能根本不会注意到房间内的商品可以售卖"这个失误点，导致O2O业务在最初几乎无人问津。对于O2O业务失误点的解决方案，可以通过激发学生提出各种新颖的观点。亚朵酒店通过曲线救国的方法在一定程度上解决了这个问题，也就是把床垫的销售融入互联网产品中,采用实物众筹的方式进行销售。

值得一提的是,这个解决方案体现了"自动故障预防机制"的思想。

(2)在第一次设计互联网金融产品时,购买程序太过复杂,不符合互联网金额简易、便捷的特点。虽然案例中显示此次销售很顺利,但"互联网产品设计不合理导致顾客不愿购买"依然应该被列为失误点之一。为防止再出现类似问题,应选择资深互联网金融产品设计者操盘,并在产品发布前对流程进行细致的内部论证。

6.接下来可以引导学生在服务蓝图分析的基础上从顾客接触度的视角深化讨论亚朵酒店的传递服务过程。亚朵酒店和顾客有哪些接触?这些接触按照接触度从低到高如何排序?亚朵酒店这样的设计是否存在不合理的地方?如果存在,应该如何进行改进?

亚朵酒店与顾客接触的途径很多,包括门店服务、门店餐饮、文化沙龙、互联网金融产品销售、社群、金融服务等,教师可以引导学生将各种顾客接触按照从低到高的顺序总结如表1所示。

表1　亚朵酒店的顾客接触方式

顾客接触方式	亚朵酒店的顾客接触途径	顾客接触程度
现场技术指导	网络社群	较　低
	互联网金融服务	
	摄影爱好者交流群	
	基于O2O业务的商品销售	
面对面规范严格的接触	奉茶服务	中　等
面对面规范宽松的接触	门店餐饮服务	较　高
	文化沙龙	
	图书借阅服务	
	客房服务	
面对面顾客化服务	基于员工授权的个性化服务(员工授权)	高

对于顾客服务接触的讨论有如下说明以及建议供教师参考。

(1)本案例并没有面面俱到地涉及服务系统设计矩阵中的所有服务接触程度,如信件沟通、电话沟通以及网络视频沟通等,主要原因在于亚朵酒店的这些顾客接触途径并没有特别之处,写出反而显得累赘。如果认为有必要,教师可以鼓励学生根据实际经验发现其他的顾客接触方式,并展开进一步的分析讨论。

（2）对于亚朵酒店顾客服务接触设计的讨论可以将重点放在其顾客接触途径的设置是否合理。一般来说，顾客接触程度越高，则销售出额外商品的机会就越大，但服务系统的效率就越低；反之，顾客接触程度越低，则销售出额外商品的机会就越小，但服务系统的效率就越高。可以让学生围绕以上观点对表1中亚朵酒店的各种顾客接触途径进行讨论。以下几种亚朵酒店的顾客接触途径笔者认为可以重点分析：

①基于O2O业务的商品销售顾客接触程度较低，销售出额外商品的机会较小，是否应该提升其顾客接触程度？分析：虽然采用更高的顾客接触程度，如面对面规范严格或者宽松的接触可能会促进商品的销售，但这可能会引起顾客的反感，毕竟亚朵酒店销售的核心产品是无形的服务，而非有形的产品。

②亚朵有没有必要定期举办亚朵读书会活动？分析：有必要，读书会虽然使得亚朵的运营成本有小幅增加，但强化了亚朵"人文情怀"的特点，为顾客提供了增值服务，增强了顾客的黏性，总体来说收益大于支出。

③竹居是否应该向社区开放？分析：应该，竹居开放对运营成本的影响可以忽略不计，同时可以通过社区居民获得更多潜在客户，也提升了品牌的美誉度，并在无意中丰富了竹居的书籍。

四、理论依据及分析

1.服务视图四要素：詹姆斯·赫斯凯特最先提出了服务视图四要素的概念：第一个要素是目标市场，即考虑谁是我们的顾客；第二个要素是服务理念，即考虑如何让我们的服务在市场中独树一帜；第三个要素是服务策略，即考虑我们服务所包含的内容以及运营的重点是什么；最后一个要素是服务传递系统，即考虑提供服务所需的服务过程、员工要求及服务设施是什么。服务视图四要素的内涵及相互关系如图4所示。

2.服务系统设计矩阵：服务系统设计矩阵将服务传递系统分为高顾客接触和低顾客接触的作业，表明了生产效率和销售机会的关系。矩阵的最上端表示顾客与服务接触的程度：隔离方式表示服务实际上与顾客是分离的；渗透方式表示与顾客的接触是利用电话或面对面地沟通；反应方式既要接收又要回应顾客的要求。矩阵的左边表示一个符合逻辑的市场建议，也就是说，与顾客接触的机会越多，销售出商品的机会就越多。矩阵的右边表示随着顾客对服务系统施加影响的增加，服务效率的变化情况。顾客接触矩阵如图5所示。

服务传递系统	运行战略	服务的概念	目标市场的组成

图 4　服务视图四要素及相互关系

顾客/服务接触程度

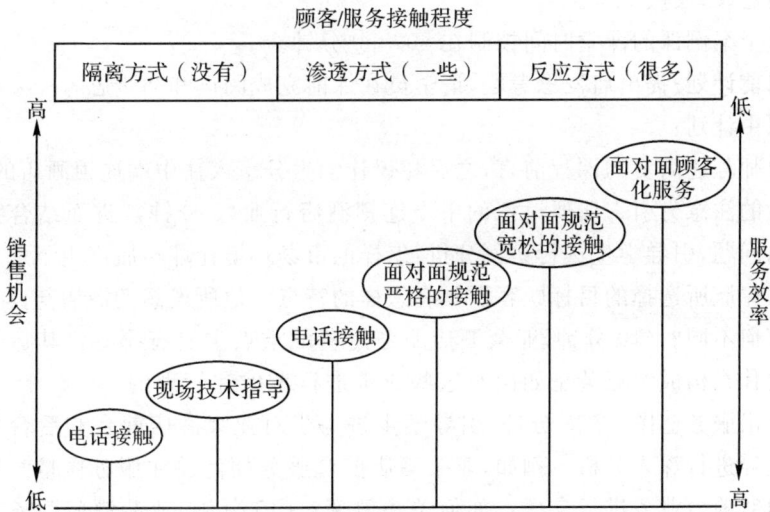

图 5　服务系统设计矩阵

3.服务蓝图:林恩·肖丝塔在 1978 年提出了服务蓝图,把可视线的概念引入流程图,从而将服务业的流程系统以类似流程图的图示方式表示,并强调了在服务蓝图中对潜在的失误点的识别。服务蓝图包括了顾客行为、前台员工行为、后台员工行为和支持过程四个部分。建立服务蓝图不仅有助于企业从顾客的角度重新认识所提供服务的过程,识别失误点和服务活动链的薄弱环节,为质量改进努力指明方向,还可以用来开发一套新的服务流程。

五、关键要点

1.服务蓝图是进行服务设计的有效工具,但使用服务蓝图时不能脱离服务运营战略。相反,要吃透服务运营战略,才能更好地发挥服务蓝图的作用,设计出较为完善的服务系统。

2.服务蓝图所包含的子知识点较多,因此在分析本案例时,应有意识地构建分析框架,按照层层递进的方式对服务蓝图的各个子知识点进行剖析,重点突出失误点的识别及管理,以培养学生运用服务蓝图解决实际问题的能力。

六、建议课堂计划

本案例可以作为专门的案例讨论课来进行。如下是按照时间进度提供的课堂计划建议,仅供参考。

整个案例课的课堂时间控制在 80—90 分钟。

课前计划:提出启发思考题,请学员在课前完成阅读和初步思考。

课中计划:

教师陈述简要的课程前言,之后建议让学生分享入住中端连锁酒店的感受,将学生的注意力引入所要讨论的中端连锁酒店行业(5 分钟),进而结合案例材料提出问题,引导学生进行案例分析:怎样的市场环境让耶律胤产生了创业的想法?耶律胤所选择的目标顾客群具有怎样的特点?他所设想的酒店与其他竞争对手有何不同?(10 分钟)亚朵酒店服务运营的重点主要有哪些?其运营成本主要由什么构成?亚朵是如何对这些成本进行考虑和管理的?(10 分钟)引导学生画出服务蓝图。(25 分钟)引导学生进一步对亚朵酒店前台和后台关注重点的差异进行深入分析。例如,亚朵酒店前台服务如何关注服务质量?后台作业如何对前台业务进行支撑?如何关注效率?(15 分钟)亚朵酒店服务蓝图中的失误点有哪些?亚朵酒店采取了怎样的措施来管理服务蓝图中的失误点?(15 分钟)从顾客接触度的视角深化讨论亚朵酒店的传递服务过程。可以讨论如下问题:亚朵酒店和顾客有哪些接触?这些接触按照接触度从低到高如何排序?亚朵酒店这样的设计是否存在不合理的地方?如果存在,应该如何进行改进?(10 分钟)

课后计划：

如有必要,请学员采用报告的形式结合对其他中端连锁酒店的资料对亚朵酒店的服务蓝图的改进,尤其是对失误点的管理给出更加细致的分析,为后续章节内容做好铺垫。

"充分准备"行动：服务速度和
个性化的提升与平衡①

摘　要:本案例描述了 T 酒店为改善服务交付质量而进行的一次以延迟生产为核心指导思想的服务流程再造过程。作为一家国内酒店连锁集团的旗舰店,也是该集团开展流程精益化的试点单位,T 酒店发现导致顾客满意度下降的主要服务质量问题为服务反应速度较慢和服务个性化不足。在管理顾问的协助下,该酒店重新审视并梳理了其核心服务即餐饮和住宿的服务流程,找到了导致前述问题的症结所在,并在此基础上开展了以延迟生产为主旨的"充分准备"行动,实施了服务流程优化并采取了相应的管理改善措施,取得了预期效果。

关键词:延迟生产　服务流程　服务延迟点　模块化

PART ONE　案例阅读

一、引　言

　　楚天看着桌上的文件,回想着集团总部高层会议的情形,顿感肩头压力重重。他是 G 酒店集团的旗舰店 T 酒店的总经理,刚从集团总部开会回来。会上,集团总裁重申了年初定下的公司发展战略,并宣布了为实现该战略目标所制定的战略计划。根据该计划,G 集团将开展一次以服务流程精益化为主旨的对自身运营系统的自我修缮,以奠定其成为"中端酒店市场的标杆酒店集团"的战略的基石。这一计划的开局工作自然就落在了旗舰店 T 酒店身上。T 酒店将

作为全集团的试点开展服务流程精益化,力图确立一个标杆式的酒店服务运营系统,成为全集团酒店的示范和模板。回想着集团总裁在会上投过来的殷切目光,楚天决心放下包袱,好好筹划一番。

二、引人注目的旗舰店

G 集团是起源于浙江 N 市的中高端酒店集团,十余年来,其以优质的产品与服务、专业化的经营和集团化的管理,经历了数次里程碑式的发展和跨越。从纯餐饮酒店品牌,到中端综合性酒店品牌,再到四星标准中高端综合性酒店品牌,均取得令人瞩目的成绩。目前,该集团旗下拥有两大酒店产品品牌系列,目标客户涵盖中高端市场主力消费人群。拥有商务酒店、休闲度假酒店、主题度假酒店、主题特色酒店等酒店品类。截至 2015 年该集团负责运营、管理的酒店共 7 家,年客流量逾 100 万人次;另有 3 家酒店在筹备中。G 集团致力于成为最具吸引力、最具成长性的连锁酒店集团。其于 2015 年发布的新的战略目标将指引该酒店集团进一步聚焦“以中端市场为核心定位”,调整布局并逐步覆盖华东地区,持续创新以发掘纵深市场,并最终成为中端酒店市场的标杆酒店集团。

T 酒店是 G 集团所辖 7 家酒店中规模最大者,位于 N 市繁华商业区,交通便捷,按准四星级标准建造。T 酒店拥有标准间、商务房、豪华套房、家庭房等多种类型客房共 300 余间(套),不同规格的客房和套房全部接入宽带网,多频道液晶平板电视、电子保险箱、迷你酒吧及 24 小时送餐服务随时为宾客提供高品质的服务;风格各异的 16 个中式餐饮包厢和 2 个餐位数超过 400 个的中式餐厅,可同时容纳近 1000 名宾客用餐,同时配备各类娱乐休闲设施,位于酒店大堂中庭的咖啡厅、商旅酒吧环境舒适幽雅,风格独特,可以满足宾客不同的选择需求。且拥有多种规格的会议厅 3 个,适合举办各类会议和学术讲座;设备齐全的商务中心随时提供复印、传真、电子邮件、互联网、秘书及翻译服务;酒店还设置了拥有多种娱乐设施和健身设备的康乐中心,在酒店大堂一侧还设有出售世界著名品牌商品的精品屋。此外,总台还提供票务、兑换和旅游咨询及代理服务。

T 酒店的主要目标市场为商务和会议客。酒店自 2009 年开业以来,运营状态良好,服务质量稳定,利润率稳步攀升,在 G 集团一直保持着领头羊的地位,成为当仁不让的 G 集团旗舰店。

三、核心服务及其流程

酒店共有员工 300 余人,总经理以下设副总 2 人,前台业务部门包括前厅部

（精品屋隶属前厅部）、礼宾部、客房部、餐饮部和康乐部，职能部门有营销部、人力资源部、财务部、采供部、保安部和工程维修部等。

作为一家四星级酒店，其服务是综合性的，涵盖吃、住、娱、行、购等多种服务类型；但总体来看，住宿与餐饮是 T 酒店服务的核心，主要涉及前厅部、客房部和餐饮部，其主要内容与流程分别描述如下。

1. 住宿服务与流程

T 酒店采用的是行业中比较通行的住宿服务方式。图 1 和图 2 分别描述了酒店针对有预订顾客和无预订顾客（散客）的服务流程，从接受顾客预订开始，到为客人办理入住手续、在酒店的消费及退房，以送客为终结。从两个图中均可以看出，前台的服务工作并不是独立进行的，在这条服务流程中涉及酒店的其他部门和前厅部的其他下属部门。例如，顾客预订一般由销售部的预订处负责，预订员会将预订信息及时输入电脑并将预订单送至前台，在预订处员工下班或者顾客直接来前台咨询的情况下，则由前台负责预订；在顾客抵达或退房时，需由礼宾部进行迎客及送客服务，并负责客人的行李运送，必要时还需要提供接机及送机服务；客人在入住期间，除了住宿外，有时会产生额外需求，如洗衣、就餐、健身、购买纪念品或打印传真服务，这些都需以前台为中心，并将客房部、餐饮部、康乐中心、商务中心及精品屋等部门的服务串联于整个服务流程之中。

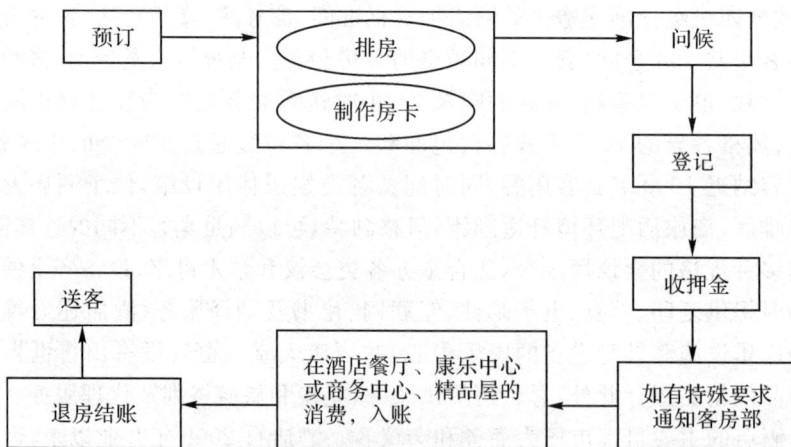

图 1　有预订顾客的住宿服务流程图

2. 餐饮服务与流程

T 酒店的餐饮规模原来只有 700 个左右的餐位，包括 1 个大餐厅和 12 个包厢。而在 2013 年酒店进行了一次内部改造，增加了 400 个餐位，即新增了 1 个可举办宴会与其他多种活动的多功能厅和 4 个小包厢。餐饮消费的顾客主要包括当地客（平日的商务人士以及周末的家庭）及部分住店客人。2 个大餐厅和 16

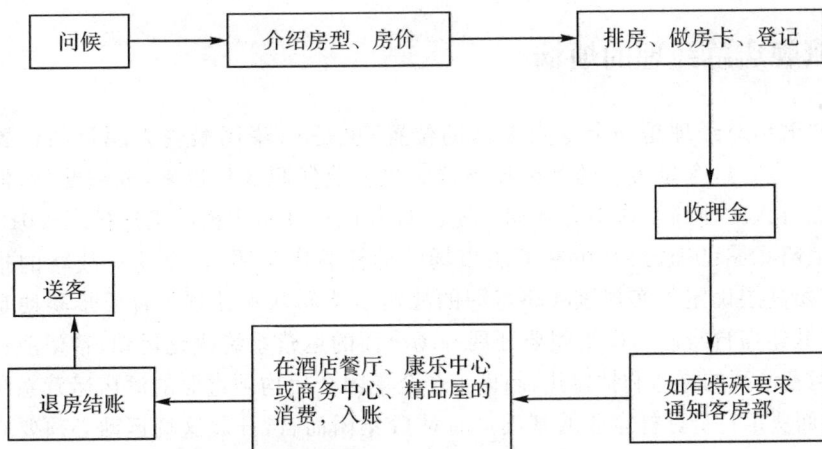

图 2   无预订顾客的住宿服务流程图

个餐饮小包厢可提供 200 种左右的中式菜肴,其中海鲜、肉类、蔬菜类的菜肴一般要根据顾客的要求现场烹制,而冷菜、面点、烧烤类和炖菜类则可以事先烹制好或做成半成品。

图 3 描述了该酒店的餐饮生产服务流程,这也是一个行业内较为通行的服务流程。餐厅的工作人员首先需要根据预订和需求预测确定可以在营业前做好的准备工作,如原料的加工,餐具的准备以及清洁工作。随着客人进入餐厅,服务提供过程便被启动。从迎宾服务开始,随后是菜肴饮品的点单,之后厨房人员和酒水柜台服务生会根据点单内容来准备相应的菜肴和饮品,然后由服务生送到相应的桌子上。用餐结束后收银员为顾客结账,最后完成送客服务。

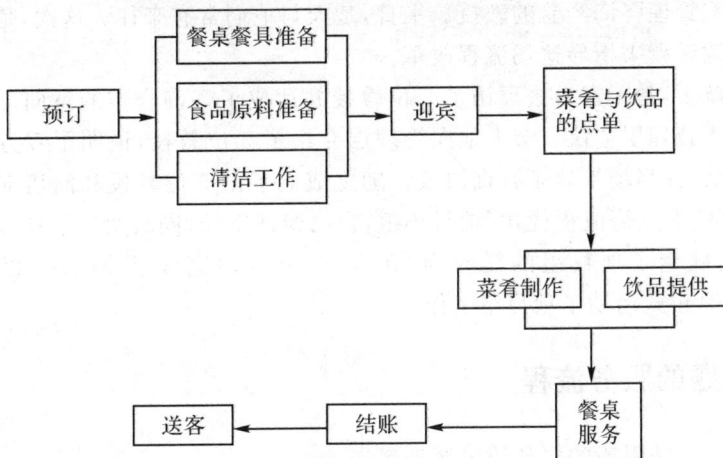

图 3   餐饮生产服务流程图

四、旗舰店总经理的烦恼

旗舰店总经理是一个令人羡慕的位置,也是 G 集团最受人瞩目的位置之一,有幸坐在这个位置上的楚天却不这么想。他任职 3 年以来,成绩斐然,但集团依然有人对他的工作小有微词。随着 G 集团这几年规模的迅速扩张,2015 年初其战略意图已确定为"中端酒店市场的标杆酒店集团"。在这一战略的指导下,集团高层确定了实现该战略意图的战略步骤和基本计划。首要步骤便是所谓"打铁还需自身硬",G 集团要开展一场全面的运营系统优化运动,希望能通过自身运营流程的再造和精益化,制订一个全集团今后均须遵照的酒店运营系统标准,从而奠定打造标杆企业的基础。而对 G 集团而言,开展这场运动必须要有一个领头羊来做示范,成功后再进行全集团推广。G 集团高层均把目光放在了旗舰店,重任便落在了楚天身上。本来旗舰店就是众人瞩目的焦点,这次集团又把如此重要的战略任务交给了旗舰店,楚天感到了压力。如果这次任务完成不了或是完成不好,T 酒店还能保留旗舰店的地位吗?这旗舰店的总经理该负什么样的责任?

压力归压力,活还是得干。楚天的性格特点就是抗压能力强,任务越有挑战性,就越能激发他的斗志,而且越能让他冷静。"不识庐山真面目,只缘身在此山中",楚天很清楚,要让集团内部的人员来查自身的问题,其效果就相当于每周的例会,无非是几个老问题谈谈,而且永远都没有彻底解决的办法。自家的孩子自家爱,自己看自己永远都好的,特别是在经营状况一直不错的旗舰店,以酒店内部人员为主导来开展这场流程优化不会收到理想效果。楚天决定启用外脑。这些年来虽然工作很忙,楚天还是利用周末攻读工商管理硕士课程,因此结识了多位具有丰富管理咨询经验的教授。平日,楚天与他们常有来往。这次,楚天决定邀请这几位教授来指导这场流程改革。

说干就干,楚天亲自去拜访了 3 位教授并达成了咨询合作的意向。随后他召开了酒店管理层会议。会上他向管理层介绍了 3 位教授,说明了双方合作的目的和意义,并当场签署了咨询协议。随之成立了由 3 位教授和酒店部门经理正职组成的"T 酒店流程优化"项目小组,自己亲任组长,同时明确了项目组的职责和权限,确定了项目组的任务为"在 6—8 个月内完成 T 酒店流程优化"。2015 年 3 月正式启动了项目组工作。

五、有问题的服务流程

1.令人大跌眼镜的服务质量调查报告

在教授们的坚持下,项目组决定在顾客中做一次为期两周的服务质量调查,以得到对酒店服务质量评价的基础数据。在楚天的全力支持下,调查进行得很顺利,很快就收集到了所需的调研数据。很快地,教授们的研究生助手对数据进行了认真仔细的处理。

数据分析的结果很快出来了,一份 T 酒店服务质量调查报告便放到了楚天的办公桌上。虽然已有一些心理准备,但楚天和他的管理团队还是没有想到,调研结果令人大跌眼镜。数据表明,T 酒店的服务并不是楚天和他的经理们之前所想象的那样优质高效,顾客满意度自然也并非如他们原先所预想的那么高,总体满意度居然只达到了 87%;而且更令人担忧的是,近几个月来还呈现出逐步下降的趋势。调查结果表明,T 酒店的服务还明显地存在着几个比较集中的质量问题,主要包括:第一,顾客对酒店的餐饮服务和住宿服务的服务交付速度颇有微词,具体表现为前台接待服务等待时间过长、菜肴上桌速度较慢、餐饮和住宿服务的结账耗时较长等。第二,常客们则抱怨酒店对其的针对性服务做得还不到位,即服务的个性化程度还显不足。具体表现有对住店常客的特殊要求不能适时满足以及菜肴品种被认为不够丰富等。进一步的数据分析还表明,第一个问题即服务交付速度问题表现得更为严重一些。

明确了问题,项目组开始讨论产生这些质量问题的症结所在。分析者们采用了常见的鱼骨分析法,列出了较多的可能原因,包括人员、物料、设备和制度等多方面因素,但进一步的分析表明,问题的症结更多集中在流程上。项目组把注意力放到了服务流程上,力图查找出流程的问题点,这同时也是项目组本次任务的核心。住宿服务和餐饮服务流程成为主要的分析对象。

2.对住宿服务问题的分析

调研结果显示,住宿服务方面有两个主要问题,一是前台接待和收银的服务速度较慢;二是针对常客的个性化服务不足。为了解问题的根源,项目组深入前厅部和房务部第一线,勾画了详细的服务流程图,与基层员工和管理员共同开展了多次研讨,得到的分析结论如下:

第一,预订客人人数较少,散客服务程序耗时长。通过图 1 与图 2 的对比,可以发现散客服务与有预订顾客服务的重大差异。前台在接待散客时,增加了与顾客接触的时间,因为相比于有预订的顾客,前台接待员需要花时间跟散客介绍房型和今日房价,并现场排房和制作钥匙。当顾客对住房有特殊要求时,前台又要马上通知客房部对客房进行处理。当前台人员在做这些工作时,顾客都是站在前台等待的。因此,顾客的等待时间远超过服务标准所规定的 3 分钟。无怪乎在顾客眼里,T 酒店的前台服务十分迟缓,毫无效率。

第二,前台在客人办理入住时会收取一定比例的押金,退房时再将剩余押金退还给客人。这两个服务程序既增加了前台工作的烦琐性,又给客人造成了不便和较长等待时间。

第三,账务工作和房务服务准备不足。前台早班人员对账单和相关情况不熟悉,顾客结账时仓促服务,耗时长,错误多。房务部清洁工在预先放置房间用品和准备服务用具及用品时,缺乏对可能的服务特殊情况的考虑而导致无法满足顾客的一些特殊需要。

第四,客史档案数据不够齐全,更新速度慢。前厅和客房部对客史档案资料的更新和完善缺乏制度保障,信息既不完全也未能及时更新。由于客人资料信息缺乏,一线员工面对常客时就很难开展针对性服务,如特殊规格棉织品的准备,枕头软硬的选用,客房楼层和朝向的偏好等,其中很多信息又牵涉到客人到达前的服务准备,信息的不完全又影响了服务准备工作,对客人到达后的服务速度同样产生了负面影响。

3.对餐饮服务问题的分析

餐饮是 G 集团的起家业务,作为旗舰店的 T 酒店的餐饮部门更是一向自视甚高。得知顾客调研结果后,餐饮部门从员工到管理层均表示难以置信,也无法接受。楚天亲自拿着调查报告的结果来到餐饮部,与一向自负的餐饮部经理和厨师长进行了深入沟通,敦促其配合项目组开展认真反省,找到问题的症结。餐饮部管理层认识到问题的严重性,对项目组的调研活动予以了充分配合,并进行了多次的共同研讨,逐步发现了餐饮服务问题的根源。餐饮服务的问题同样也有两个主要的表现,即服务速度较慢和顾客认为菜单上品种的丰富度不够,实质上也是速度与个性化问题。项目组与餐饮部的研讨形成了对其产生原因的如下共识:

第一,菜肴结构设计上的不合理对服务速度影响较大。T 酒店的餐饮规模在 2013 年的下半年有较大幅度的增加,但基本还是采用原有的中小规模的菜单设计思路,即注重菜肴的现场烹制和新鲜度,所以菜单上很大比例的菜肴不得不在营业时间开始才进行处理加工。而在非营业时间,能预先进行部分处理甚至能完全处理好的菜肴占非常少的一部分。这样会对营业中的菜肴生产造成极大的压力,影响上菜速度和服务可靠性。

第二,菜肴的品种有限,顾客的可选择范围较小,无法满足顾客个性化需要。如果纯粹增加品种,只会增加菜肴生产的复杂性如备货困难,反而影响速度,这对业已缓慢的服务反应速度来说可谓雪上加霜。

第三,餐饮预订工作较为粗放,信息较为简单,采用了常规的只定位而不定餐的做法。这就使得所有的菜肴制作、饮品准备及相应的服务准备都必须在顾客到达之后才能展开,而事先却不能准备一部分原料,这就大大影响了上菜和服务速度,尤其在营业高峰,这种问题就更为严重了。

第四,部分餐饮服务工作在营业之前的准备不足,如部分特殊餐具的准备,常常是在顾客到店之后或提出相关服务要求之后才开始该项服务的各项工作,往往要从最初的环节开始,增加了顾客的等候时间。

第五,收银结账工作的预先处理不够充分,收银服务人员往往要等到顾客提出结账要求之后才开始相关的账务处理工作,从而延长了顾客等候结账时间。而且在营业高峰,账单处理时间紧,数量大,容易出差错。

六、"充分准备"行动

1. 命名"充分准备"

对住宿和餐饮服务的问题进行了原因分析之后,项目组有了一个重要的发现:分析中所有涉及的影响服务速度和反应度的问题点归结起来有一个非常重要的特征,那就是大部分服务速度问题都源于服务的预先准备工作不足,不足的服务准备导致了缓慢的对客服务速度。前台的入住登记服务、房务服务和餐厅上菜速度以及账务收银服务等均属此类。而个性化程度不高的问题,则是由服务产品结构不合理与顾客信息不全引起的,同时也与服务准备的程度相关,如菜肴中过多的品种只能现场烹制而不能事先加工,不能作为半成品事先准备好。而较高的个性化对服务速度则有可能产生负面影响,如过多的菜肴品种会影响菜肴出品速度。因此,新的措施必须要在速度与个性化之间找到平衡,而找到这个平衡的主要措施则是要科学规划和设计好各项服务的准备工作,明确各项服务准备工作的内容和数量,重新规划服务准备工作在整个服务流程中的安排。

基于以上的分析,项目组研究出了一整套流程优化方案。楚天看完这个方案后感到非常满意,考虑再三,给这个方案取了个响亮的名字:"充分准备"行动。意即要科学地充分做好各项服务准备工作,以提升服务速度和实现适当的个性化程度。自5月起,T酒店就开始实施这套流程精益化方案,历经3个多月,在楚天的极力推动下,项目组的工作得到了全店上下的支持,"充分准备"行动方案得到了较为彻底的落实。在这段时间,全店上下说得最多的就是"你准备充分了吗?"。在开始对客服务之前,管理层都要求员工反复考虑为做好即将开始的服务工作,要"准备什么",每项工作要"准备到什么程度"。

2. 住宿服务流程的优化

（1）信息系统改善和客史档案完善

"工欲善其事,必先利其器",在项目组的推动下,T酒店首先对原有的信息系统进行了升级和改善,特别对CRM系统进行了较为全面的改善,促进信息库的完善和信息流的畅通,为整体流程的再造奠定了基础。有了IT基础设施的支持,T 酒店开始采取措施逐步充实客史档案资料。酒店要求各部门与顾客直接接触的员工都应该留意顾客的特殊爱好,尤其是针对酒店的常住顾客,并将工作时搜集到的信息及时输入顾客数据库。如某顾客喜欢较高的枕头,如果酒店客史档案中是有该记录的,当再次接到该顾客的预订时,前台便可在顾客抵店前就通知客房部,在该房中再增加一个枕头,增添服务中的"惊喜",以提升顾客的满意度。对酒店来说,这也增加了预先的客房服务准备,对提高顾客抵达后的服务反应速度也是有帮助的。

(2)改善客房预订工作

如前所述,有预订顾客的服务相对于散客服务在速度上具有较大的优势,且在营销上本身就是确保销售量的重要手段。项目组专门组织营销部与前厅部开会,商谈和制定了加强预订工作的措施,特别制定了在价格上的优惠措施,加大预订价与散客价之间的差距,以鼓励顾客进行预订。预订客人数量的增长,使酒店可以更多地根据预订信息在顾客抵达前尽可能地做好服务准备,以提高在客人抵店后开展的面对面服务的速度。

(3)推行储值卡

T 酒店前台是登记和收银合二为一的,前台在客人办理入住时会收取一定比例的押金,退房时再将剩余押金退还给客人。这两个服务程序既增加了前台工作的烦琐性,又给客人造成了不便。经项目组反复研究,并参考了其他酒店的做法,决定推出储值卡。该卡面向顾客发行(当然主要是常客),顾客进行充值后便可使用,充值后无使用期限的限制。该卡不仅是该酒店会员的象征,并且在酒店消费使用该卡结账可享受 8.8 折优惠。持有该卡的客人在前台办理入住时无须交押金,在退房结账时客人再出示该卡,酒店直接按其实际消费数额收取便可。还有这样的情况,有些客人未在前台办理退房手续就直接离店,一周内客人若未来前台刷卡结账,酒店便会在客人离店一周后从卡中自动扣除此次消费金额。这样一来,就在很大程度上减少了退房结账时所产生的顾客等候时间(在住宿服务中,退房结账是顾客评估服务质量的几个关键点之一)。

(4)加强前台服务和房务服务中的"预备服务"

前厅部对前台服务做出了新的规定:前台早班人员上岗时要做的第一件事,是进入 Billing 程序,查看当日预退房的账单情况,对当天的每一笔账单做到心中有数。还应查看留言,确认有无客人在退房时应注意的事项。这样做的好处是可以减少退房时的不稳定因素,保证以更快速度完成退房和账单处理,减少顾客等候时间。另外,还要求前台人员熟悉重要客人的客史资料,熟记其相貌、姓名和喜好,以便在其抵达时提供个性化且快捷的服务。

而对于房务服务,客房部要求重新梳理顾客对客房服务的要求,考虑各种可能情形,做好多种服务预案,并根据这些预案做好各种预备服务,包括各种服务材料和工具的准备,各种服务信息的收集和储备,还有人员的培训等。

3.餐饮生产及服务流程的优化

(1)菜单结构优化

在项目组的建议下,餐饮部首先改进了菜单结构。要对一向自负的厨师长一手制定的菜单进行改动,在 T 酒店还是第一次。但是一方面由于总经理楚天亲自督促,另一方面教授们拿出了无可辩驳的数据和令人折服的分析,自负的厨师长也只有点头称是,整个菜单优化过程进行得很顺利。

首先,教授们在研究生助手和餐饮部人员的协助下,分析了菜单上各种菜肴的组成成分之间的联系,考虑到了组成菜肴的成分之间存在的相似性,将菜肴的构成理解成"共用模块+个性模块"。并根据这个原则重新建构了菜单,在不增加模块的基础上增加了菜肴品种,使顾客有更多的选择。菜肴品种适当有所增加(共计增加了 12%)。

其次,菜单上的菜肴从制作工艺上可分成三类:可完全事先制作的,如冷菜和炖煮菜等;可部分地进行预制的,如大部分炒制菜肴;最后是必须现场烹制的,如鲜活水产、蔬菜等。而后对三种菜肴的构成比例进行了改变,如表 1 所示。

表 1　菜肴结构的变化

菜肴分类	改变后	改变之前
可完全事先制作的菜肴	18%	15%
可部分进行预制的菜肴	39%	20%
必须现场烹制的菜肴	43%	65%

如上分析,餐饮部按照表 1 所显示的菜肴分类和烹饪时间对菜单的制作工艺结构进行了一些调整。新的菜单同时考虑了制作过程和顾客要求两个方面。新菜单结构的特性可以概括为以下几点:

① 绝大多数的菜肴可以预先完成一部分加工。从顾客订单下来后,这些预先准备好的模块可以很容易就制作成最后的菜肴,这不仅仅缩短了反应时间,而且起到了减少成本的作用。

②短时间烹制的菜肴数量增加,由原来的 30%增加到 50%。这可以缩短菜肴的生产时间,同时也使菜肴更符合现在的流行趋势。

③注重了菜肴的构成成分之间的相互联系,不同菜肴之间可共享的构成材料或半成品增多,厨房可以事先根据预测来大量制作较多的菜肴模块(半成品)。

④增加了部分菜肴品种,主要增加部分为可全部或部分预制的菜肴。

(2)加强餐饮预测和预订

餐饮部认识到预订的作用,并采取措施鼓励预订和提高预订的完整性。餐厅给予那些完全预订(包括餐位预订和菜肴具体内容的全方位预订)的顾客一定的折扣。为了让预订的效果更好并且为销售预测提供及时的信息,另外还对预订的程序进行了一定的简化并进行了一定程度的宣传,更多的顾客了解了预订方法和预订的好处,预订数量上升幅度较快。

预订数量特别是完全预订的增加,使餐厅的运作更为快速有效。预订可以使餐厅预先做好与预订内容相关的准备(除了必须要顾客到场的服务外),可以先行准备好食品材料甚至可以先行处理这些材料,也可以预先保留服务设施和做好多种服务准备,顾客一到服务场所,餐馆就可以在较短的时间内为他们提供服务和菜肴产品。

餐饮部加强了预测工作的正规化,并把相应的责任和任务分派到个人。这些预测是建立在预订和销售记录的统计上的,每天、每周、每月数据经统计后送到主厨和墩头主管,然后他们利用这些数据决定原材料的准备情况、员工的任务表以及工作量。在新的电脑系统的帮助下,预测活动更加容易,预测的结果也变得更加精确。这就使服务前的各种准备工作变得更加充分。当然,预测的使用在开始阶段还是不大为员工们所接受,特别是厨房的一些负责人,认为预测风险较大,会造成浪费。但信息系统给他们提供了足够的数据之后,他们接受了这个方法。T酒店还在信息系统中进行了新的设定,把预订和预测的结果综合起来,并结合模块库的内容,找到可以预制的模块(包括有形产品和无形服务),并把这些作为每天的任务传达下去,要求各部门据此做好各种服务准备。

(3)餐厅服务流程优化

在后台业务和菜肴产品优化之后,餐饮的前台服务亦根据"做好充分准备"的原则进行了优化和改进,主要包括以下措施:

其一,根据预订和预测情况,餐厅的酒水服务员加强酒水饮品的准备工作。原先忽视的一些工作,包括某些酒类服务的配合材料的准备(如饮用黄酒所需的加热器、红糖和姜丝等),预订酒水饮料的预处理等,都被要求必须在顾客到来之前完成。

其二,餐桌服务中的部分服务环节提前至顾客到来之前完成。如原来的免费茶水是在顾客到来之后才冲泡的,现在根据顾客需求将免费茶水改为茶水和凉白水两种,茶水继续保持在顾客到来之后冲泡,而凉开水则在正式营业之前就可准备完毕,顾客到达之后随时可用。原先的餐具和其他服务材料与工具的准备工作也被重新梳理一遍,部分工作被要求于营业开始之前必须完成。

其三,将部分定制服务自助化。按餐厅原来的服务流程,当顾客要求重新加热的时候,服务员必须把菜肴送到厨房,由厨师进行再加热,大大降低了服务反应速度。为解决这一问题,餐厅采用这样的方法,在前台餐厅中放置加热设备(如微波炉),根据顾客的要求,随时为某些菜肴提供即时加热。另外,餐厅还通过在前厅放置电饭煲的方法将添加米饭的服务改为半自助服务,顾客就餐可随时根据需要自行添加米饭。

其四,餐厅收银服务由原来的前台改为后台。设立餐饮账务处理中心,对所有餐饮收银业务进行集中处理。预订顾客的账务可进行预处理,散客账务则在其提出结账之前可预先形成账单,待顾客提出结账时即可在短时间内完成账务处理。

七、旗舰店还是旗舰店

时间过得很快,楚天回顾了一下自 2015 年 3 月接受任务以来的工作:3 月底启动项目组工作,4 月份开展问题调研并提出解决方案,5 月开始实施该解决方案即"充分准备"行动,至 9 月份该行动结束,整个酒店完成了服务流程优化。10 月份 T 酒店再次开展了一次顾客意见调查。现在,楚天手里有了两份顾客意见调查的统计分析报告,一份是在 3 月份整个流程优化工作刚启动时做的,另一份是 10 月份这项工作结束后完成的,都出自项目组教授门下的研究生们的手笔。两份报告的数据对比之后,成效十分明显,顾客总体满意率由以往的 87% 提升到 94%,而主要的几个问题包括服务速度和个性化等问题均有十分明显的改善。楚天本人也很谨慎,对书面报告和数字并不完全相信。于是他这一段时间也邀请了部分客户做了些沟通,而客户的反馈也印证了调查结果的准确性。更可喜的是,公司总部传来消息,质检部最近派出"神秘顾客"对全集团酒店进行了一次较为全面的质量检查,其结果令人兴奋:T 酒店的质量分数蝉联集团之冠。楚天这才真正舒了一口气:总算是没影响旗舰店的名声,总算对得住集团总裁对自己的信任。

不过,他也明白,这次"充分准备"行动成功背后真正的功臣是谁。要保持旗舰店在集团中的地位,看样子还得继续与外脑合作。自己利用业余时间读书,虽然忙点,但能结识这几位专家,他们在这次精益化行动中发挥了极其重大的作用。这样看来,也应该算是自己的幸运吧。楚天想到此,不觉笑了。于是心里又有了新的主意:过几天再请他们来聊聊,好好研究下怎样写好这次"充分准备"行动的总结报告,以便向集团总部汇报,并就如何进一步推进 T 酒店的全面工作请他们谈谈看法。

"Sufficient Preparation" project: Service process optimization based on postponement in T hotel

Abstract: The case describes the service process reengineering based on postponement concept in hotel T with helps from management consultants. As the flagship unit of a hotel chain in China, hotel T was suffering decrease in customer satisfaction due to low service responsiveness and customization. The hotel management reviewed both the catering and room service processes and found the fail points leading to low speed and customization and hence reengineered the service process under the guidance of postponement principles, which helped the hotel achieve the expected performance.

Key words: Postponement; Service process; Service CODP; Modularization

PART TWO　案例使用说明

一、教学目的与用途

　　1.本案例适用于服务管理课程和运营管理课程的教学,面向对象为 MBA 学员或管理类相关专业的硕士研究生。

　　2.延迟生产是较为成熟的生产运营理论,起源于且广泛应用于制造业,但在服务业中的应用还较为少见,相关研究成果也不多。本案例的教学目的在于:帮助学生在理解延迟生产的基本理论和方法的基础上,掌握其在服务业运营中的应用特点和规律,具体包括理解延迟生产的一般性理论、服务产品生产延迟点(即服务延迟点)的内涵、基于服务延迟点推移变化的服务流程优化、影响服务延迟点决策的主要因素分析等。

二、启发思考题

　　1.从服务产品的延迟生产的视角,如何理解本案例酒店的餐饮服务流程和客房服务流程?

　　2.本案例酒店主要有哪几方面的服务质量问题?

　　3.从服务产品延迟生产的视角,如何理解上述服务质量问题?

　　4.如何理解楚天将此次流程改造行动命名为"充分准备"? 在"充分准备"行动中对餐饮服务、菜肴生产和客房服务流程所采取的优化措施,是如何通过服务延迟点的推移变化来实现服务反应速度和个性化程度的提升?

　　5.从案例中的服务流程优化措施中,可以看出服务延迟点的决策主要取决于哪些方面的因素?

三、分析思路

　　本案例描述了一家酒店在管理专家的指导下,为提升服务速度和改善服务交付质量而进行的一次以延迟生产为核心指导思想的服务流程再造过程。

　　本案例分析思路的重点包括两部分:第一,要从延迟生产原理中的"预制生产"和"定制生产"的视角来理解该酒店原有的餐饮和住宿服务流程,并确定其服务延迟点；第二，再根据延迟生产中通过推移延迟点来平衡速度效率与定制之间矛盾的原理，来审视案例酒店针对服务速度和个性化问题而采取的服务流程改善措施，理解服务流程中延迟点的推移变化对服务反应速度和个性化程度的影响，并理解影响服务延迟点推移决策的各类因素。具体思路包括以下五个方面：

1. 从延迟生产的视角来理解本案例酒店的餐饮和客房服务流程，这是分析本案例的基本点：

● 要确定餐饮与客房服务流程中各个服务环节的性质，确定其为大批量生产（预制生产）或为定制生产。

● 分别确定餐饮与客房服务流程中的顾客切入点即服务延迟点，据此区分各个流程中的"预制生产"和"定制生产"。

● 根据上述信息画出两种服务流程的延迟生产流程图。

2. 梳理出本案例酒店的主要服务质量问题

● 服务反应速度问题，包括住宿和餐饮服务。

● 服务个性化程度问题，包括住宿和餐饮服务。

3. 从延迟生产的角度来分析上述问题产生的主要原因

● 服务反应速度慢的问题，主要是由于住宿和餐饮服务流程中的服务延迟点过于靠前，预制阶段的服务环节较少而定制阶段的服务环节过多。

● 服务个性化程度问题，一方面与服务的模块化程度有关，另一方面也会与延迟点前后的服务模块设置的多寡有关。

4. 从延迟生产的角度来分析酒店所进行的服务流程优化

● "充分准备"实质上是指延迟点前的预制阶段的准备工作，这些准备工作做好了，就会在不影响个性化的前提下提高反应速度。

● 住宿和餐饮服务流程优化的总体原则就是将更多服务环节放到顾客到来之前即服务延迟点之前，使酒店在顾客到来之前即预制生产阶段可以充分准备，从而在顾客到达之后即定制阶段可以进行快速反应。

● 菜肴产品结构优化应用了模块化原理，在不增加成本的前提下提供了更高程度的个性化产品，同时也处理好了预制阶段和定制阶段的菜肴模块分布，同时解决了个性化和反应速度问题。

5. 综合分析，理解延迟战略的实质和影响延迟点决策的主要因素

● 为实现反应速度和个性化提升而开展的"充分准备"行动，实质上就是为同时实现这两个目标而将服务延迟点后移，增加预制阶段的服务而减少定制阶段的服务。

● 有效信息的采集是延迟生产流程运行的重要保障。

● 部门之间的合作也是延迟生产得以实现的基本条件。

● 需求预测准确度和服务预订准确度是延迟点选择的关键要素之一。
● 服务产品的模块化程度也是实施延迟生产、确定延迟点的重要影响
因素。

四、理论依据与分析

1. 理论依据

（1）延迟生产的基本原理

大规模定制的生产理念调和了大批量生产与定制化生产这对工业时代的矛盾，可以在较短的反应时间内以较低的成本按客户的要求生产个性化产品。实现大批量定制。延迟生产作为实现大批量定制的有效途径之一，能在降低生产成本的同时实现顾客的个性化需求，解决定制化与低成本之间的矛盾。

延迟生产的概念首先是由 Alderson 于 1950 年提出的，通过尽可能地延迟时间而改变产品的差异性，可以用于提高营销系统的效率。实现延迟生产的目标在于"减少定制量"，即在保证满足顾客个性需求的前提下，将不同产品需求中相同程序制作过程尽可能最大化，而对定制需求的差异化制作过程被尽可能延迟，降低成本的同时实现产品多样化。"减少定制量"的实现有赖于将客户订单分离点（Customer Order Decoupling Point，CODP）尽可能向产品生命周期后续阶段移动。CODP 就是顾客订单完成过程（设计、制造、装配、交付与售后服务过程）后定制活动开始的那一点，也可称为"定制点"或"延迟点"，是企业生产过程中从基于预测的批量生产转向基于顾客需求的定制生产的转折点。

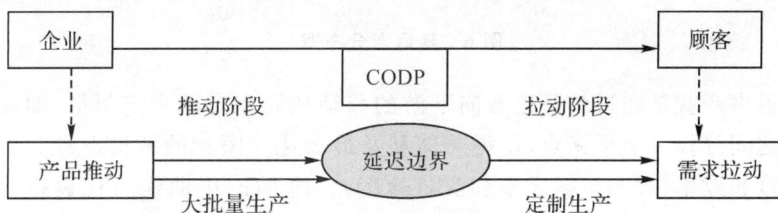

图 4 延迟生产的基本原理图

图 4 描述了延迟生产的基本原理。CODP 上游为推动阶段，在该阶段根据预测进行大批量生产（或预制生产），在产品到达延迟边界之前尽量减少产品构造的差异性，以形成规模经济，降低生产成本。CODP 下游为拉动阶段，根据顾客订单进行定制化生产，为顾客的个性化需求提供定制化服务或产品，实现范围经济。延迟生产的实质是尽可能将 CODP 向下游移动，尽可能减少定制生产阶段。

（2）延迟生产的原则

延迟生产目标是把顾客个性化需求引起的活动延迟到接受顾客订单之后，而实现这一目标的途径就是减少定制量，即在保证满足顾客个性化需求的条件下，尽量减少生产过程的定制化部分，把生产过程中的相似环节，通用的、标准的、相似的零件不断地扩大以实现大规模生产。其基本思路可以用图 5 来表述。图 5(a) 表示不同产品中的一些相似或者相同的零件的归并处理，图 5(b) 表示不同产品中的相似或者相同的部件的归并处理，图 5(c) 表示不同产品具有很大的相似性，可能只在某些处理方面存在少量的差异，因而减少了定制的成分。

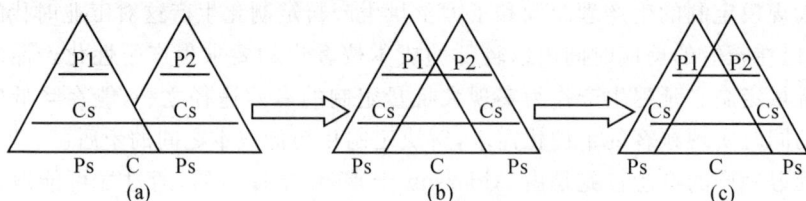

图 5   延迟生产基本思路空间维表示

图注：P1——产品；P2——产品；Cs——部件；Ps——零件；C——通用件

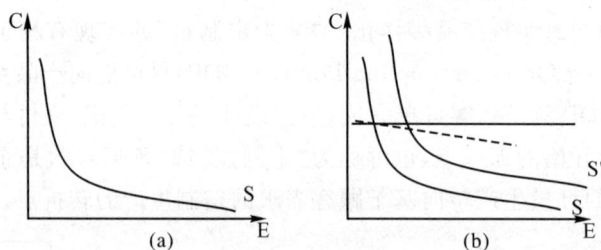

图 6   延迟点分布图

延迟生产就是通过将延迟点向下游的移动从而相对减少定制量，即在定制和效率之间寻找一个平衡点，使得总体利益最大化。图 6 的两极坐标分别代表定制程度和效率（效率包括成本和交货速度）。图 6(a) 中曲线 S 代表企业的无差异生产效益，它是产品的定制化程度和生产效率的函数，即在曲线上，企业要使其产品更具个性化，则必须牺牲一部分效率，而要想提高效率就必须牺牲一定程度的个性化。在条件不变的情况下，企业无法兼顾两者。这也可以表明曲线 S 是企业在特定条件下生产效益的约束曲线。

图 6(b) 的 S 所表示含义同上，是经过对原有产品的分解，按标准化、模块化重新组合产品以后企业的效益曲线。图 6(b) 表明，如果停留在同一定制水平，那么企业的效率得到大幅度的提高，将使得企业的总体效益上升。虽然在实际情况中由于产品是由相似模块组合而成从而造成所有产品可能的相似性，即个

性化程度下降,如图 6(b)中的虚线。但只要运用延迟技术以后在效率上所得的效益高于其牺牲定制化所得到的效益,那么其总体效益还是上升的。

(3)延迟生产的延迟点选择

延迟点被称作客户订单分离点(CODP),就是客户订单完成过程(设计过程、制造过程、装配过程、交货过程与售后服务过程)中定制活动开始的那一点。Bucklin 指出任何活动都不可能被永久性延迟,即延迟生产并不能在生产过程的任何一个点都适用。这就要求我们必须寻找出一个能够使得所得利益最大化的点,那么应该把延迟点放在哪? Zinn 和 Bowersox 提供了四种延迟点所在位置的选择,即贴标、包装、组装以及制造,但是延迟技术应该随着新的环境而不断改变和演进,当把延迟生产引入到现代供应链体系中,这种观点显然已经过时。Pagh 和 Cooper 认为延迟生产应该整合物流和制造,Yang 和 Burn 则指出应该在整个供应链中考虑延迟点的选择。Lampel 和 Mintzberg 指出延迟点的选择与定制的程度相关。Bowersox 和 Closs 对延迟生产的三种分类(时间延迟、形式延迟、地点延迟)与 Lee 的分类(拉动延迟、供应延迟、形式延迟),则使我们能够更好地确定延迟点。

(4)服务运营中的延迟生产和延迟点选择

目前对延迟生产的研究主要集中在制造业,对于服务领域延迟的研究非常少。Van Hoek 评价了物流在延迟生产中对于个性化的重要作用,认为虽然服务行业的特点是消费和生产的同步性,但延迟策略应该也能够实施,但这也是基于制造企业的供应链系统,并没有对服务企业如何应用延迟生产理论以及运用延迟生产理论以后的效果进行讨论。Fließ 和 Kleinaltenkamp 的研究涉及服务企业的延迟点的确定问题,他们在管理职能活动和职能部门之间划了一条"订单渗透线",在"订单渗透线"以下是独立于顾客的活动,在这之上的则是顾客主导的活动,即定制部分。不过 Fließ 和 Kleinaltenkamp 把独立于顾客的活动限制在管理职能活动中,没有真正地把延迟生产的理论引入到服务生产中。

延迟点是生产流程从以预测为主的推式生产转为响应顾客需求的拉式生产的转折点,也是规模生产和定制生产的分离点。从制造业延迟点含义来看,这一点应该是顾客对服务产品订单的到达点。从服务流程的特点来看,其中可能存在的延迟点为顾客预订以及顾客接触两个点。

顾客预订点是顾客在进入服务前的订购,这也包括了顾客对服务产品的具体要求。然而从以上分析可以看出,服务产品不同于制造产品,服务产品必须有顾客的亲自参与,不然就无法完成产成品,也就无法达到顾客的要求。而且在实际的服务流程中,大部分顾客是没有通过预订而进入服务系统的。因此以顾客预订点作为服务流程的延迟点显然并不合理,预制的服务产品虽然加入了定制的成分,但是并没有能够通过有形产品表现出定制成分的模块,而且对于没有预订的顾客来说,服务系统只能在顾客接触点提供定制服务,延迟点还是没有从服务流程中确认出来。

而在顾客接触点即顾客进入服务系统同服务提供者发生接触时,顾客的定制要求被服务提供者所理解,并且服务也在这点开始。从时间的维度上看,不管前面服务准备过程中服务提供者对产品的加工制作,顾客所体会到的产品定制确实是在自己接触到服务提供者以后开始的,即无论其有没有经过预订,其对服务的感受是从顾客接触开始的。所以我们可以确认在服务流程区分预制和定制的节点只能以顾客接触为标志。

如图 7 所示,以顾客接触点为分界点,将服务流程分为服务准备过程和服务提供过程,顾客接触点即服务系统的延迟点。在顾客接触点以前服务系统采用基于"预测"的推式生产方式,"预制"那些通用化程度较高但是无须顾客参与的服务模块(包括有形物品和无形服务的"零部件");而在这点之后主要采用的是响应顾客要求的拉式生产方式,根据顾客的具体需要进行服务产品的定制。

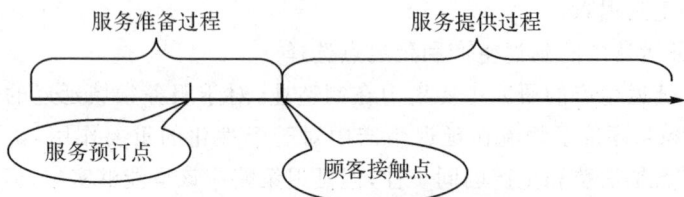

图 7　服务预订点和顾客接触点

服务组织可运用延迟技术开展生产服务。其所有的通用模块全部是基于预测的,这是为了能够在顾客接触发生以后用最短的提前期来完成服务。而在顾客进入以前,他需要考虑是否进行预订。如果进行预订,那么服务组织可以预先进行模块组合,服务组织需要考虑的是顾客所预订的服务是否需要个性化模块,如果需要那么整合个性化模块和通用模块,然后形成半成品。在顾客进入服务系统发生顾客接触以后提供服务。

而在顾客并没有进行预订的情况下,顾客直接进入服务系统,在与服务组织发生接触的同时提出服务要求,服务组织根据顾客要求组合模块,同时提供服务。

2.案例简要分析

在该案例中,该酒店将延迟生产的理论运用于业务流程的优化中,满足了大批量定制时代的需求。该模式中的延迟边界,是业务流程的一个缓冲地带,实质上也是集中性的需求信息中心,改善了最终需求的不确定性,使酒店降低了成本，获得了资源共享的好处，同时也提高了服务运作的稳定性和同步性，增强了快速反应市场的能力和定制化水平。

(1)延迟生产视角下的 T 酒店业务流程描述

首先是住宿服务的流程。下面从延迟生产的角度来对这条业务流程进行分析，如图 8 所示。在图中，有一个延迟边界，该边界将服务流程分为推动生产和拉动生产，这是供应链结构中的两类生产方式，在大批量定制模式中亦被称为预制生产(或通用化生产)和定制化生产。在该图中，位于延迟边界左边的是预制生产，该生产阶段的服务是可以在顾客抵达或对客服务之前提前准备并生产出来的；位于延迟边界右边的是定制化生产，该生产阶段的服务是在顾客抵达之后或在与顾客接触过程中，在了解顾客的个性化需求之后提供的。

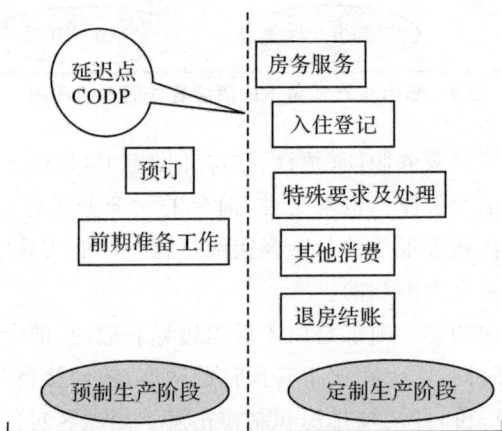

图 8　延迟生产视角下的酒店住宿服务流程图

其次是餐饮的流程。我们可以从延迟点出发来检查服务流程。图 9 中有一个分界线将服务流程分为预制化生产和定制化生产(服务提供)。所有在虚线左侧的服务功能块可以提前生产，而在虚线右侧的服务功能块的提供与顾客相关。

我们还可以用模块化的视角来检查这个流程。在这个过程中提到的每个服务功能包括了可以被视为模块的一些服务的子功能或活动。许多服务功能模块都可以在客户到达之前预先生产，如预约、材料制备、清洗工程和餐具准备等。另外，饮品提供和菜肴制作的部分过程也可提前生产，而其他功能模块则在顾客到达之后的服务接触中进行交付。

(2)T 酒店服务的主要问题及其与延迟生产的关联

主要服务质量问题出现在两个核心服务即住宿服务和餐饮服务中，这些问题可归结为两个方面，即服务的反应速度较慢和个性化程度较低。

首先，从延迟生产的角度来考察住宿服务中出现的问题。从图 8 可以看出，

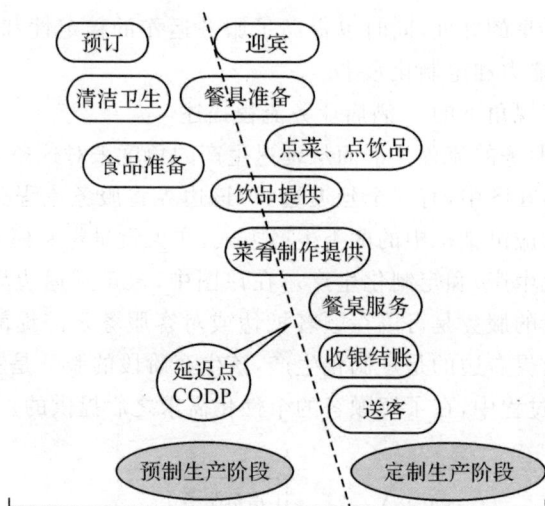

图 9　延迟生产视角下的酒店餐饮服务流程图

该服务流程中只有三项服务职能(预订、排房和做房卡)是位于预制生产阶段的,其余均位于定制化生产阶段。也就是说,前台的大部分工作是需要前台接待及酒店其他部门人员在顾客抵达并与顾客接触过程中才能实施的。显然这对提高服务速度和响应度是极为不利的。

散客服务流程中的每一项都是位于延迟边界右边的,前台在接待散客时,增加了与顾客接触的时间,因为相比于有预订的顾客,前台接待员需要花时间跟散客介绍房型和今日房价,并现场排房和制作钥匙。当顾客对住房有特殊要求时,前台又要马上通知客房部对客房进行处理。当前台人员在做这些工作时,顾客都是站在前台等待的,顾客的等待时间远超过标准的 3 分钟。在顾客眼里,这个酒店的前台无疑是缺乏效率的。

另外,客史档案问题导致了服务个性化程度的降低,也影响了酒店根据顾客信息预制部分服务,一方面影响顾客满意度,另一方面也影响了反应速度。

其次,再从延迟生产的角度来考量餐饮服务中出现的问题。

菜肴结构决定了菜单上很大比例的菜肴不得不在营业时间开始才进行处理加工,从延迟生产的角度来说就是预制阶段的生产环节较少,定制生产环节太多,必然影响反应速度。

以往过于简单的预订工作,也决定了所有的菜肴制作、饮品准备及相应的服务准备都必须在顾客到达之后才能展开,同样也意味着预制太少、定制太多。

其他的服务如餐饮服务工作的营业之前的准备不足,收银结账工作的预先处理等,均为相似的问题,即延迟点过度靠前,导致反应速度慢。

而餐饮个性化问题更多地在菜单结构上表现出来,模块化程度低,菜肴品种少,不能满足顾客的个性化需要。而简单地增加品种,忽视品种之间的联系,忽视预制模块的准备,就很难同时兼顾反应速度与个性化。

(3)"充分准备"行动中住宿和餐饮服务中延迟点的确定及其流程优化

"充分准备"的含义就是在服务开始之前做好各种准备,从延迟生产角度来看就是要做好预制生产阶段的工作,而这个阶段工作的具体内容和数量则取决于预制生产阶段与定制生产阶段的划分,即延迟点的确定。

①住宿服务流程的延迟点确定与流程优化

先来讨论住宿服务流程的延迟点确定与相应的流程优化。总的来说,顾客到达酒店应该是住宿服务流程的延迟点(CODP)。住宿服务流程中的各项服务必须以此点为分界点,确定此点之前的预制阶段和此点之后的定制阶段分别应该包含哪些服务环节。这将对每项服务的服务速度和定制化程度产生影响。

从图8可以看出,该业务流程中只有两项服务职能(预订、前期准备工作)是位于预制生产阶段的,其余均位于定制化生产阶段。也就是说,前台的大部分工作是需要前台接待及酒店其他部门人员在顾客抵达后并与顾客接触过程中才能执行的。显然这对提高服务速度和响应速度是极为不利的。

与图8相比,图10是从延迟生产角度进行优化后的业务流程。酒店因为预订工作的加强及客史档案的不断完善,能在顾客抵达前了解其部分需求并提前生产出部分产品和服务;更多的服务职能从原来的定制生产阶段分离出来而转向预制生产阶段,极大地提高了服务效率,而并未影响该服务的定制程度,有时甚至会提高定制程度。

储值卡的使用,使酒店可将收押金这一服务程序纳入预制生产中,不仅提高了顾客忠诚度,更简化了业务流程,使接待员不再把宝贵的3分钟时间浪费在收银上,提高了运作效率。

提前查阅账单,这样做的好处是可以减少退房时的不稳定因素,也可以说是将在延迟点之后的服务提前到预制阶段;而且事先了解情况,对顾客到来后的针对顾客的具体情况提供定制化服务有较大的帮助。

完善客史档案,不仅能为提高服务的定制化程度(针对性)奠定基础,而且针对有客史的顾客入住,前台还可提前打印入住登记单,当顾客抵店时与顾客确认预订后就能直接让其在登记单上签字确认,减少了顾客资料的输入时间和登记单的打印时间。

加强房务服务中的"预备服务",依然是将房务服务中在定制阶段提供的部分服务放到预制阶段,以提升服务速度和顾客到来时的响应速度。如果是根据预订信息和客史档案做好的预备服务,则更能体现出酒店服务的针对性和较高

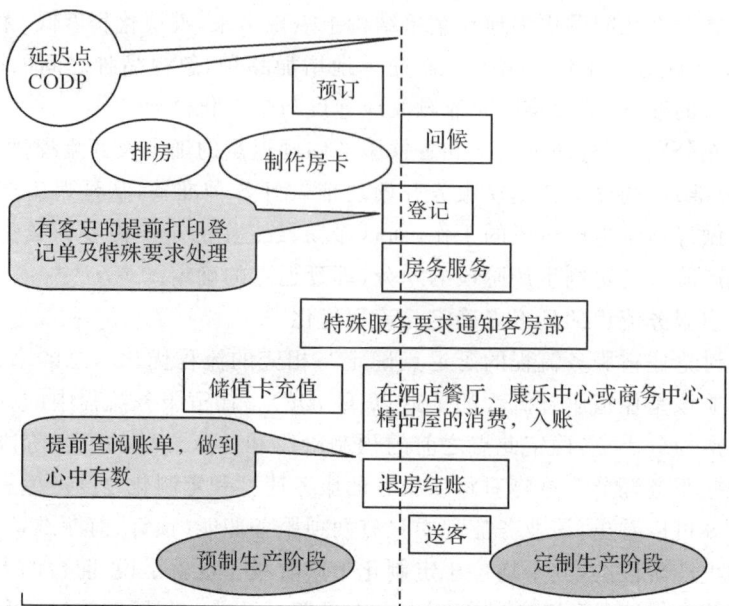

图 10　基于延迟生产的住宿服务流程优化图

的定制化程度。这也体现了本次流程改造的重点和实质——"充分准备"。

②酒店餐饮生产与服务流程的延迟点及流程优化

图 11 描述了延迟生产视角下的 T 酒店餐饮服务流程优化,后通过与图 9 对比可以发现,更多的服务功能被移到左边,这意味着更多的服务功能模块可以在客户到来之前提供。预制生产模块在整个餐饮生产服务流程中的比例大幅提升,使得这些服务的响应能力和速度在不影响业务定制程度的情况下取得了极大提高,因此餐厅的工作效率和服务满意度也都得到改善。具体解释如下:

预订数量特别是完全预订的增加,使餐馆的运作更为快速有效。预订可以使餐馆预先做好与预订内容相关的准备(除了必须要顾客到场的服务外),可以先行准备好食品材料甚至可以先行预处理这些材料,也可以预先保留服务设施和做好多种服务准备,顾客一到服务场所,餐馆就可以在较短的反应时间内为他们提供服务和菜肴产品。

餐饮部加强了预测工作的正规化,并把相应的责任和任务分派到个人。这些预测是建立在预订和销售记录统计上的,每天、每周、每月的数据经统计后送到主厨和墩头主管,然后他们利用这些数据决定原材料的准备情况、员工的任务表以及工作量。在新的电脑系统的帮助下,预测活动更加容易,预测的结果也变得更加精确。这就使服务前的各种准备工作变得更加充分。当然,预测的使用在开始阶段还是不大为员工们所接受,特别是厨房的一些负责人,

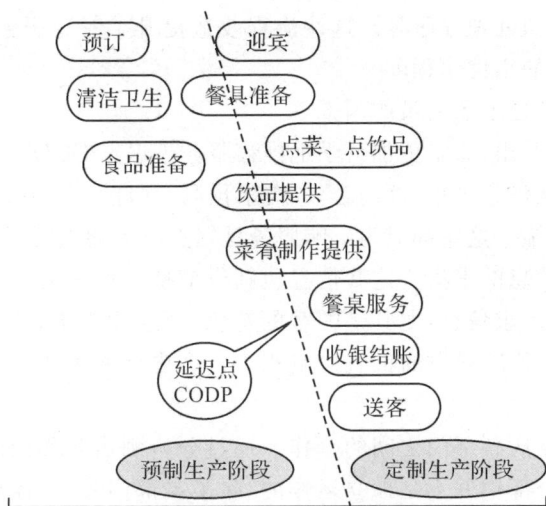

图 11　基于延迟生产的餐饮服务流程优化图

认为预测风险较大,会造成浪费。但信息系统给他们提供了足够的数据之后,他们接受了这个方法。T 酒店还在信息系统中进行了新的设定,把预订和预测的结果综合起来,并结合模块库的内容,找到可以预制的模块(包括有形产品和无形服务),并把这些作为每天的任务传达下去,要求各部门据此做好各种服务准备。

菜单结构优化起到两个作用。第一,模块化的菜单结构增加了产品品种,提供给顾客更多选择,从而提升了菜肴产品个性化程度。第二,可部分预制菜肴的增多,可以在不影响菜肴质量和个性化程度的前提下,大大有利于菜肴制作的反应速度。即餐厅可预制部分共用的菜肴模块,待顾客订单形成再根据需要在预制模块的基础上加入个性模块进行烹制,既满足了顾客个性化需要,又提高了上菜速度。

预订数量特别是完全预订的增加,使餐厅的运作更为快速有效。预订可以使餐厅预先做好与预订内容相关的准备,可以先行准备好食品材料甚至可以先行处理这些材料,也可以预先保留服务设施和做好多种服务准备,顾客一到服务场所即在服务延迟点之后,餐厅就可以快速为他们提供服务和菜肴产品。精确预测的作用也类似,可以使服务前的各种准备工作变得更加充分,把预订和预测综合起来,同样有利于各部门据此做好各种服务准备。

餐厅服务流程优化也是基于延迟生产的原理,增加预制生产阶段的服务,将定制服务向后延迟而实现的,包括餐厅的酒水服务员加强酒水饮品的准备工作,餐桌服务中的部分服务环节提前至顾客到来之前完成,将部分定制服务自助化,餐厅收银服务的预处理程序等。这些流程改造提升了餐厅服务的反应速度,也丝毫未影响服务的个性化程度。

(4)影响服务延迟点决策的因素

从案例可以看出,为了更加科学地推移服务延迟点 CODP,促进延迟战略的有效实施,酒店从信息采集、部门合作、需求预测、预订增强和产品模块化等多方面采取了有效措施。这些都成为影响服务延迟点决策的重要因素。

第一,有效信息的采集。这些信息包括供应链上游相关产品供应商的信息以及下游顾客的需求信息,尤其是顾客的特色、个性化需求,这些信息的掌握程度对 CODP 在服务流程中的位置影响很大。客史档案工作的改进就体现了这一点。

第二,加强酒店各部门之间的合作。通过分析酒店各部门的服务流程可以看出,酒店的各个部门并不是孤立运作的,除了本部门外,还需要其他部门的支持和通力合作。如餐厅想确定次日早餐的品种和数量,可通过客房部了解顾客的意向,从顾客那里所获得的信息远比自我预测要可靠得多。所以酒店各部门应经常沟通交流,进行信息的传递和共享。

第三,需求预测准确度。需求预测是一项产品或服务预期市场需求所做的评估。需求预测的准确性是影响服务系统延迟点选择的因素之一,因为服务企业的前期生产是建立在其基础之上的。准确的需求预测更具有针对性,能够使服务延迟点处在正确的位置上,不会出现过量或不足的模块预制或服务准备。本例中住宿和餐饮服务流程的再造中均体现了对预测的重视。

第四,服务预订准确度。服务预订是服务系统所特有的,它能够在顾客进入服务系统之前了解顾客的需求,根据顾客的要求为其预留服务位置,或者预制多种服务模块,使得顾客接触以后的服务提供时间缩短。

因为预订条件下的预制是在顾客的要求下进行的,所以它要比预测条件下的预制更加充分,它可以在一般通用模块的基础上按预订的内容进行加工,组合多个通用模块甚至添加个性化模块。这相当于将服务延迟点向后延迟了,预制的增加使得规模生产的部分也随之增加,而顾客到来后所需提供的服务模块相对就要少了,这就提高了服务速度。所以预订的时间越早,预订的内容越详细,预订数占服务总数的比例越大,就越容易收到更大的延迟生产的效果。

第五,服务产品的模块化程度。模块化程度高,模块粒度适当,可以有更多合适的服务模块被挑选出来,将延迟点向后推移,在延迟点前,利用规模经济对服务模块进行大批量生产,而在延迟点后则结合顾客的要求对模块进行组合、修改来实现个性化定制。而模块化程度低,可分解出来的模块少,预制的可能性就更小,延迟点就只能前移。本例中菜肴产品结构的模块化设计就体现了这一点。

五、背景信息

T酒店通过"充分准备"行动开展流程再造后,解决了服务反应速度慢和个性化不足的服务质量问题,提升了整体服务系统的运营效率和运营质量,顾客满意度也因此有了较大程度的提高。T酒店作为旗舰店在流程优化试点工作中的成功,大大鼓舞了G集团的最高决策者,遂决定在全集团进一步推广T酒店的经验,并计划在两年之内完成全集团所有酒店的流程精益化。目前,T酒店总经理楚天又增加了一个新的头衔,那就是兼任G集团的运营总监,全面负责整个集团流程规范的制定并指导监督各酒店的流程优化工作。

六、关键要点

本案例分析的思路关键在于能从延迟生产的角度来考量服务流程,区分服务流程中的预制生产和定制生产阶段,通过推移变化各项服务的延迟点来实现服务反应速度与定制化之间的平衡,以改善运营系统并实现运营目标。

关键知识点是在这一基本思路指导之下的延迟生产的基本理论、服务延迟点的确定及其对服务的反应速度及个性化程度的影响、基于延迟生产的服务流程优化方法等。

七、建议课堂计划

本案例可以作为相关管理课程的辅助教学,也可作为专门的案例讨论课来进行。如下是按照时间进度提供的课堂计划建议,仅供参考。

整个案例课的课堂教学时间控制在90—100分钟。

1.课前计划

向学员布置启发思考题,要求学员在课前完成案例的阅读和初步思考,并绘制出案例中T酒店的服务系统结构图,列出主要问题点。

2.课中计划

课堂前言:明确主题,阐释基本理论,包括延迟生产的本质和原理,延迟生产对整体运营系统效率的基本影响,延迟生产在服务业中应用的原理、现状和趋势(15—20分钟)。

分组准备与讨论:将学员分组,要求各组绘出初步的在延迟生产视角下的T酒店餐饮和住宿服务流程图,在此基础上结合延迟生产理论针对启发思考题开展小组研讨,并准备小组汇报材料(35 分钟)。

　　小组发言:学员按要求进行小组汇报(每组 5 分钟,控制在 25 分钟)。

　　点评总结:点评并引导学生进一步讨论,并进行归纳总结(15—20 分钟)。

　3.课后计划

　　要求学员采用报告形式给出在案例基础上更加具体的解决方案或提出延迟生产在其他行业的新应用,以深化对课堂内容的理解。

云树酒店:民宿改造的决策与创意之路^①

　　摘　要: 本案例描述了主人公——身为建筑师和国际贸易商的滕波自主决策、选址、设计、改造和经营民宿,并克服种种困难后获得成功的艰辛历程。案例真实地反映了滕波在民宿改造和经营过程中怎样去思考创业、设计、营销和经营等各种问题,其中涉及了"新零售"思维,以及个人创业的资源能力和如何避开市场竞争满足新需求进入蓝海等方面。它有助于学员正确认识和理解如何分析民宿市场以期进入蓝海,进行创业发展等的系统理论。

　　关键词: 民宿　零售业的新规则　酒店管理　服务产品营销

PART ONE　案例阅读

一、引　言

　　滕波,41岁,男,专业背景为建筑师和国际贸易商,目前是酒店投资人兼总经理,正在总结云树酒店的前期建设经验和教训,并思考试营业期之后的经营策略。

　　2015年,人到中年的他回到杭州,在国外收获了财富和经历之后,萌发了经营一家艺术类民宿酒店的想法。2016年的投资建设,让他体验到了生产第一线的艰辛。2017年的试运营,让他感受到了艺术情怀和商业市场之间的巨大撞击。于是,他觉得是时候停下来想一想了。

　　滕波的这家民宿就是坐落于杭州翁家山的云树酒店(图1)。比起我们平常

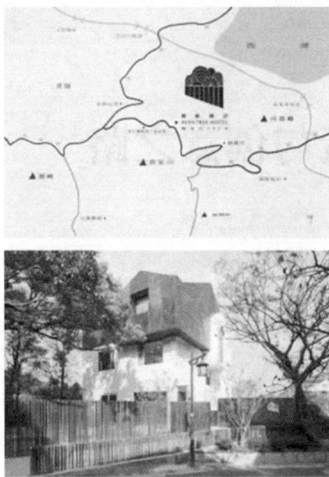

图 1　云树酒店

所见的风格单调、房间雷同的酒店,云树酒店别具一格,从入口到大厅到走廊再到客房,可以说是多姿多彩且千变万化,令人耳目一新。虽然民宿的规模并不大,总共只有 15 间的客房,但每个房间却有 15 种不同的风景,并且为顾客提供 15 种不同的定制体验。许多客人一踏进云树,就被其安静的氛围所感染,并深深喜欢上这里。客人们把云树作为净化心灵之场所,每逢节假日都会来云树住上几日。

滕波平日里喜欢待在民宿的下沉庭院中,用自己的专业单反相机拍摄山间的景色与花鸟,看着客人们成群结队地进进出出、来来往往,他觉得客人的到来是对他过去劳动的一个极大的肯定,这一切让他觉得曾经的付出和辛苦都是那么值得。说起民宿,滕波很有成就感。他之所以这么得意,是因为他的这家民宿,其整体设计均由境外团队合作完成,使得不同地域、文化所带来的创意相互碰撞,最终以一座大隐隐于市的现代建筑呈现。那么,滕波是如何想到要做民宿——这个近几年在国内呈几何式增长的行业的呢?最值得关注的是,他是怎样克服民宿的种种问题,从而建立起自己的民宿生意逻辑,跨越市场的疆界的呢?他的这家成功了的民宿,其成功的原因又是什么呢?

二、云树酒店之"前世与今生"

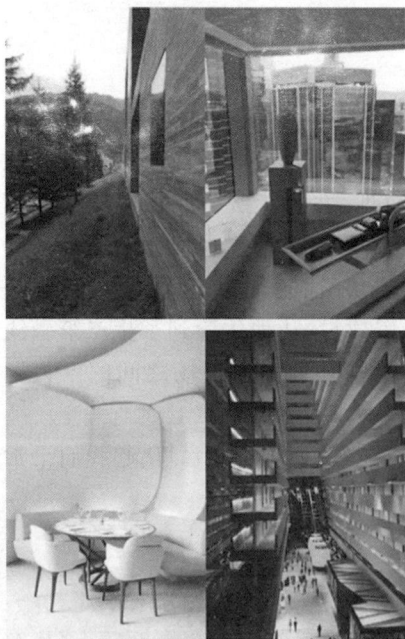

图 2　精品设计酒店

实际上,滕波这家别具一格的民宿的创意来自世界各地的优秀设计酒店。在一次闲暇时间里,滕波在线闲游,浏览信息时发现了几家设计酒店,分别为瑞士的 7132 Hotel Vals,中国香港的 Upper House,巴黎的 Mandarin Oriental Hotel,新加坡 Marina Sands(图 2)。这几家酒店别具一格的设计给了滕波极大的视觉冲击与心灵震撼。于是,他进一步搜索了相关信息,对精品设计酒店做了系统的了解。由此,也萌生了做精品民宿的念头。

云树酒店坐落于杭州龙井产地翁家山,地处杭州西子湖畔西南侧。民宿秉承了杭州这座城市华贵而又不失优雅的人文气质。云树酒店将哲学、艺术、绘画、音乐、电影、摄影等诸多时尚元素与东方相关美学元素相结合,通过设计将传统与现代、含蓄与激情完美地融为一体。酒店共有客房 15 间,每个房间拥有 15 种不同的风景,提供 15 种不同的定制体验。通常人们谈到民宿设计,谈论最多的是什么样的风格、主题、特色以及用来表达这些的元素。而云树酒店恰恰相反,创始人和团队在一起讨论最多的,是希望通过云树酒店,传递一种生活理念:自然、科学、快乐、体验。将充满现代感的民宿酒店与杭州翁家山的自然风景相结合,既为消费者创造了一个别样的与众不同的消费情境,提升了消费理念,同时也为消费者带来舒适的精神享受。

在云树酒店这个世外桃源里,你可以在旅途疲惫后暂憩,圆上你曾经隐居的梦。无论你曾憧憬,曾向往,曾幻想;还是想隐居,闲发呆,思颓废,诉经历,听故事;抑或是,寻觅内心的一份稳定、一份安静,体验种种的非同寻常般的生活方式。在这里,大都能得到。滕波坦言:我们的核心理念是自然、科学、快乐、体验。他希望云树不只是人们旅行途中暂时休憩的地方,更是一份融合了自然之美与居住之便的"大自然的礼物"。在这里可以尽情感受到快乐的体验。这里成为那些尚风景、尚文化、尚艺术、尚精神和尚生活的当代艺群们休闲娱乐及生活工作的场所,无论他们是聚会聚朋、会客会友、休闲休憩,还是茶饮论艺、尚艺聚论、产品论市和艺演

图 3　聚会

会展等等(图 3),都会第一时间想到这里。这其中,云树酒店让人们感受到的是灵魂的净化、设计的自由和无限的快乐。

三、云树酒店的改造之路

这家民宿看起来的确比较独特。对于滕波来说,这不仅是一种新的尝试,更重要的是,他感觉自己由此找到了比较理想的创业之路。滕波热爱绘画、阅读、摄影、自然科学。1999 年,23 岁的滕波从浙江大学建筑系毕业。出校门后,他在国内曾主创设计中国科学院药物研究所、上海市数据备份中心、宜昌市第一人民

医院、上海西郊别墅等项目。2006—2014 年在非洲多个国家从事建筑设计工作,曾担任安哥拉国家宾馆、教育部、卫生部 20 余所学校及医院的总设计负责人。到 2015 年,滕波的手中已经积累了几百万元的资金,可他总觉得以前所做的那些项目都不是自己真正喜欢干的。从内心深处,滕波一直都想找到一个适合自己的创业路子,可以把他个人的专业、个人的艺术理想、个人的生活情趣与商业完美地结合。

就在 2015 年 4 月,此时的滕波已从非洲回上海一年多了,生活总是给人各种磨炼,本想出去走走的他,受邀参加了一次酒店的选址。杭州的春季总有让人难以割舍的美,故事就这样开始了。滕波起初考虑在城市的核心地带选择一个合适的房子,但总有各种不如意。结构问题,环境问题,停车问题,周边业态问题,每一个似乎都能把他击败。方案做了,可行性分析做了,总觉得不能满足他的要求。经过 3 个多月的寻找和商谈,就在大家觉得已经没有希望的时候,机会在不经意间悄悄来临。

"翁家山! 就这吧!"滕波与自己的合作团队兴奋地说道。滕波与合作团队这一次远足,一拍即合。7 月的一天,在翁家山的这个地方,滕波找到了可以实现梦想的一切,离开城市的喧嚣,但又不远,15 分钟穿梭"两个世界",既远离喧嚣又贴近繁华。身处村落之中但又独立而居,朝观云树,暮闻鸟鸣,星空夜挂(图4)。相比他之前找过的房子,这里才是他梦寐以求的。

图 4　翁家山

很快,他们就将民宿的地址定在了翁家山。翁家山是龙井茶中的上品"狮峰龙井"的产地,毗邻西湖,漫山遍野覆盖着天然植被。当时,正好有当地的民居准备出租做商用,滕波就想把它们租来改造成民宿。之所以选择这里,是因为这里离市区只需 15 分钟车程,远离喧嚣又贴近繁华,交通非常便利,且周围有多处景点,如九溪十八涧、烟霞三洞,龙井八景、十八棵御茶、十里琅珰、翁家山茶园以及中国茶叶博物馆龙井馆区等(图5)。

云树酒店 X 出行指南
西湖区翁家山249号
预定:微信公众号Aventree
酒店——九溪十八涧 25分钟步行
酒店——烟霞洞 15分钟步行
酒店——十里琅珰 20分钟步行
酒店——龙井八景 25分钟步行
酒店——十八颗御茶 15分钟步行
酒店——翁家山茶园 10分钟步行
酒店——中国茶叶博物馆 5分钟步行

图 5　云树周边景区

就这样滕波租下了当地的民居,其原建筑共 5 层,是村民自建住宅楼,村民对建筑进行过若干次改造,最终留给我们的状态是砖混与钢结构结合的杂乱的建筑,结构立面上也存在大量无逻辑语言,如中式坡屋顶与欧式线脚的搭配,改造难度十分大(图6)。滕波与设计团队陷入了思索,如何使其在众多建筑中脱颖而出,营造差异化空间体验,利用空间与消费者建立神经连接。

图 6　改造前建筑

　　经历了一个漫长的过程,日本设计团队找到了答案,对原有的建筑做了如下的改造:原有建筑出挑檐口与瓦片的建筑语言给人相对传统的固有印象,与民宿希望达到的现代定位不符。考虑到最终效果与性价比,日本小大建筑事务所通过使用耐候钢板将与原有屋顶收口相关的部分和多余的线脚一并包裹起来,剩余的墙面处理成质感肌理强烈的喷砂白墙(图 7)。通过增加结构包裹屋顶重塑建筑屋顶的形式,结合对原有立面的简化,形成全新的对比鲜明的建筑形象。考虑到酒店的功能定性,酒店与外部空间的分隔围栏亦是本次设计的重点。不同于一般实墙的生硬分割方式,在自然环境丰富的环境下,日本小大建筑事务所尝试使用大小、疏密变化的锈钢管作为酒店内外的分界。钢管围栏高低虚实的变化模糊了"内"与"外"的割裂关系,使得民宿以一种更自然的姿态存在于此。屋顶钢板与围栏钢管做锈后赋予了材质时间的属性,随时间推移,锈色逐渐变深,在被自然环绕的环境下与大自然共同随着时间变化(图 8)。建筑西面有开敞的庭院,并被一圈高大的树木围绕。原建筑的立面是一面空旷的白墙,设计团队尝试利用镜面玻璃促进建筑与自然的对话。15片镜面玻璃反射着周边的自然景色,在不同角度观看立面具有多变的表情。削减建筑体量的同时,促成自然与建筑的对话、建筑与人的对话、人与自然的对话(图 9)。凭借山地建筑的优势,原建筑在 4 个不同的楼层标高上皆有独立的室外庭院。景观设计师本着简洁自然的设计原则,最大程度地保留原有的地形,对不同的庭院进行了独立设计,共设计出了 4 个私人庭院或露台以及2 个公共庭院(图 10)。设计团队在室内设计的风格选取中摒弃"中式""日式"等传统定义,根据民宿整体风格定位,设计了现代简约的内装风格(图 11)。民宿的标志系统亦由日本平面设计师根据酒店新的形象设计,务求在每一个细节做到专属唯一(图 12)。

图 7　耐候钢屋顶、喷砂白墙

图 8　围栏钢管

原立面给庭院带来巨大压迫感　　镜面玻璃反射周边景色与自然产生对话

图 9　"15 片"玻璃墙面

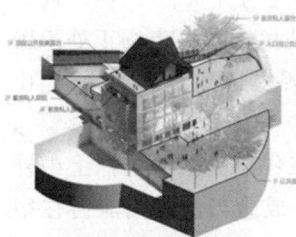

图 10　室外庭院、露台　　　图 11　室内装修风格　　　图 12　标志设计

　　到了施工阶段,问题接踵而至。滕波一开始经历了周边的居民与路过的人的反对,大家纷纷表示不理解。通过滕波的调解,这些不同的声音慢慢地平息了。由于当地环境、周围社区等综合因素的制约,项目进行中有很多意想不到的地方,最初的设想和最终的实现过程磕磕绊绊。但是,滕波是一个追求完美的人且尊重原创的设计,对于施工难度较大的细部,滕波毫不含糊,通过不断地协商沟通来实现每一个设计细部。虽然一路走来困难重重,但滕波觉得自己应当坚持往下走。因为他坚信这种民宿在市场上几乎找不到竞争对手,或者可以替代它的同类型的产品,他相信这个趋势是对的。就这样滕波苦苦干了一年半,投入了 700 多万元,滕波的云树酒店设计接近了尾声。

　　2016 年 12 月 24 日,平安夜,一座设计与自然环境完美融合的民宿终于呈现在世人面前。滕波的民宿开张后,生意比原先预想的好多了。每到旅游旺季或是双休日、节假日,云树酒店一房难求,即使在淡季的工作日,客房预订量也达到百分之五十以上。人们发现滕波之所以会取得成功,不仅在于他的用心,更主要的和根本的原因是滕波感觉到了和看到了第三次经济浪潮中,零售业乃至服务业的生意逻辑在于注重人的神经连接。随着经济、网络的发展以及人们收入的提高,未来的客户群体将会更加注重生活质量、具有艺术头脑以及追求精神享受,而民宿正好能够满足这些人群的精神需求。他相信一个优秀的民宿将会拥有巨大的市场空间。

四、我国民宿业的市场竞争

1. 国内的竞争环境

在中国,台湾是较早发展民宿的地区。早在 20 世纪 80 年代,台湾垦丁公园为解决住宿不足的问题,衍生出一种简单的住宿形态:有空屋人家挂起民宿招牌或直接到饭店门口、车站等地招徕游客,从而兴起民宿业。大陆的民宿起步较晚,早期以“农家乐”的形式存在,一部分民宿仍停留在简单提供住宿或餐饮的初级阶段。

根据《易观国际——中国在线客栈民宿预订市场专题研究报告 2014》,近几年大陆民宿开始迅猛发展:从发展时机看,中国在线客栈民宿预订市场正处于爆发式增长期,2014 年第二季度在线客栈民宿预订市场规模达到 1.3 亿元,环比增长 58.5%,同比增长 333.3%。

另根据《2015 上半年中国旅游住宿预订排行榜》,在住宿类型的选择上中外游客的偏好十分相似,选择别具特色的客栈和民宿已经成为当前国内旅游住宿的一大趋势。

从地域上看,民宿主要分布在旅游资源丰富的南方著名景点和旅游目的地城市,如杭州、丽江、大理、阳朔等,这些地方具有天然的“地利”,民宿数量增长较快,品质也很高。

来自中国产业调研网的统计显示:2016 年初,全国农家乐已超过 190 万家,民宿超 4 万家,民宿从业人员达到近 100 万人。2015 年我国民宿行业市场规模已达 200 亿元人民币;预计到 2020 年,我国民宿行业营业收入将达到 362.8 亿元人民币。

中投顾问《2016—2020 年中国民宿行业深度调研及投资前景预测报告》中的数据显示,截至目前,我国大陆客栈民宿总数达 42658 家。其中云南以 6466 家客栈民宿的数量位居全国第一;从各地数量规模来看,超过 3000 家的只有北京与丽江两地,超过 2000 家的有厦门、大理、嘉兴三地;客栈民宿的分布集中于旅游业比较发达的区域,这一分布特征与我国旅游业的整体发展现状相吻合(图13)。国内民宿业的蓬勃发展,也预示着行业内正面临着巨大的竞争压力。许多地区的民宿因千篇一律、毫无特色,在开业不久后就快速倒闭,因此如果不能建立自己的独特优势、个性品牌或优质服务,抑或能够跨越市场边界进入新的细分市场,将难以在国内市场上获得长期可持续发展的空间,继而生存下去。

2. 杭州的竞争环境

杭州是首批历史文化名城,依托世界遗产西湖景区。据杭州统计网显示,杭

图 13　部分地区民宿各地区分布及数量情况

州 2015 年共吸引游客约 1.24 亿人次,旅游收入达 2200.67 亿元。

　　杭州民宿最早起源于 2006 年、2007 年左右,2010 年杭州市政府决定在满觉陇和四眼井一带发展青年旅社,于是第一家"茶香丽舍"民宿在此建设。目前,杭州市旅游委员会编印的《杭州旅游民宿地图》中标注了杭州几大民宿聚集区,主要以四眼井、白乐桥、满觉陇、青芝坞和河坊街五大民宿区域为主(图 14),并涵盖了周边桐庐、临安、余杭等地。据杭州旅委对全市民宿产业的不完全统计,截至 2014 年底,杭州市已有民宿床位 1.1 万张,农庄点 300 个,从业人员超过 2 万人,投入规模约 30 亿元,年营业收入达 1.96 亿元,并以每年超过 30% 的速度发展。杭州市计划从 2015 年起,力争未来三年,改造 1500 幢具有示范效应的农村民宿户、打造 150 个现代民宿示范点。据西湖风景名胜区民宿行业协会提供的数据,以西湖景区为例,在近三五年时间里民宿呈现井喷式增长,并逐渐形成集群效应。2010 年 6 月底西湖景区民宿数量仅为 41 家,2013 年 6 月底增长到 96 家。截至 2015 年 6 月底,民宿数量达到 210 家,加上无照经营的,有 300 多家,是 2010 年的 5 倍多(图 15)。例如四眼井区块,是离西湖景区最近的民宿聚落,位于杭州市中心"绿色心脏"地带,周围有 14 个西湖大景点,如苏堤春晓、雷峰夕照等,深受外国游客的喜爱。又如白乐桥区块,位于灵隐附近的白乐小村,在佛缘之地坐落具有禅意的客栈,富有诗意美景、禅香幽深的人文情怀。再如青芝坞区块,依托浙大玉泉校区的一处小清新地标,靠近植物园和老和山,融合了高校文化底蕴,适合年轻人群体。

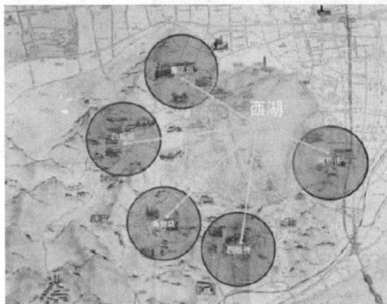

图 14　杭州民宿聚集区

图 15　西湖景区 2010—2015 年民宿数量

对滕波来说,创建这样一个民宿,既是一个机遇,也是一次挑战。杭州虽然拥有很好的旅游资源,但要在激烈的民宿市场竞争中突出重围,将不得不走为社会和消费者提供某些与众不同的优质商品或服务之路。滕波在民宿创立之初,看到了杭州许多民宿毫无特色、千篇一律,因而没有稳定客源,面临倒闭(图16)。于是,他决定要做一个别具一格的民宿。他相信将个人专业知识及资源能力、提供的产品或服务和市场环境提供的机会联系起来,并加以有机整合,一定能够创造出适合自身发展的商业经营之路。

图 16　千篇一律的民宿

五、云树酒店:民宿改造的决策与创意之路

1.云树酒店的成功演绎

面对竞争如此激烈的民宿市场,滕波的云树酒店另辟蹊径,的确走出了一条与传统民宿截然不同的成功之路。滕波通过对民宿酒店的改造,给客人营造一种"差异化体验",即只需十多分钟完成从喧嚣闹市到静谧山林的空间转换。滕波与团队徒步观察了解民宿的现场和周边情况,同时做了大量研究,以确保最大程度地"因地制宜"。对于他而言,最重要的是有自己对环境和建筑的独有诠释,既利用环境将周边景观带入民宿,又能为环境做出贡献,从而将云树的核心理念自然、科学、快乐、体验传递给每一个到访的客人,将云树酒店作为一份融合了自

然之美与居住之便的"大自然的礼物"送给客人。

　　滕波在云树酒店的营销管理中，围绕着"自然"和体验生活相关的主题等开展宣传和举办活动。云树每一个房间都拥有独特的布局，每个房间都有若干个无边缘透光大窗户，窗外映衬着仅属于这个房间的独特风景，使得室内与室外空间发生对话(图17)。在这里可以俯瞰杭州最美的风景，更可以与自然亲近，邂逅自然变幻的静美时光。15 间客房，拥有 15 份风景，15 种不同体验，云树致力于打造一个

图 17　室内与室外对话

融服务、设计、体验于一体的"家"，以激发顾客情感体验，与顾客建立亲密的神经连接，并用心对待每一位顾客提出的合理需求，为顾客打造一个融入自然的生活场所。

　　云树酒店的选址也是为了与顾客建立稳固的神经连接，滕波根据自己对顾客特点和需求的认识，选中了翁家山的五层民居，不仅仅是因为它的各方面都很便利，更是因为翁家山庞大的旅游人群，翁家山顶上有一个杭州海拔最高的村落——翁家村，且周边有好几处景点。来此地游玩的游客，都是一些热爱大自然美景、寻求内心安静愉悦、懂得体验生活之人。这与酒店的顾客定位刚好吻合，因此云树酒店真正吸引到了这样一群人。

　　云树酒店还经常会为客人举行主题活动。例如，生日聚会，私人派对，户外露营，艺术展览等。特别是艺术展览，滕波透露，他们准备与国内外知名艺术节合作，举办设计艺术展览，展览内容丰富，涉及时尚产品、电影、摄影、绘画、工业产品等。推陈出新的活动，不仅使云树酒店空间与资源的利用最大化，并且与来访的顾客建立愉悦的神经连接，激发其再次消费的欲望。就在前不久，滕波有幸请到了当代著名影像艺术家——沈朝方来云树酒店小住，茶余饭后，滕波与客人一同欣赏艺术家的作品，通过与艺术家交谈了解其创作的历程、感悟以及行业内最前沿的资讯。

　　2016 年的平安夜，云树酒店试营业，其平均房价定为 800 元左右，最高的房间价格为 1580 元。虽然与杭州的四星级酒店房价相似，但云树酒店无论是床品制作、清洗，还是沐浴及一次性用品的选择都向着五星级酒店的服务标准看齐，并且能够为客人提供免费的餐饮服务，就像在家里一样轻松随意。酒店的每一个设计与服务都十分真实地表现出滕波曾经所言之"自然、科学、快乐、体验"的

酒店核心理念,本着对顾客负责的态度,酒店的每一项服务与设计都与宣传相一致,甚至更好,使得来访的顾客深刻体会到云树酒店的用心与诚信,从而建立了更深层次的神经连接。

　　云树酒店的营销也充分运用了先占式思维,让酒店第一时间并且多渠道地接触消费者。云树酒店从选址阶段到方案模型阶段再到施工阶段,每一次的成长与蜕变,都有专门的营销团队在宣传推广。酒店微信公众号会定期推送关于云树酒店各个方面的文章,酒店也会参加各式各样的评比。就在近日,云树参加了第八届最佳设计酒店评选,并在众多优秀的民宿中脱颖而出,荣获"最佳小而美"大奖。在各大国内外著名期刊上也可见到云树酒店的身影,如《精品民宿》、*Wallpaper*。云树酒店还出现在建筑景观专业类网站上,如谷德网(图 18)。云树酒店还可以通过多种渠道预订,如携程网、去哪儿网、微信公众号以及电话等(图 19)。这些方式无不体现了云树酒店在营销过程中运用先占式思维,让消费者第一时间了解与接触云树酒店。

图 18　奖项、期刊、网站

图 19　微信公众号、电话预订

　　滕波从萌生做民宿的念头,到民宿的选址—方案设计—施工—营销—服务管理,这一系统的过程都是亲力亲为。他时时刻刻地控制着价值链,对于每一个出问题的环节都能迅速反馈并且妥善解决,特别在于如何管控淡季的成本。滕波只聘请了一位长期的保洁人员,以保证淡季的民宿清洁。在酒店旺季时期,通过与周围民宿或酒店共享保洁服务,采用钟点工的形式聘请客房保洁人员,使得民宿的成本得到有效的控制。在民宿的淡季,滕波还会与一些公司或团体合作,在云树酒店内举办各式各样的聚会与活动,使得民宿空间的利用率得到最大化。

2.云树酒店的未来发展之路

滕波的云树酒店从开业初始就取得了巨大的成功。但他并没有止步,而是继续对酒店进行着后续的设计和完善。每当回想起云树酒店的建设之路,滕波都无限感慨,感慨酒店建设之路上的种种艰辛、苦涩、激情和快乐。在酒店经营的过程中,滕波发现了民宿仍存在许多的不足,比如说目前工作日与淡季的入住率较低,虽然这是民宿业一个共同的问题,但滕波正在努力去克服这个问题。例如加强人群细分,将特殊客户人群(工作日时间相对自由且经济状况良好的人群)列为营销的对象,通过网络营销吸引这一部分人群,以及通过与公司或团体合作,在民宿安排举办各类活动。由于云树酒店还很年轻,不具备其他商务型或经济型酒店的网络基础与营销优势,特别是营销网络上也有不足,应该继续扩大网络宣传力度,如建立自己的官方微博、建立官方网站、接入各大旅游 APP、进入各大报纸及热门期刊等,使云树酒店成为民宿业的"网红"。云树酒店内部的管理与服务阶层大多是滕波自己的朋友或与其有着相同的兴趣及爱好的人士,同样都是些非服务与管理专业者,对于如何更好地服务于消费者目前还处于探索阶段。

虽然还有不少问题有待改进,但是,通过滕波的不断努力,云树酒店已经得到了社会与顾客的认同。在为别人提供不寻常生活体验的同时,他也感到了设计的自由和快乐。云树酒店首先是一个文化品牌,她从杭州走出来,带着安静、优雅、自然、时尚、年轻,且又内含着那生机勃勃、现代设计之美,同时也充满了梦想与期盼,这就是云树酒店。虽然,云树酒店还存在着上述一些问题,但是滕波觉得,这些问题最终都能被克服,云树不但要做好还要做精,最终走出杭州,向全国各地输出或扩散。

Aventree hotel: the decision-making and creative way for the renovation of B&B

Abstract: This case describes an architect and international traders named Teng Bo who is independent decision making, the whole process of sitting, design, renovation and operation, overcomed the difficulties for the success of hardships. The case truly reflects Teng Bo how to think, design, marketing and running about the Aventree hotel, which have contributed to the new rules, the retail industry competition and entrepreneurship ability of resources and how to avoid competition in the market to meet the new demand into the blue ocean, etc. It is advantaged to students correctly understand theories about how to analyze the market what is in order to enter the blue ocean and how to do pioneering work.

Key words: B&B; Retail New Rules; Hotel Management; Service Production Marketing

PART TWO　案例使用说明

一、教学目的与用途

1.适用课程:本案例为描述型案例,主要适用于"酒店管理""旅游服务产品营销"等课程中旅游服务产品的"新零售"思维教学,涉及目标市场(客户)选择、服务产品的品牌定位、民宿酒店营销、民宿成本控制等内容,有助于学生了解现阶段民宿行业的竞争状况,以及创业者在新进入民宿行业时分析和思考相关问题。

2.适用对象:本案例主要适用于民宿经营者、设计师,及相关经济管理、文化创意人员等。因此在教学过程中,学生应分组进入故事场景,各组员以第一人称来模拟民宿的投资者、设计者、经营者及顾客,故事情节为投资人如何选址和决策,设计师和经理人如何执行投资人的意图,以吸引到各类在杭州度假的游客选择住宿,以民宿体验为旅游目的之一。

3.教学目的:

(1)知识学习:通过对本案例的学习,帮助学生加深理解零售业的新规则和蓝海战略的基本内容,及这两种理论在民宿策划、设计以及管理应用中的相互关系。《零售业的新规则》一书在美国服务终端的市场营销领域影响甚广,师生可预习此书,其对于零售业的概念有了新的解释,不仅仅是物质化单个使用品的销售,而是扩展到了服务领域及广泛的体验性的商品。

(2)能力培养:通过本案例的学习,培养学生能够独立运用所学知识,在激烈的市场竞争环境下针对民宿、酒店类相关企业进行有效的市场分析和自我资源能力的审视,并且能够根据旅游服务产品的"新零售"思维进行合理分析,从而启发学生思考应该如何分析和思考市场竞争及环境状况,如何跨出红海界域进入蓝海等问题。并且提高学生实际操作能力、投资与回报的协调能力。

二、启发思考题

1.结合云树酒店案例,谈谈应该运用"新零售"思维中的哪些要素去分析相关酒店产品。

2.根据创业过程理论和创业者特点等原理,你认为滕波是如何着手创业的,他是否具备创业潜质和能力,他的创业过程给了你什么样的启示?

3.根据蓝海战略的理论依据,思考云树酒店是否跨出了"红海"的"市"界而进入"蓝海"领域了呢?

4.假设云树酒店将来还要面向全国扩散,那么,如果你是滕波,你认为民宿的未来发展之路在哪?

5.假设你作为投资人与经理人,对于这类案例,你会如何总结前期的工作,并制定下一步计划呢?

三、分析思路

本案例再现了云树酒店经理人滕波在创业过程中自觉地思考和运用"新零售"思维,紧扣顾客的神经连接,用先占式思维介入民宿市场,形成民宿价值链的控制,直至进入蓝海市场成功经营的全过程,包括案例主人公是如何感知和认识自己,把个人爱好、专业知识和商业机遇结合而进行创业的。通过案例学习和分析,帮助学生了解"新零售"思维,及其如何跨越红海"市"场界限而进入"蓝海"领域等。教师可以根据自己的教学目的来灵活使用本案例。

对于本案例来说,主要理论点是零售业的新规则理论、创业理论和蓝海战略,在熟悉其基本理论的前提下,需要从杭州云树酒店的决策及创意之路等相关理论分析开始,通过"新零售"思维进行民宿的改造与经营;然后,通过创业及其创业特点和过程理论提高对案例主人公资源能力的认识及分析;在这些分析与提高认识的基础上,看看滕波是如何跨过"红海"的"市"场界限而进入了"蓝海"领域,直至获得成功的;这样就可以对云树酒店和滕波的成功做出系统化的理解与梳理。于是,案例开发小组针对本案例的分析,提出了以个人创业资源分析为基础,通过紧扣顾客神经连接,先占式分销思维介入民宿市场,形成民宿价值链控制,进而进入蓝海领域,形成了一个针对本案例进行营销管理——从"红海"进入"蓝海"的理论分析框架。以此,这里提出本案例的分析思路,以供参考。

1.首先,要求学生熟悉案例中的所有内容,从云树酒店的创始过程出发,了解的内容包括地理位置、周边景致、市场竞争、商业特色、文化、产品市场和消费者生活方式以及旅游景点等,并可以在有条件的情况下,在课上即时上网查询相关资料,引发讨论。只有充分了解和认识市场竞争环境,才能进行正确市场细分、定位和选择目标市场,继而经营与改造民宿。

2.在分析了云树酒店外部市场竞争环境及条件的情况下,充分了解云树酒店经理人滕波的成长和教育经历及背景,专业学习和工作状况,爱好和家庭条件等,以期发现和了解滕波的知识水平、经济背景、资源和创业能力。

3.根据零售业的新规则理论,认真思考和分析云树酒店的外部和内部环境及条件后,重点需要运用零售业的新规则,对本案例进行系统的全面分析,从营销管理理论的角度,一步步加深理解,从中发现和进入蓝海"市"域。

本案例可以说是一个较为真实的故事,其一,基础资料来源于云树酒店公众号、百度和必应等搜索到的公开资料等。其二,相关资料来源于对云树酒店的调研,以此综合编撰而成。因此,教师在讲解和学生在学习过程中,可以在线搜索和查找相关资料,使课堂和学习变得生动化和多样化,有助于提高学习兴趣,加深理解和提高学习效果。

四、理论依据与案例分析

(一)理论依据

1.零售业的新规则

《零售业的新规则》一书在美国服务终端的市场营销领域影响甚广,其对于零售业的概念有了新的解释,不仅仅是物质化单个使用品的销售,而是扩展到了服务领域及广泛的体验性的商品。

根据美国营销专家罗宾·刘易斯和达特的观点,认为现代零售世界正在经历一次重大的转型。科技的迅速演进、全球化的进程、饱和的市场为消费者提供了丰富的商品与服务;与此同时,消费者的期望值也在前所未有地提升。这种深刻的变化将使一半的零售商和消费企业无法生存,零售商与消费者的关系即将发生巨大变革。零售业在过去的150多年里发生了三次发展浪潮,从生产商大权在握的时代—营销驱动经济发展的大众需求—绝对买方市场时代的到来。

为了应对当下的变革,他们提出了成功零售业遵循的三大战略原则,分别为神经连接、先占式分销、价值链控制。

(1)神经连接

神经连接指零售商必须与消费者共同创造一种持久的消费体验。这种体验必须是独有的、完整的,包括消费前的期待、消费时的快乐以及消费后的满意;这种体验必须能够使消费者在听到品牌或名称的一刻产生重复购物的冲动。商家可通过激发顾客消费、接近消费者、与消费者促成相似性、在产品与服务上推陈出新、刺激消费者感官体验、向消费者表露真情、建立诚信度等方面与顾客建立神经连接。

(2)先占式分销

先占式分销指的是在与众多同质产品与服务竞争的过程中提前接触消费

者,使商品和服务能够适时、适地并且以恰当的方式出现在有需要的消费者面前。先占式分销依靠的是速度、灵活性以及能够与消费者加强神经连接或者能够巩固品牌的期许。就定义而言,先占式分销要求整合一切可能的分销平台,包括进入快速成长的国际市场。

（3）价值链控制

控制价值链上与消费者直接相关的环节至关重要,这些环节包括市场调研（即对消费者愿望的把握和了解）、生产和营销（即营销消费者所期待的购物体验）、销售环节（即必须有能力让消费者感受到所营造的体验）。这就是一个垂直整合并能予以掌控（不一定必须拥有所有权）的商业模式。失去对价值链的完全控制（从价值创造到价值消费）,任何与消费者有关的企业都无法实现高层次的神经连接和先占式分销。一个良性的价值链控制情况如图1所示。

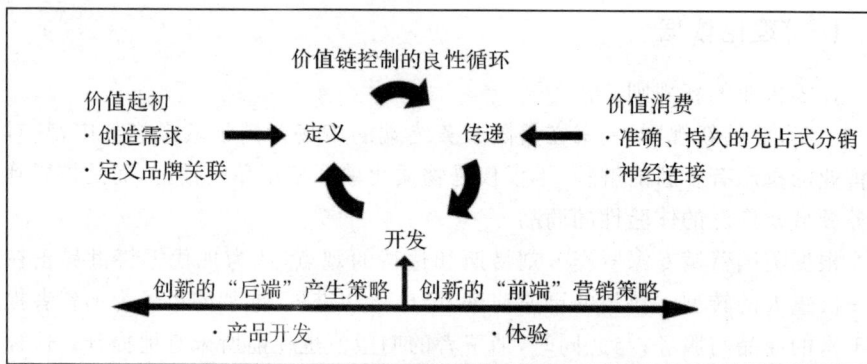

图1　价值链控制的良性循环

2.创业基本理论与创业过程

创业基本理论:根据哈佛商学院教授史蒂文森（H. Stevenson）的观点,认为创业指的是不拘泥于现有资源条件对机会的追寻,将不同的资源加以组合利用和开发,并创造价值的过程。创业涉及诸多的相关活动,比如实现人生和成长、追求机会与利润、创新价值、创业变革、资源组合、思考和开发新产品、管理与创建新企业等。其内涵往往是为实现目标而承担风险,提升精神认知,完成实践行动等创业过程。

美国小企业管理局对创新下的定义是,创新主要指的是一种过程,从发明成果开始,重点是对发明的开发和利用,其结果是向市场推出新的产品或服务。创业与创新的区别在于,创业是关于创造性的商业,而创新是在市场中应用一种发明。创业强调的主要问题是企业从何而来,企业存在的价值,应该提供什么样的产品或服务,如何才能满足市场顾客的需求,从而获得商业回报等。

　　创业的特点有机会导向、创造性资源整合、价值创造、创新与变革、顾客导向等五个方面。创业必然需要创业精神、创造能力、创新意识、变革思想、冒险精神和自信魄力等方能获得成功。

　　创业的过程包括产生创业动机、识别创业机会、进行资源整合、创建新企业、实现机会价值和获得投入回报等六大方面。实际上,创业中包含着其他一些影响成功的因素,比如说管理和领导艺术等。这些都是在创业过程中所涉及的方方面面。从上述关于创业理论的认识理解可以得出,创业是人生价值、性格特质和综合能力的重要体现。

　　3.蓝海战略

　　蓝海战略认为,聚焦于红海就等于接受了商战中的限制性因素,也即在有限的市场上求胜,却否认了商业世界开创新潜在市场的可能。当企业运用蓝海战略时,其视线需超越竞争对手,移向买方需求,跨越现有市场竞争边界,将不同市场的买方价值元素筛选并重新排序,从给定结构下的定位选择,向改变市场结构本身转变。其目的是克服营销近视症以发现和进入蓝海。其实质是,充分认识和分析激烈竞争——"红海"的市场环境,进行有效的市场细分、目标市场选择和市场定位,以此发现新的和潜在的消费者需求,以顾客的需求为导向创造并满足新价值需求,进而跨越传统红海市场,进入新需求的蓝海市场领域。下表1为红海与蓝海战略市场表现的比较特征。

表1　红海战略与蓝海战略:市场竞争的比较特征

红海战略	蓝海战略
在已经存在了的市场内竞争	拓展非竞争性的市场空间
参与竞争	规避竞争
争夺现有需求	创造并攫取新的需求
遵循价值与成本互替定律	打破价值与成本互替规律
根据差异化或低成本的战略选择,把企业行为整合成一个体系	同时追求差异化和低成本,把企业行为整合为一个体系

　　哈佛商学院的西奥多·莱维特教授在其著名的《市场营销近视症》一文中曾经指出,企业要想持续地增长,将取决于你对自己业务范围的定义和对消费者需求的估量。莱维特教授同时也指出,一些被认为已经成熟的增长型行业其实已经停止了增长。事实上,增长受到威胁并出现减缓或停滞的状况,其原因都不是市场饱和了,而是管理的失败。那些行业之所以失败,是因为他们错误地定义了自己的行业。这是因为他们以产品为导向,而没有真正以客户为导向。从这些

具有真谛的认知中,我们可以看出,真正以客户为导向就需要对市场上的顾客需求进行正确的认识和细分,进而选择合适的目标市场并进行确切的市场定位。

(二)案例分析

1.民宿背景资料

"民宿"是休闲旅游新阶段的一种发展趋势,是现今较为流行的旅游居住模式。中国产业调研网的统计显示:2016年初,全国农家乐已超过190万家,民宿超4万多家,民宿从业人员达到近100万人。2015年我国民宿行业市场规模已达200亿元人民币。预计到2020年,我国民宿行业营业收入将达到362.8亿元人民币。民宿具有独一无二的原创性主题,与众不同的个性风格以及先锋前卫的设计理念。"民宿"颠覆了传统酒店的固有概念,用风格迥异的创意替代旧有的审美疲劳,以差异性体验替代了传统的固有思维。在国内"成功的民宿案例"比比皆是,尤其是台湾,有香格里拉音乐城堡特色民宿、五里坡民宿、云南风情等。在大陆,云南客栈民宿的数量位居第一,其次为浙江。例如,丽江的墅家玉庐雪嵩院、聚丰号·聚宝斋客栈,莫干山的蕨宿、西田山雨等。

2."新零售"思维基本分析

根据上述理论,商业成功的三个必备战略经营原则为神经连接、先占式分销、价值链控制。

(1)神经连接

神经连接是民宿主与民宿消费者共同创造一种持久的消费体验,这种体验必须是独有的,即建立民宿的差异化体验。从案例中可以看出,滕波长期在思考如何建立神经连接,以及如何通过民宿的设计和个人行为,接近消费者、与消费者促成相似性、刺激消费者感官体验、向消费者表露真情、在产品与服务上推陈出新、建立诚信度。

①靠近消费者。滕波的"云树"坐落于翁家山,离市区只有15分钟车程,从选址上充分靠近杭州市区庞大的消费群体。

②促成相似性。人们都会寻求有相似兴趣和生活方式的同伴。滕波是一个喜欢慢节奏生活、热爱拍照、热爱旅游的人。翁家山是龙井茶中的上品"狮峰龙井"的产地,周围有多处景点,如九溪十八涧、烟霞三洞,龙井八景、十八棵御茶、十里琅珰、翁家山茶园、中国茶叶博物馆龙井馆区以及杭州第二高峰南高峰等。来翁家山周围旅游的游客都是热爱生活、热爱旅游,且生活方式较为惬意、悠闲的人群,这些人群都是"云树"的潜在客群。消费客群与滕波具有相似性,为建立良好的神经连接以及酒店成功奠定了坚实的基础。

③刺激感官体验。云树拥有15间房间,汲取现代的建筑设计,拒绝平庸的

单调格局;15间房间都面向风景秀丽处,营造出15份不同的风景,只用自然与光影塑造,摒弃强硬的装饰改变,给消费者呈现一份风景的视觉盛宴。滕波还会为客人亲自烹饪自己在非洲生活多年学习到的美食料理,满足客人差异化味觉体验。

④向消费者表露真情。滕波将每一位来到"云树"的客人都当作自己的朋友亲自招待,向客人讲述自己的经历,悉心聆听客人的心声,根据客人需求为他们举办派对等。即使在客人离开"云树"后,滕波也会向他们分享自己近期在各国游历时所拍摄的照片,真诚地对待每一位来访的客人,并与客人建立一种持久的情感链接。

⑤在产品与服务上推陈出新。滕波经常会邀请自己艺术圈的朋友到"云树"举办各种展览,例如画展、电影展、摄影展,以及不定期地举办红酒、茶等品尝会。这些推陈出新的活动,使得"云树"摆脱了单一的住宿功能,成为了一个社交共享的多功能空间。也正是因为这些活动,"云树"不断地吸引着新老客人的来到。

⑥建立诚信度。滕波将"云树"核心理念定为自然、科学、快乐、体验。他承诺,一间房间、一份风景、一种体验,每一个房间都提供差异化的风景以及人性化的服务。从经营最初到如今,一直坚守这些理念。这也是"云树"之所以能够成功的关键因素。

(2)先占式分销

就市场上的消费者来说,民宿的潜在消费者应该定位在哪里,是一个综合性的问题。根据零售业新规则中的先占式分销原则,相较于无数其他竞争者,商家应以最先、最快、最多接触消费者,抢占先机,赢得市场份额。云树酒店从选址阶段到方案模型阶段再到施工阶段,每一次成长与蜕变,都有专门的营销团队在宣传推广。酒店微信公众号会定期推送关于云树酒店各个方面的文章,酒店也会参加各式各样的评比。就在近日,云树参加了第八届最佳设计酒店评选,并在众多优秀的民宿中脱颖而出,荣获"最佳小而美"大奖。在各大国内外著名期刊上也有云树酒店的身影,如《精品民宿》、*Wallpaper*。云树酒店还出现在建筑景观专业类网站上,如谷德网。云树酒店可以通过多渠道预订,如携程网、去哪儿网、微信公众号以及电话等。这些方式无不体现了云树酒店在营销过程中运用先占式思维,让消费者第一时间了解与接触云树酒店。为了充分认清民宿的所属市场和其面对的主要消费者,滕波请了专业营销团队,为自己的云树酒店出谋划策,尽可能精准地定位到目标人群,抢占市场先机。这些都为"云树"面向全国扩散奠定了基础。

(3)价值链控制

根据零售业的新规则中关于价值链控制的原则,商家或公司都在经济低迷期,所有公司的价值都会减少,但价值链控制得分高的商家或企业的表现都会优于竞争对手。对于云树酒店来说,价值链控制的关键在于如何管控淡季的成本。因此,滕波只聘请了一位长期的保洁人员,保证淡季的民宿清洁。在酒店旺季时期,通过与周围民宿或酒店共享保洁服务,采用钟点工的形式聘请客房保洁人员,使得民宿的成本得到有效的控制。在民宿的淡季,滕波还会与一些公司或团体合作,在云树酒店内举办各式各样的聚会与活动,使得民宿空间的利用率得到最大化。

3. 创业的基本分析

从上述哈佛商学院教授史蒂文森(H. Stevenson)关于创业的基本定义,我们可以看出,云树酒店董事长滕波,在创业过程中积极而全面地调动其所有储备之资源和条件,突破自我经济限制,抵御经济和精神压力,去追求人生价值和商业机会的实现,将亲朋好友不同的经济和友情资源加以组合,实现对创意酒店的开发、装修和经营,并创造了顾客市场价值。他的创业涉及了诸如实现人生成长,追求机会利润,创新市场细分价值,寻求国内新型市场变革,思考管理和开发新产品,促进了特色民宿的成功经营。同时,他在创业过程中敢于承担风险,追求事物的完美体现,完成了创业活动,从而获得了商业回报。

滕波的创业同样具备了创业的相关特点。他具备创业素质,当他想着如何把个人艺术才能和商业机会相结合的时候,这种内心深处的潜意识感知才能使他抓住众多在线浏览信息中的关键信息——这个现象吻合了营销理论上所说的三种感知行为(选择性注意、选择性扭曲、选择性保留)中的"选择性注意"(案例此点揭示给我们的道理是:机会总是给有准备的人的。),才使其从中获得了相应的启发,并识别和获得了商业机会。他也以此开始创造性地整合各种资源,大胆变革,追求创意、装修的完美创造,以追求生活品质的艺术型顾客为导向,来实现价值获取和民宿的成功经营,把创业精神、创造能力、创新意识、变革思想、冒险精神、领导能力和自信魄力等有机融为一体,演绎了一场自我资源和商业机遇无缝融合的个体创业与市场经营之交响乐曲。

4. 蓝海战略基本分析

民宿红海,设计突围。云树酒店的创始人滕波是一个热爱阅读、绘画、摄影及自然科学,喜欢到处旅游的建筑师。他在非洲建筑设计圈颇有名气,曾担任安哥拉国家宾馆、教育部、卫生部等的 20 余所学校及医院的总设计负责人。滕波在一次上网浏览信息时发现 4 家设计酒店,分别为瑞士的 7132 Hotel Vals,中国香港的 Upper House,巴黎的 Mandarin Oriental Hotel,新加坡的 Marina Sands。这 4 家酒店别具一格的设计给了滕波极大的视觉冲击与心灵震撼。于是,滕波决定将目光投放到民宿业上。在民宿业的竞争趋于白热化的背景下,滕波巧妙地把自己的建筑设计专业技能、民宿的市场需求、民宿经营三者结合起来，从一个全新的市场缝隙开始了他的创业之路。

实际上，滕波正是认识到了在激烈的"红海"市场环境下进行创业和参与竞争是盲目的，根本没有成功的把握，于是他一直在思考如何能够把个人爱好、专业知识技能和商业经营联系在一起。果然，他发现了民宿。他以顾客需求为导向，创造并满足了顾客新价值的需求，进而跨越传统红海市场，进入新需求——即追求特定设计艺术、高品质生活和精神文化特色等的群体的蓝海市场领域。从案例中我们看到，云树酒店所提供的服务，其实和传统的酒店服务有着本质的不同，他所提供的其实是一种远离城市喧嚣的山间生活体验以及多国文化体验。杭州是一个自然景观与生活构成完美结合的城市，他需要这样的一家民宿，将人们从喧嚣带入静谧，使其成为心灵的栖息地。并且，民宿的气质也应该如同杭州这座城市那样华丽中带着幽静。这位杭州的二代移民本着对杭州龙井之都的认识，坚信民宿在杭州翁家山（龙井原产地）会很有市场。这不仅需要选中城市和地点位置，在行动中还要与当地的文化地标等有机结合，使之更具有亮点及卖点。

滕波将目光锁定在翁家山这个狮峰龙井的头号产地，在这里建立他梦想的民宿。这便是翁家山第一家具有特色的民宿，作为充满大自然气息、汇聚艺术人士的场所，滕波将云树酒店从竞争激烈的国内民宿红海市场带入了具有差异化体验的领域。

5.民宿未来发展之路

如今，民宿酒店为越来越多追求自由、独特和走心的青年消费者提供了颇具情怀的生活方式，在消费市场的带动下，民宿酒店正逐渐成为旅游住宿的重要业态之一。滕波的云树酒店要向全国范围发展，必须紧跟时代的脉络，充分关注消费者的需求。

首先，民宿酒店设计要品牌化发展。民宿酒店当下的发展，其轨迹和酒店业目前已经发展成熟的主要利用旅游胜地、超大和大型城市为资源的高星级酒店一样，由弱到强、由小到大、由简到繁。现代民宿酒店未来发展必将会因品牌优势而占领更大市场。品牌化、连锁化是未来现代民宿酒店发展的必经之路，也是凸显现代酒店品质的重要特征。

其次，民宿酒店设计要个性化发展。滕波在设计云树之初，融入自身新生活美学理念进行开发设计，力求与当地龙井茶文化相融合。不同的特色农业、旅游资源和当地的民风民俗，是未来民宿酒店的文化主题，将不同文化主题融入酒店的内部，植根当地特色文化，使酒店得到个性化和差异化发展，从而提高民宿自身的绝对竞争力和影响力。

再次,民宿酒店设计要精品化发展。精品化发展趋势就是要将民宿酒店建设成为外部环境天然优美、内部环境质朴、民族文化浓厚、设施设备健康方便现代化的酒店。云树在未来发展建设道路上,应让消费者真正融于当地的环境、返璞归真的氛围中,开展多种层次和内容丰富的文化活动和参与活动。绿色生态酒店的最先倡导者和受益者也会是民宿酒店,因为民宿酒店拥有最直接最良好的真实生态环境和纯朴的当地地域文化,生态化的真正实现也应该是民宿酒店与其他城市酒店的分水岭。

6.民宿经营总结归纳与展望

结合云树酒店案例,经营者在经过前期设计建设和后期经营维护的过程后,应当对下一步的发展进行规划。就云树酒店而言,可以采用 SWOT 分析方法,将与云树酒店密切相关的各种主要内部优势、劣势和外部机会和威胁等,通过总结调查列举出来,并按照矩阵式排列,然后用系统分析的思想,把各因素相互匹配起来加以分析,从中得出一系列相应的结论,而结论通常带有一定的决策导向性。除 SWOT 分析法,还可以通过调查统计、群策群力等方法,不断促使民宿未来的经营发展之路跟上市场的步伐。

五、关键要点

案例分析中的关键所在,案例教学中的关键知识点。

1.该案例主要关键点在于"新零售"思维及蓝海战略思维。与之相呼应的是,创业在案例中起着关键作用,对民宿竞争环境的市场细分和创业构成了本案例的关键点,其目的是克服营销近视症以发现和进入蓝海市场区域。

2.另一个关键点在于利用零售业新规则进行目标市场(客户)选择、服务产品的品牌定位、民宿酒店营销、民宿成本控制等,以此来提高理论知识的系统化水平;同时,需要通过创业理论加深对创业者自身资源能力的认识。如此,在对滕波的成功做系统化理解的同时,则可以形成以市场细分等环境因素分析为前提,以个人创业资源能力分析为基础,通过深入的市场细分,选择合适目标市场和确立市场定位,根据和创业者能力的结合,来思考如何跨过红海界域进入蓝海,这样就构成了分析本案例的营销理论分析框架。

六、建议课堂计划

本案例可以作为专门的案例讨论课来进行。如下是按照时间进度提供的课堂计划建议,仅供参考。

整个案例课的课堂时间大约控制在 80—90 分钟。

课前计划：提出启发思考题，请学员在课前完成阅读和初步思考。基本内容是：①需要让学生准备好相关理论的知识储备，如零售业新规则、组织资源及能力和蓝海战略等。特别是需要认识到②组织资源及能力，在本案例中需要转换为"个人资源及能力"来加以认识、分析和理解，从而进入对本案例整体理论分析框架的充分认识，也即需要理解③以个人创业资源能力分析为基础，通过市场竞争环境分析下的市场细分，选择合适目标市场和正确的市场定位，进而进入蓝海领域，以此形成一个针对本案例进行营销管理——从红海进入蓝海的理论分析框架。

在课前计划上，拟设计为两种讨论方式，其一，教师先讲授基本理论和多个相关的知识点（此处讲授的知识点应该多于本案例理论分析框架的主要理论点），而不讲授本案例的理论分析框架；然后让学员们开始分组讨论，看看学员们能不能把所学的多个知识点进行系统化的应用，直至最后案例讨论结束时，教师再给予本案例整体理论框架的阐释，及在企业实践中如何来理论联系实际对企业进行相关分析和战略策划。其二，教师可以先讲授基本理论和知识点，进而形成本案例的整体理论分析框架，让学员们首先掌握理论点和理论系统性整合与优化应用的特性；而后让学员们根据本案例的实际理论框架来具体分析本案例，此时应做到分层次分阶段地分析和整合一体分析相结合，直至最后形成分析结果的系统性案例研究和学习分析过程。特别需要强调的是，"个体资源能力与商业经营机会的契合"应该成为各个学院小组讨论分析过程中的重点和需要关注的对象。

课中计划：简要的课堂前言，根据上述重点内容和分析过程，来明确主题或进行相关的理论提示，及对学生加以引导。（3—5 分钟）

分组讨论：将学生按照不同性格分成三组，身份分别为民宿设计组、投资人组、营销人组，向学生提出案例讨论、案例记录和小组发言的要求。（30—40 分钟）（图 2）

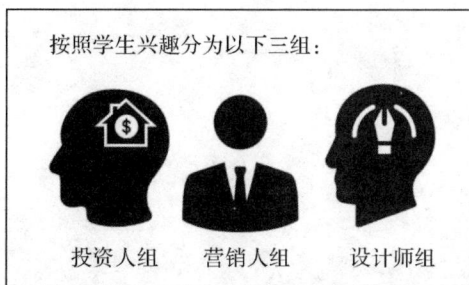

图 2　分组人员角色

小组发言：要求学生以理论为依据，以本案例理论分析框架之重要点为基础进行发言，有代表可进行补充。（每组约 5—8 分钟，控制在 30—40 分钟）

综合小组讨论及主要观点，引导全班同学充分认识应该如何从理论上加深理解，如何从实践上系统分析和加以应用，如何理论联系实际地进行系统性归纳和分析性总结。（10—20 分钟）

课后计划：如有必要，请学员采用报告形式给出更加具体的解决方案，包括具体的职责分工，为后续章节内容做好铺垫。特别需要重视的是案例后作业，案例讨论后作业主要包括以下内容：

①本案例的理论分析框架与企业营销战略之区别是什么？

②根据本案例的理论分析框架，把本案例所讲所讨论的内容写出来，形成一份"云树酒店"的战略计划报告、设计研究报告、经营发展研究报告或营销战略发展研究报告。

③准备用于汇报的 PPT，内容包含"云树酒店"的 SWOT 分析、投资成本细分表、设计与运营的具体措施。所有的总结和计划应分条目叙述，并写清时间、负责人、行动内容、主要监控指标、备选方案措施等。

参考文献

[1] 罗宾·刘易斯，迈克尔·达特.零售业的新规则[M].高玉芳，武绍忠，吴长青，译.北京：中信出版社，2012.

[2] 菲利普·科特勒，凯文·莱恩·凯勒.营销管理（第 14 版）[M].王永贵，等，译.北京：中国人民大学出版社，2012.

[3] 路易斯·E.布恩，大卫·L.库尔茨.当代市场营销学（第 11 版）[M].赵银德，等，译.北京：机械工业出版社，2005.

[4] W.钱·金，勒妮·莫博涅.蓝海战略[M].吉宓，译.北京：商务印书馆，2005.

[5] 西奥多·莱维特.市场营销的近视症[J].哈佛商业评论，1960，(2004)：7-8.

[6] 张玉利.创业管理[M].北京：机械工业出版社，2008.

案例五　管理创新

体验式管理:中国石化温州公司基层
员工激励模式新探索^①

摘　要:在中国石化温州公司中,加油站一线员工在数量上占了近2/3,因此基层管理对其的重要性不言而喻。然而温州公司传统的自上而下指令式管理模式却易挫伤员工工作积极性,引起他们的逆反心理,特别是80后的、90后的新生代员工。由此,在2012年温州公司创新性地提出体验式管理,通过强化站务管理组织、荣誉体系建设等以及增强普通员工和站长的自主管理意识来充分激发基层组织的活力。且看温州公司如何利用体验式管理拨开云雾,探索出新的基层员工激励模式。

关键词:基层员工　自主管理　体验式管理　激励

PART ONE　案例阅读

一、引　言

　　2015年4月的一天中午,阳光明媚,在中国石油化工股份有限公司成品油销售企业浙江温州石油分公司(简称温州公司)办公楼的一间办公室里,公司总经理冯东明的激动心情还没有彻底平复。2015年3月28日,在北京的全国企业管理创新大会上,温州公司以体验式管理为基础的基层自主管理获得了"中国企业管理创新奖",是中石化销售类企业中唯一获奖的一家,这是对温州公司这几年的肯定。望着窗外的蓝天白云,冯总点燃了香烟,过去几年发生的事情一件件涌上心头,这是一封邮件"改变"一个公司的故事。

---

　　①　1.本案例内容由浙江工商大学工商管理学院的江辛副教授及其研究生温巧巧撰写,作者拥有著作权中的署名权、修改权、改编权。未经允许,本案例的所有部分都不能以任何方式与手段擅自复制或传播。2.本案例授权中国管理案例共享中心使用,中国管理案例共享中心享有复制权、修改权、发表权、发行权、信息网络传播权、改编权、汇编权和翻译权。3.由于企业保密的要求,在本案例中对部分名称、数据等做了必要的掩饰性处理。4.本案例只供课堂讨论之用,并无意暗示或说明某种管理行为是否有效。

二、公司简介

温州公司隶属于中国石化浙江公司,现为中国石化销售系统最大的地市级成品油销售企业之一。温州公司总经理室领导 13 个职能部门、9 家支公司、6 家政企联营公司以及 3 座定位油库(组织结构详见附录 1)。其中,3 座定位油库总库容 7.94 万立方米,9 家支公司包括下辖的 8 家县(市)公司和本级零售公司,拥有营业网点 137 个,陆上加油站 126 座,分散在 11786 平方千米的 11 个县(市)区域,最南端的加油站毗邻福建,最远的加油站与公司距离约 200 千米;海上网点 11 座,其中 7 个是在半岛上、3 个在海岛上(其中北麂岛距大陆 20.5 海里,船程 2 约小时),1 条海上供应油轮;主营业务涉及汽油、柴油、煤油的储运和销售等,以及便利店、汽服等附加服务。从业人员 2500 余人,绝大部分员工集中在县公司加油站。

三、一封邮件引出的管理难题

2011 年年底的一天中午,一封来自基层员工的邮件进入了冯总的视线,这是一封举报邮件,举报了在基层员工中,套现、虚开发票等违规现象的存在。冯总的心情沉重了不少,自从接手温州公司以来,他发现温州公司规模大,但存在的隐患也不少,人员流动率居高不下,在省公司规定的一些关键指标(包括生产安全、经营安全等)的排名不是很理想,现在这情况是要严重到何种程度才使基层员工越级向总经理反映;而且,这种情况不及时有效进行制止,对企业的影响将不容小觑。

刻不容缓,冯总立马开会讨论采取措施,首先为了进行有效的实时监督,公司在每个加油站安装了监控器,由专门人员轮流进行实时监控。公司规定员工按每个岗位的标准动作和标准用语行事,否则一旦被发现就采取相应的惩罚措施。其次是成立安全管理、违规行为等督察小组,让其定期不定期地去加油站进行相关方面的检查,并且会定期对公司的每个环节进行全面检查,如果发现相关违规行为,就会进行相应的惩罚,如扣工资等。最后公司也会偶尔聘请神秘顾客对加油站进行突击检查。另外,每次站长会议上,公司都会对相关检查结果进行公开。加油站员工个个精神紧绷,总觉得一双监督之眼下一秒就出现在自己身后。

新措施实施一段时间后,冯总却发现结果如此不尽如人意:安全管理、违规行为等现象并没有得到有效的制止,甚至加油站的业绩还因此下滑、员工的流失率竟然微微上升。监控值班室的工作人员表示,很难同时面对那么多的监控屏幕,长时间精神高度集中特别容易疲劳;督查小组表示进行实地检查时,员工表现都不错,但是安全事故、违规行为还是层出不穷。冯总心里凉了一大截,投入大量的人力、物力和财力,却取得这样的结果,这就像高原烧水一般,无论你加了多少柴火,烧得有多旺,但水就是不能沸腾。温州公司是成品油销售服务企业,冯总明白基层员工的精神状态和工作热情对其的重要性,但是现在到底该怎么办呢?

不仅仅是以冯总为代表的高层管理者有这样的烦恼,连站长也遇到管理困境。

李站长,辽宁大连人,一个典型的北方女子,为人真诚直率,做事也很认真负责。2006年11月23日,李站长南下来到了温州公司,一路奋斗成为站长。2010年6月28日,由于某些原因离开温州公司。2011年4月3日再次成为温州公司某加油站的站长,她发现80后、90后的年轻员工,个性更加明显,也很有主见,但是她觉得人都是讲感情的,只要如家人一般对待员工,加油站应该就可以团结发展。

因此,李站长在生活上对员工关怀备至,逢年过节就会买菜亲自给他们包饺子,在工作上也是毫不吝啬地倾囊相授,同时自己也是尽心尽力地起模范带头作用。这些员工也把李站长当作自己的朋友,谈起自己的站长时也是赞不绝口,在生活上有什么困难疑惑也会主动来沟通,整个加油站的氛围特别和谐,恶意竞争从没发生过。

但是,李站长在工作上发现员工积极性却不高,只求不犯错误,下班就走人的事不关己的态度也较普遍,甚至一些诸如套现、虚开发票等违规现象也是层出不穷。而且,有时候李站长在传达上级管理部门的命令时,他们并不一味地接受,必须要拿出说服他们的理由。李站长感觉自己已经把想到的、能做的全部努力了,全身心付出却达不到理想效果,而且还要承受来自公司的压力,有时候真的会很苦恼,问题到底出在哪里?到底该怎么办呢?

四、山重水复,柳暗花明

面对这样的管理难题,冯总决定从源头抓起——了解基层员工心里的真实想法,于是马上组织了一个项目组进行调研,自己也下加油站实地了解。开始时并不容易,员工显得有些警惕,并不会表达他们的真实想法,但铁杵磨成针,冯总让政工部发表内部公告表达公司想要改变现状的决心,并希望收集员工的意见。另外,下基层访谈时再三表示不会因此惩罚他们,只是单纯地想了解他们的想法，以改善目前令双方都不满意的现状，一些员工渐渐松口了。

"你们有些做法真不尊重人，谁喜欢工作时被监控，像囚犯一样。"一名85后的员工快言快语道。

"感觉每天就是不断检查，不断批评，有安全事故、违规行为的发生就批评，完不成指标就批评，甚至还扣钱，怎么能一直这么管理呢！"

"就是，扣的不仅仅是钱，还有我们的自尊心！"

"我们是人，不是工作机器，还要在监控下做着所谓的标准动作，你们自己怎么不来试试！"

"不喜欢被命令着做，希望能知道为什么这么做，外力逼久了会出现抵触心理；而且被指挥着去做很没有成就感。"

李站长客观地讲："公司也是在努力解决问题，但是作为一线员工，每天遇到的顾客形形色色，并不是每一次的服务提供都能得到顾客的礼貌回馈。这样的工作环境下，特别是对于80后、90后员工来说，对尊重和身份认可的需要会表现得更为强烈。"

通过交流，冯总对原因有了大致的了解，也真切感受到，这群年轻的员工不再讲究奉献自我，更在乎的是表现自我，寻求尊重，因此自上而下的压力锅式管理便不再适用。他们的目的也不是工资这么简单，绩效激励对他们所起的作用已经不大，他们更在乎的是内在驱动。豁然开朗后，冯总立马召集相关人员进行讨论。

众人拾柴火焰高，很快公司就整理出解决这个困境的核心思想——以员工是管理主体和公司价值源泉为导向，增强基层员工的自主管理意识，从而带动员工和公司一起发展。但是具体概念该如何界定呢？冯总急得在办公室来回踱步，无意间在书架上看到了《体验营销》，顿时豁然开朗，体验营销是让消费者在体验中消费，这不是可以将体验应用到管理中来吗，让员工在体验感知中参与管理。咨询相关专业人员并经过讨论整理后，温州公司提出了体验式管理。所谓体验式管理，温州公司给出的界定就是以提高员工体验为出发点，通过了解员工的内心需求，分析比较员工期望与实际感知的差距，以此将可感知的体验活动纳入经营管理工作中，通过员工的自我管理、自我激励、自我约束，强化员工的归属感与成就感，激发员工的工作热情和创造力，从而提升公司核心竞争力。

温州公司采取的具体做法是建立以员工自主管理为主、站长正向引导为辅的站务管理新模式。站长牵头组织民主选举站务管理小组（站务管理小组管理方法详见附录2），管理小组协助站长自主做好站务公开、内部监督等管理。站长定期为站务管理小组设置管理目标，针对不同特点的人员安排不同管理任务；小组成员鼓励大家表达自己的观点，激发自主管理热情。两者形成互动保证管理有的放矢,将公司与员工相关的政策和措施放在"玻璃层"中公开,将员工的事交由员工自己管理,站长与上级管理部门只负责方向引导,具体的日常事务由员工普选出来的站务管理小组负责,以此形成自主管理组织基础。

在推行站务管理新模式时,加油站做出了不同反应,积极配合的有之,在旁观望的有之,更甚者是散布一些不利流言来试图阻止现状改变。冯总也明白,新办法的推行不可能马上就得到100%的支持,因此对待这种情况也没有采取强制手段,而是积极保障基层自主的实施,使其在实践中得到检验。

一方面,充分赋权站务管理小组:一是考核分配制订权。在加油站层面,站务管理小组自主制定绩效薪酬考核、非油品返利分配等三级考核分配方案,如在执行过程中,出现了阶段性的目标调整或原来的方案不足以调动员工积极性时,站务管理小组可以根据大部分员工的意见,重新制定分配方案。二是绩效评优评议权。在不同层面、不同岗位对站内员工的绩效考核、荣誉评定、先进人员推荐,由站务管理小组确定。三是站内事务管理权。站务管理小组统一管理加油站集体奖励、活动资金及伙食费用开支等,让员工切切实实分享劳动成果,防止个别管理者暗箱操作。四是经营管理监督权。遵照企业经营管理纪律对加油站日常运营及站内站长、员工日常行为行使监督权。推进站内事务公开,形成有效的内部监管。另一方面,在基层员工和管理层之间建立起不同的沟通渠道,如开通经理热线和邮箱、设立经理接待日、每月下基层座谈走访等信息共享渠道,鼓励员工积极参与企业管理,对企业的各项管理活动提出自己的意见和建议。对员工提出的具有切实可操作性的管理建议,公司逐步予以鼓励、推广;对员工反映的违规问题,落实职能部门即时响应,限时查实,确实存在违规的,严格按公司管理规定进行处理,在基层树立从严管理的局面。

"站长,我发现了一个问题,我们加油站……我觉得可以这样解决……"

"我不同意这样做,一方面是因为……""有道理,我还有点补充……"

这样的对话越来越多地出现在加油站,员工的主动性也越来越大,实施一段时间后,针对站务管理小组的反对之声越来越弱,原来旁观的加油站也纷纷开始实行站务管理小组,冯总也通过邮箱、经理接待日和基层座谈走访更多地了解了员工的想法,对开展体验式管理也更有信心了。

五、一波刚平,一波再起

经过将近一年时间的实行,加油站的考核分配制度已经基本确定,站内事务管理也基本进入预定轨道,员工的热情似乎已经冷却下来了,在信息共享渠道反映问题的声音也逐渐减少,加油站似乎陷入了不再前进的僵局。冯总担心再停滞不前可能又会回到原来状态,必须让员工在日常表现中培养自我激励,通过员工自我发展带动加油站的发展,但是具体该怎么做呢?

　　为了充分发挥员工的能动性,冯总发动管理层向全公司收集创新想法。冯总每天都会查阅助理整理过的员工意见汇总,员工们总有令管理层意想不到的创意。一位员工表示可以将他们的日常表现通过积分形式来累计,就如会员卡积分一样,积累到一定程度公司给予一定的奖励。在这个想法的基础上,管理层决定重新构造员工荣誉体系。新的荣誉体系推翻了原先的以业绩指标确定优秀员工的做法,将员工的日常表现通过荣誉积分形式量化,以此来强化其自主管理的自觉性。在积分的设计上,分别从加油站、片区和分公司三个层面,根据不同的管理内容,分别设置项目并赋予分值,并从不同的层面授予不同的勋章,实现员工荣誉积分的立体式管理(员工荣誉体系详见附录3)。

　　员工在积累相应积分后,可以进行多维度兑换。一是积分兑物质奖励。员工不仅可以兑换分公司采购的物品,而且站内积分累计前1—2名的员工可获得先进提名奖,可享受次年每月80元的奖励。在提名奖中评选先进,将获得次年每月100—300元的奖励,还可得到其他如晋升等福利,还可推荐参加更高级别的奖项评选。二是积分兑换荣誉勋章。片区在每个季度颁发金、银、铜章,采取铜章上墙、银章上身、金章上肩的形式,提高对员工的精神激励。

　　同时为了增加荣誉感,管理层将"英雄"重新定义,认为英雄不是全能的典范,只要在工作上某一方面某一环节业绩突出,其经验和操作技法具有可借鉴、可复制、可推广的特征,其就可以成为英雄。这英雄存在于我们的身边,大到部门负责人、支公司经理,小到普通加油工、便利店理货员,都可以成为挖掘的对象。在英雄寻找推荐中,采取多渠道、多形式发现英雄、推荐英雄、创造英雄,如同事推荐、部门推荐、自我推荐等。公司每月设立"英雄提名",年终通过全员网络投票确定"英雄奖""英雄提名奖"。另外,为鼓励员工寻找、推荐英雄,公司特别设置"慧眼奖",颁发给推荐成功的员工。而且英雄事件将在展板上展示并编入《我们·温州石油大事记》。

　　实施了这么一系列的措施,员工不仅能参与相关措施的制定,而且能深切感知自己工作行为的收益,员工的热情再度被点燃,2014 年公司总共授予铜勋章1352 个,银勋章 818 个以及金勋章 121 个。看到员工的变化,冯总心中欢喜。

六、风波再起,再度创新

　　加油站的工作氛围越来越好,一切似乎都在有序地进行;但是在一次站长会议临近结束的时候,一位站长起来发言道:"冯总,我这人心里藏不住话,如果有什么说过了,您也别往心里去。公司自从实行站务管理小组后加油站发生的变化我们都切身体会到了,但是作为站长,自从有了站务管理小组后,确实有时候会觉得原本属于自己的权利被剥夺了,而且自己的意见或者提案被小组否定的时候也会很尴尬难受,这些都可以调整,但是有时候面对员工因为荣誉体系等干起活来特带劲,就觉得自己也是需要这样的动力,不知道公司现在有没有什么想法?"有些站长也表示有同样的感受。冯总心想站长是最接近一线员工的管理员,团队凝聚力和管理风气往往在很大程度上取决于站长,一旦站长出现懈怠贪腐,往往造成连锁反应,他们所说的确实也是个问题,当下表示公司会考虑并尽快给出答复的。

就如员工荣誉体系的产生一样,管理层汲取基层的智慧后推出了站长"星级制"管理以激发站长的荣誉感来带动加油站管理。首先是将以往的年终短期评定转变为"一月一评"的长期评定,将以油品销量为主要考核指标转变为对站长品质、能力、状态等主观因素综合考核(加油站站长月度 KPI 考评参照表详见附录 4)。每月,支公司经理充分听取加油站站务管理小组意见,对每位站长进行考评,按照优、中、劣三等自设阶梯,标注必要的给分说明,做到每项给分有理有据。年末,支公司将每位站长每月考评累计分进行排名,排名支公司前 50% 的站长上报分公司进行第二环节的公示复议。再由零管部管理人员下基层油站实地验收,考察基础管理水平,"一对一"询问员工对站长工作表现的看法,最终确定站长是否晋星。此后每个年度开展一次评审,经评审通过可晋升一星。站长以"准星"为起点,逐级晋升,逐年晋星,一步步提升为"一星""二星""三星"站长。

此外,为了让站长在考核改革中看到实实在在的动力,站长能力等级评定的推行,首先将一律按油站规模和销量指标核定薪酬的老办法,改为油站规模与站长个人能力双向兼顾的新方式。站长岗位薪酬分为规模工资和星级工资两部分,规模工资按油站销量指标分为一到六级,星级工资按站长管理能力不同呈阶梯级递增,也分为准星、一星、二星、三星。例如油站规模为加油量 22000 吨以上,非油品销售额 160 万元的一级站,站长被授予"一星"后,可在原先规模工资的基础上增加 5400 元星级工资,"二星"可增加 6300 元工资,"三星"可增加 7200 元工资。

2014 年 5 月 4 日,在温州分公司的综合会议室里,伴随着掌声响起,温州公司首批"星级站长授星仪式"正式开始,一枚枚带有星级标志的站长臂章由冯东明总经理带领各分管经理逐一授予 21 名站长。

星级站长在仪式上表示星级站长既是荣誉也是压力,相比其他站长,他们更多了一份责任与重托。

"以前作为市区两万吨站站长,卸油工作完全可以交给站助或计量员办,现在不同了,带了一颗星等于送来一杆枪,无数的眼睛盯着你这个站长卸油率是否达标。"

"没有晋星前,感觉没有必要事事都争强好胜,但现在挂上星了,心态就不一样了,如果你不留心,冠军也会被黑马赶超!"李站长也是第一批晋星的站长,自从晋星后就像打了强心剂,样样工作都争先,带领全站员工整治卫生死角,投入到提升服务年的"最美加油站"评比中。截至 2014 年,共 34 人次评选上二星级站长、72 人次评选上一星级站长。

七、创意无限,玩出精彩

现在整个基层组织充满活力,受了他们工作激情的影响,管理层的积极性也在提升,人力资源部张经理在会上阐述他们的发现:"在一次针对员工的调查中我们发现,不同时代的员工具有不同的特点,70 后的员工注重奉献自我,80 后的员工在乎的是表现自我,而 90 后的员工看重的是愉悦自我,之前的一系列措施可以让他们奉献自我、表现自我,今后我们觉得可以从娱乐性角度来丰富体验式管理。"也就是在一个创新接着一个创新后,温州公司成为中国石化推广微信内部平台的第一人,充分发挥社交网络平台移动便捷、员工黏性强等特点,利用图文并茂、寓教于乐等方式及时分享先进的经营管理经验,员工很方便与平台互动,增进参与度,共同发展。而且,公司也经常在平台上进行如答题赢话费等活动,增加员工工作的趣味性。

"我昨天参与了公司微信平台上推出的有关站务管理小组答题活动,获得了50 元话费奖励,今天就到账了呢,你们也赶紧去呀!"

"哎哎,别着急回去呀,我们一起答题吧。"

截至 2015 年 4 月,已有 1685 名员工加入公司内部微信平台,平均每天 800余人浏览微信平台信息,开展沟通交流。

另外,为了增加员工对激励感知的及时性,2015 年公司推行"油 PIN"——只要员工做出值得肯定的正向行为就会得到"油 PIN"。按照分公司、县(支)公司、加油站不同管理层,每年由人力资源部给予各管理层一定数量的"油 PIN"。各层级管理者围绕销售、管理、人力培训、创意设想及日常生活等开展"油 PIN"授予。在工作中发现员工某一方面某一环节有好的表现,现场当即奖励他一定数额的"油 PIN"。举例子来说,冯总到吴桥站进行考察,发现这个站的卫生搞得特别好,就直接发了 3000(T)"油 PIN"来肯定他们的成果。浙石加油站的一位小伙子追回了顾客逃单的损失,李站长立马就发给他 100(T)作为对其的及时奖励和表扬。而且分公司人力资源部每年将定期组织"油 PIN"兑换活动,每半年给予"油 PIN"累积积分达到一定数额的员工金、银、铜三色勋章。凡是员工"油 PIN"累计积分 60000(T),授予该员工一枚铜勋章,累计三枚铜勋章升级为一枚银勋章,累计三枚银勋章升级为一枚金勋章。

八、新困惑的出现

2012 年初实行体验式管理以来,温州公司无论是在经营业绩还是员工满意度方面都得到了提升,而且员工流失率和人工成本都明显降低(取得的效果详见附录 5),其经营管理成效得到了系统内外的充分认可,由此获得了中国石化集团公司"岗位练兵先进单位""'三基'工作先进基层单位"等荣誉称号,被中国石化销售事业部评为"改善管理优秀地市公司",还多次获得温州地方党委政府的"安全生产先进""学习型组织"等荣誉。温州公司在中国石化销售系统中的综合竞争力排名稳步上升。但是随着自主管理模式的逐渐深入,新问题也慢慢出现。在一次例行会议上,各个站长纷纷表达了他们的担心。"3 月份看了下员工的收入,我吓了一大跳,"虞站长说,"业绩最好的组和最差的组的工资差值达到了500 元。更惊讶的是,业绩最好的员工和最差的员工的工资差距达到了 1000元。这个很令人担心,工资差距过大会不会破坏内部稳定性?因此,如何把握工资差距的这个度还需要再多多思考。"吴桥站的郑站长也碰到了一些新问题:"现在体验式管理是个新事物,大家积极性很高,但是随着时间的流逝,如何激励管理小组成员的积极性是我们不得不面对的问题,现在我们站给予管理小组的成员分发'油 PIN'的权利,给他们佩戴显示小组成员身份的袖标等来进行精神激励,不知长期效果如何,也希望能通过微信平台借鉴更多创新办法。"坐在办公室里,望着窗外的蓝天白云,冯总也是感慨万千,00 后员工逐渐增多,他们又有什么新特点呢?对他们的激励是否又会不同?未来还会遇到什么挑战,还有什么难题都是不可预知的,但是有一点是清楚的,了解基层员工的需求,让其参与管理,成为企业"管理者"才是激励员工风雨同舟的密钥……

Experience-Management: New Exploration in Incentive Mode of Employees in Sinopec Wenzhou Company

Abstract: In Sinopec Wenzhou Company, employees in gas station are the majority; therefore, grass-roots management plays an important role in enterprise development. However, traditional incentive mode of Wenzhou Company was apt to dampen the enthusiasm of the staff, causing their reverse psychology, especially the new generation of employees. As a result, the top managers were so desired to solve the problems by making every possible. In 2012, Wenzhou Company innovatively explored a new incentive mode called experience-management, through establishing gas station management team, strengthening the honor system construction and enhancing the self-management consciousness of employees to fully arouse the vitality of grass-roots organizations. Eventually, the company was successful to some extent, and now, let us explores that Wenzhou Company how to explore new grass-roots staff incentive mode through the experience-management and discuss about how to deal with the new problems.

Key words: Employee; Self-management; Experience-management; Incentive

☞附录 1　中国石化温州公司组织结构

　　中国石化实行模拟分权制的组织结构,下设油田勘探开发事业部、炼油事业部、化工事业部、油品销售事业部等四个事业部。温州公司属于油品销售事业部下浙江省的石油分公司,其组织结构如图 1 所示。

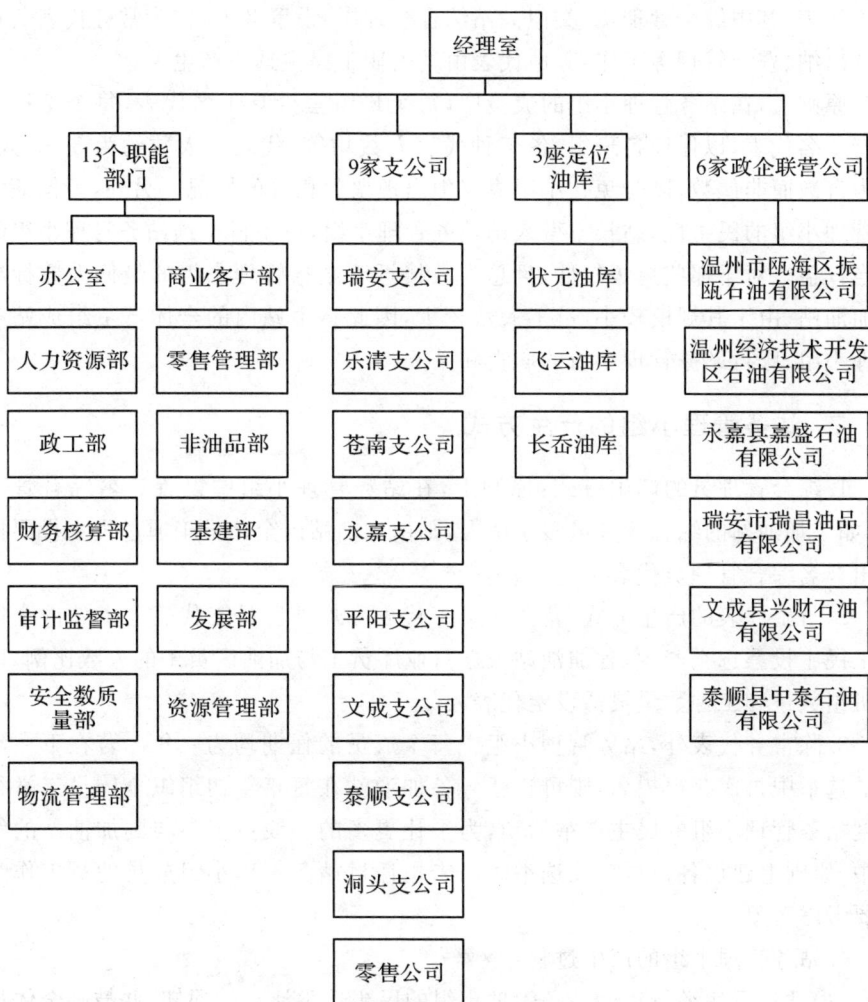

```
                            ┌──────────┐
                            │  经理室   │
                            └────┬─────┘
        ┌──────────────┬─────────┼─────────────────┬──────────────────┐
   ┌─────────┐   ┌──────────┐  ┌──────────┐  ┌────────────────┐
   │13个职能  │   │ 9家支公司 │  │ 3座定位  │  │6家政企联营公司  │
   │ 部门     │   │          │  │ 油库     │  │                │
   └────┬────┘   └────┬─────┘  └────┬─────┘  └───────┬────────┘
```

13个职能部门		9家支公司	3座定位油库	6家政企联营公司
办公室	商业客户部	瑞安支公司	状元油库	温州市瓯海区振瓯石油有限公司
人力资源部	零售管理部	乐清支公司	飞云油库	温州经济技术开发区石油有限公司
政工部	非油品部	苍南支公司	长岙油库	永嘉县嘉盛石油有限公司
财务核算部	基建部	永嘉支公司		瑞安市瑞昌油品有限公司
审计监督部	发展部	平阳支公司		文成县兴财石油有限公司
安全数质量部	资源管理部	文成支公司		泰顺县中泰石油有限公司
物流管理部		泰顺支公司		
		洞头支公司		
		零售公司		

图 1　温州公司组织结构图

☞附录2　站务管理小组的操作办法

一、站务管理小组的组织设置

站务管理小组成员主要包括综合管理岗代表、营业厅员工代表以及加油区员工代表,其中综合管理员(类似大站综合管理岗)设置 2 人,作为常务代表负责账务出纳、登统管理等工作,其他代表由站内职工民主选举产生。

原则上,在站务管理小组的成员中,每个班组至少有 1 名代表,每个工种至少有 1 名代表,以保证各班组、各工种代表人数均等,代表总人数约为 5—9 人,且为奇数而非偶数,以避免在小组决议中出现票数相等的情况。另外,为保证站务管理小组的民主性,站长不得入选站务管理小组,也不得干预站务管理小组的正当权益。对于那些星级较低,且总人数接近于站务管理小组的最低人数标准的加油站,由于其规模较小,员工人数较少,因此将由站内的全体员工组成站务管理小组,履行站务管理小组的职责和义务。

二、站务管理小组的产生方式

1.综合管理员的产生方式:原则上,在站务管理小组中设置 2 名综合管理员,如果加油站的综合管理员多于两人,则由加油站内全体员工通过民主投票推举出 2 名综合管理员代表。

2.员工代表的产生方式:营业厅员工代表和加油区员工代表均由站内全体员工民主投票选举产生,各加油站根据营业厅员工与加油区员工的人数比例,以及班组数量和工种数量灵活设定代表人数。

3.除常务代表外,站务管理小组中每个成员的任期均为一年。若在下一年度的选举中再次获得提名,则可连任。各加油站在每年年初组织全体员工举行年度站务管理小组的民主选举活动,为了让更多的一线员工参与到加油站的管理中,原则上建议各位员工在选举时以未担任过站务管理小组成员的员工作为主要考虑对象。

4.站务管理小组的产生过程:

(1)站长下达举行年度站务管理小组的民主选举活动的通知,并鼓励全体员工积极参与选举活动;

(2)有意愿参与选举的员工提交申请书和个人简历,并准备选举的竞聘演说;

(3)举行选举大会,各位参与者逐个进行自我介绍,发表竞聘演说;

(4)员工对综合管理员(如不需参与选举则可省略)、营业厅员工代表、加油区员工代表进行无记名投票,员工在投票时应秉持客观、公正、公平的态度;

（5）根据收回的有效投票进行票数统计；

（6）宣布投票结果，确定小组成员；

（7）将选举产生的小组成员名单报区域备案。

三、站务管理小组的权益

站务管理小组权益主要体现在参与站内集体事务、涉及员工群体利益等事项的管理中。具体来说，主要包括以下几项内容：

1. 依照分公司下发的零售三级考核办法、员工薪酬测算办法、非油品返利分配意见及其他各类单项评比奖励指导意见，以"少数服从多数""民主集中"为原则，参与本站各类分配方案的审议，行使审议权和否决权。

2. 根据分公司有关加油站资金、安全管理程序及 IC 卡、非油品经营等方面的管理规定，对站内员工经营管理行为行使监督权，如发现异常违规行为应立即向站长反映情况，如站长不受理可向区域或上级主管部门反映情况。

3. 站务管理小组应对油站返利分配过程和活动收支账目进行审核并签字确认。油站账目应保证清晰、公开，日常开支应自觉接受管理小组监督。

4. 管理小组成员如认为返利分配或活动开支存在不合理情况，应签署说明不同意见，也可直接向支公司或零管部反映情况。

5. 参与月度、半年度和年度优秀员工的评审，根据员工的实际工作情况和考核标准进行打分，正确、客观地行使话语权；对各类劳动竞赛实施的公平性、公开性及公正性进行监督，对荣誉体系的评选结果进行审核并签字确认。

6. 分公司需确保站务管理小组的独立性，对监督小组依照公司规定行使的权力予以保护，管理小组成员降职或离站时，区域经理应履行约谈制度。小组成员如没有重大违纪、违规行为，在任期及卸任后一年内，站长不得凭任何缘由予以辞退或降级（如情节严重的上报区域）。

7. 站务管理小组成员可获得相应的岗位津贴。此外，根据《荣誉体系制度》，当油站获得红旗荣誉时，小组成员的奖励分数可适当地比普通员工有所提高。

8. 对于严格履行职责，并在杜绝、劝阻、制止站内个别人员违规、违纪行为等方面做出突出贡献的管理小组成员，经上级主管部门评定，在其卸任后一年内每月将给予特殊岗位津贴，在竞聘各类管理岗位时也将得到优先考虑。

四、站务管理小组的义务

权益往往与义务同在。站务管理小组在享有以上权益的同时，必须坚决履行以下义务：

1. 不辜负站内全体员工的寄托，认真履行监督、管理职责，维护员工权益和集体利益。

2. 敢于向违规、违纪行为说不。严于律己,公正待人,不参与、不隐瞒违规、违纪行为,不借机徇私枉法、打击报复,一切本着实事求是的态度,提出合理的意见和建议,必要时才行使举报问责权利。

3. 认真参与站内分配办法和活动基金收支审议,不得将自己置身于站长的日常管理之外,不可将个人私情凌驾于管理,更不可因蝇头小利丧失原则,注意工作方式方法,求大同存小异,本着公平、公正、公开的态度配合站长工作,维护团队权益。

4. 自愿接受群众监督,如有玩忽职守、知情不报、公权滥用者,将报区域撤销代表资格,岗位待遇降级处理。

5. 管理小组应当认真听取员工对他们自身的业务内容、油站的管理工作以及公司的经营方针等方面的意见和建议,做好记录,并及时向站长等上级管理者反馈;另一方面,管理小组应该协助站长做好信息传递工作,帮助员工认识和了解公司颁布的规章制度和管理要求。

☞ 附录3　员工荣誉体系

员工荣誉积分制,即将员工的日常表现通过积分形式量化,并采取累积管理的方式。不但表现好可以获得积分,而且工作时间长也能通过累积获得积分。以积分获取晋升、评先或其他福利,逐渐培养员工忠诚度,进而降低劳务派遣工的流失率。在积分的设计上,分别从加油站、片区、分公司三个层面,根据不同的管理内容,分别设置项目并赋予分值,实现员工荣誉积分的立体式管理。

加油站层面,主要以员工 KPI 考核的方式进行。对综合管理岗、领班、安全员(或开票员)、加油员五类岗位分别设定岗位 KPI 细则,一人一档。以站为单位,按季评选总分排名前 20% 的员工,授予一星级铜荣誉积分。

片区层面,主要以季度竞赛开展银勋章评选。片区每季度可组织 3 次单项奖赛事和 1 次综合奖赛事评定。单项奖评奖比例分别为 10%,授予一枚“一星银”。综合奖竞赛项目前 10% 将授予一枚“二星银”。每季度如辖区内加油站员工进入分公司单项奖竞赛排名前 5%,将授予其金星勋章。

分公司层面,主要依据公司经营业绩考核重点、覆盖人员规模等综合考虑,平衡不同岗位评优项目。分公司层面的单项奖竞赛以半年度或年度为周期,单项奖评奖比例分别为 5%。根据相应评选范围内排名通报结果,核定荣誉。综合奖竞赛项目以年度为周期,结合日常的综合考评和荣誉获得情况,对参选员工进行考核。根据综合排名,前 5% 将授予一枚“四星金”,可以在年底晋级评定中直接晋级,并在晋升岗位时具有优先资格。

表 1   加油站员工 KPI 规划识别表

KPI(固定)		评定标准(参考)	评定分值(参考)
自律	严守劳动纪律	不迟到不早退,不无故请假、擅自调班换岗,夜间不睡岗、脱岗	10%
	严守经营纪律	不参与加油 IC 卡、非油品等违规操作,不隐瞒其他员工的违规、违纪行为,在油荒等特殊经营背景下不强买强卖,借机牟利。有义务劝阻本班组其他员工的违规违纪行为	10%
	严守岗位职责	认真履行加油"八步法",非繁忙时段,主动推销非油品商品。有良好的服务意识和对公司利益负责的表现	15%
		管好商品、管好钱,避免因主观失误而加错油、长短款、丢失商品等	15%
能力	个人销售能力	成品油销售排名 1/2 以上	5%
		燃油宝销售排名 1/2 以上	5%
	工作落实能力	服从上级工作安排,对阶段性、临时性交代的工作任务,能认真遵照执行	10%
	服务规范能力	神秘顾客及上级检查中是否存在失分	10%
	应急处置能力	临近自身泵岛发生客户纠纷时,处置是否及时到位	5%
		突发险情处置是否及时到位	5%
状态	竞赛、迎检表现	能否进入站内各类竞赛排名 1/3,是否认真配合站里做好迎检准备,积极参加各类竞赛比武和技能鉴定	5%
	思想进步	工作积极,乐于助人,在客户或员工中具有较好的口碑	5%

表 2   员工荣誉等级授予简表

评比层面	加油站(铜)		片区(银)		分公司(金)	
奖项 星级	综合奖	单项奖	综合奖	单项奖	综合奖	
1	季度	季度		半年度		
2			季度			
3	年度	年度		年度		
4			年度		年度	

表 3 员工荣誉积分对照表

等　级	对应积分	荣誉勋章			积分级差
1	10	1 铜	/	/	10
2	30	2 铜	/	/	20
3	50	3 铜	1 银	/	20
4	100	4 铜	2 银	/	50
5	200	/	3 银	1 金	100
6	300	/	4 银	2 金	100
7	400	/	/	3 金	100
8	500	/	/	4 金	100
9	600	/	/	/	100
10	800	/	/	/	200

☞附录 4　加油站站长月度 KPI 考评参照表

KPI（固定项目）		参考评定标准
品质	廉洁自律	不参与一切有违经营纪律和促销活动原则的套现、套积分、套发票等违规活动；加强日常监管，不隐瞒违规行为，不得未经站务管理小组商定擅自动用站内活动基金等
	处事公平公正	在制定具体考核竞赛办法时均与站务管理小组协商，在落实日常考核中严格遵照既定考核办法执行
	强烈责任心	严格履行站长岗位职责，重大节日、重大行动（如调价、抗台、抗汛）坚守岗位，冲锋在前，严格履行重大作业及施工期间安全监督职责
能力	团队组织能力	带领团队取得神秘顾客考评优秀，低于片区平均分均算不合格
		油站整体工作、团队氛围较浓，无站长主观责任的员工投诉（员工满意度）
	业务经营能力	月度零售考核
		月度非油品考核
		加油 IC 卡持卡比例
		"营改增"客户发展（或高标号竞赛）

KPI（固定项目）		参考评定标准
能力	危机处理能力	善于处置各类突发情况,及时、有效控制事态发展。在繁忙时期,均有亲临现场指挥,具有较高的参与度
		善于处理各类客户投诉、客户纠纷,尽己所能将损失或影响范围控制在最小
		善于调节员工内部矛盾,做好员工思想工作,保持团队和谐和睦
	基础管理能力	加强基础管理(安全数、质量、资金等),认真履行日常安全检查,及时查出隐患问题
		对力所能及的隐患问题及时整改,对自身难以修缮的问题予以上报备案
状态	竞赛进取心	在分公司、片区组织的各类销售、服务竞赛中有较好表现
		结合阶段性工作在站内组织各种形式竞赛比武,积极开展争先创优红旗评比
	管理执行力	在分公司下达各类专题管理工作中均有突出表现,如非油品消化库存、控制成品油异常损耗、安全设备大检查、站容站貌专项整治(注意是管理类,而非经营销售考评)
		在省、分公司开展的定期检查、专项检查中表现较好站内员工在站务、加油 IC 卡、非油品管理中没有存在重大偏差

☞附录5　实施体验式管理的效果

基层员工体验式管理实施后,激发了员工自主管理意识,温州公司各方面都得到了一定程度的提升。

首先是提升了经营业绩,特别是在零售量和损耗管理方面。2013 年零售量同比增幅 9.17%,高出沿海分公司(6.52%)2.65 个百分点,折算油品 2.92 万吨,按 400 元/吨计,产生效益 1168 万元。在损耗管理环节,2012 年零售损耗下降了 0.17 个百分点,减少油品损耗 1805 吨,金额 1444 万元(每吨按 8000 元计算);2013 年在 2012 年的基础上又减少损耗 305 吨,金额 244 万元。累计节省加油站油品零售损耗 2110 吨,节省 1688 万元。

其次是员工流失率的降低和满意度的提升。自主管理在基层管理中的实现,使员工对工作的满意程度增强,在省公司委托的北京勺海公司全省系统地市公司加油站员工满意度调查中,员工满意度排名由后三名跃升到第一名。尽管加油站的劳务用工率逐年增加,且劳务市场供不应求,但由于推行基层自主管理,员工在物质、情感和文化上的体验得到不断提升,员工流失率逐年降低,满意

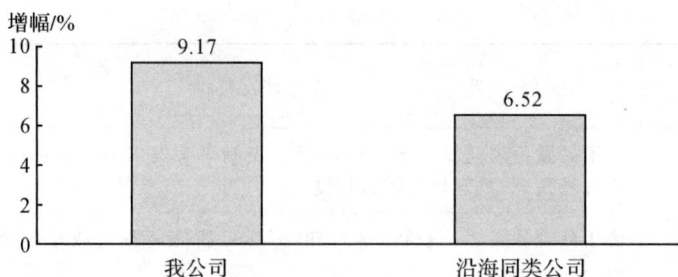

图 2　2013 年零售量同类公司比较图

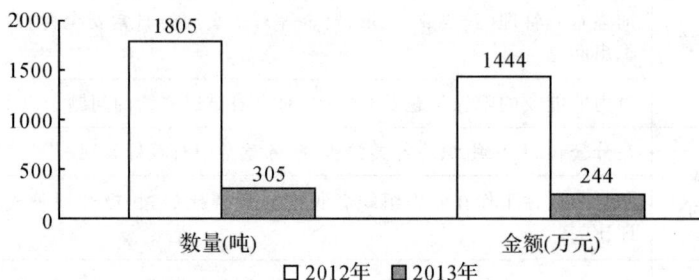

图 3　2012—2013 年损耗减少情况图

度逐年提高,员工关系改善明显,现代服务管理理论中倡导的"内部营销"成效显著。

表 4　近年来薪酬成本提升与员工流失率、员工满意度对照表

	2011 年	2012 年	2013 年
劳务工人数占加油站总人数比例	95.2%	96.11%	96.45%
劳务工薪酬提升比例	15.46%	19.38%	18.05%
劳务工流失率(月均)	3.83%	2.98%	2.46%
总体满意度	78.1	78.3	79.0

从 2011—2013 年劳务工流失人数看,实施自主管理后,两年减少流失人数 367 人,按新员工需培训费用 1000 元/人(新员工上岗培训,每人每天 50 元,一年各种培训 20 个工作日)测算,节约培训费 36.7 万元。

最后有效改善了人工成本。2014 年实际普加增资与自主管理激励成本两者合计为 187 万元左右,相比其他社会企业普加预计增加公司人工成本 585 万元,节省劳务费 398 万元。

表 5　基层自主管理后劳务费节省测算表

项　目	金额（元）	备　注
1.按社会平均增幅计划增资额	5850	
人数	1950	
人均增资	3000	按劳务信息网数据，平均增加 10％
2.自主管理实施后实际增资额	1861330	
人数	1950	
实际人均年增资	600	实际 2014 年人均月增加 50 元
自主管理相关费用	691330	
其中：员工荣誉积分奖励	268400	最高中奖人次 5368 次，以每人 50 元奖励
先进员工提供奖励	122880	积分排名站内前 1—2 名，每人每月奖 80 元
站长星级工资增加	148050	站长星级按每个片区 50％晋级
团队荣誉评价奖励	152000	按优秀站 6 座、达标站最多 58 座
3.实际节省劳务费用	3988670	

PART TWO   案例使用说明

一、教学目的与用途

1. 本案例主要适用于《管理学》和《组织行为学》等课程中有关激励、管理创新等内容的教学和讨论。案例适用于 MBA 和 EMBA 学员,同时也适用于管理专业本科生和硕士生。

2. 本案例的教学目的在于让学员探讨如何激发基层组织的活力,通过案例讨论帮助管理者认识到在新环境下员工需求和关注点的变化,并且通过激励 80 后、90 后员工这个逐渐成为主要劳动力的群体以及基层管理者(加油站站长)来更深入、更全面地理解激励理论和实践这一管理学的核心领域,理解企业应该根据自身的实际情况设计灵活多变的激励措施,在员工激励中打造优秀基层组织,在帮助员工成长的同时促进企业发展。

二、启发思考题

在课堂讨论之前,要求学生按照案例学习步骤完成初步阅读和小组讨论,并准备课堂讨论发言。在此阶段完成对以下问题的思考和讨论:

1. 新生代员工具有什么特点? 中国石化温州公司自上而下的管理为什么会出现问题? 内在原因是什么?

2. 什么是体验式管理? 体验式管理的内涵包含哪些方面的体验? 结合 B. 约瑟夫·派恩二世和詹姆斯·H. 吉尔默对体验经济公司的研究,谈谈体验式管理的基本原则。

3. 实施体验式管理的效果如何? 结合理论说明为什么会取得效果?

三、分析思路

教师可以根据自己的教学目标来灵活使用本案例。这里提出本案例的分析思路,仅供参考。

1. 首先分析新生代员工具有什么特点,中国石化温州公司自上而下的管理为什么会出现问题,内在原因是什么。

分析新生代员工的特点:第一,他们维权意识强,看重公平。例如员工向总经理写的举报邮件,别人违规而没有惩罚对他们自己来说不公平,损害了他们的权益,因此要举报,还有站长向总经理反映自己也需要动力的事件,员工的努力所带来的收益感知是如此明显,作为站长难免会感到不公平。第二,注重知情权,寻求尊重和身份认可,这点从员工在表达他们的不满中就可以看出,另外从荣誉体系的设计中也可以察觉。第三,喜欢表现自我,享受成就感。关于新生代员工的特点,建议教师鼓励学员在课外可以提前查阅相关资料进行补充。

出现问题的原因:

(1)管理模式上,加油站的领导风格是家长式,经营决策是高度集权,属于粗放式管理。员工只能接受服从命令,不能参与,导致工作热情不够,特别是对于新生代员工来说。

(2)激励方式上,一线岗位职责与奖罚不对等,领班和安全员尽管有岗位监督职责,但岗位补贴低、晋升空间小,员工感知不明显,违背了激励的合理性原则,未能达到激励的预期效果;由于基层站长、员工评级评优范围局限,最终获奖者屈指可数,只激励少数人,多数人干好干坏差别不大,与激励对象和方式的多样性相违背。

(3)分配方式上,目前加油站的绩效考核主要以量考核为主,津贴以工龄逐年递增而非按工作表现择优评定,先进、能手等评优亦是以销量为准,造成了"各人自扫门前雪,莫管他人瓦上霜"的现象,以至于员工违规行为无人举报,除非触及自身利益。

总的来说,自上而下的管理方式不能形成员工的内在驱动,不能有效激励基层员工,导致基层组织活力不足。

2.其次,思考讨论什么是体验式管理?体验式管理包含哪些方面的体验?结合 B.约瑟夫·派恩二世和詹姆斯·H.吉尔默对体验经济公司的研究,谈谈体验式管理的基本原则。

体验式管理,温州公司给出的界定就是以提高员工体验为出发点,通过了解员工的内心需求,分析比较员工期望与实际感知的差距,以此将可感知的体验活动纳入经营管理工作中,通过员工的自我管理、自我激励、自我约束,强化员工的归属感与成就感,激发员工的工作热情和创造力,从而提升公司核心竞争力。

具体来看,物质、情感、文化三个层次的体验需求充分贯穿于体验式管理的始终,而且与马斯洛的需要层次理论不谋而合,具体可见图1。

体验的创造有着广阔的空间,公司要考虑的是它能够提供何种特殊的体验,找出的特殊体验,这就是公司应该设计的方向。体验与商品和服务一样,需要经过一段设计过程,需要经过发掘、设计、编导,才能呈现出来。借鉴 B. 约瑟夫·派恩二世和詹姆斯·H. 吉尔默对于体验经济公司的研究,可归纳出设计体验式管理的四个基本原则。

(1)主题明确

每一项措施的背后总暗含着公司的目标。无论是站务管理小组还是荣誉体系建设都应点出明确的主题。制定明确的主题可以说是实施体验管理的第一步。如果缺乏明确的主题,员工就抓不到主轴,体验不深刻,体验效果不明显。比如,站务管理小组的主题是"员工当家作主、公平、公正、公开",荣誉体系建设的主题是"地位、身份"。主题无须贴在墙上或挂在嘴上,但必须带动所有的设计与活动,朝向一致的体验感受,吸引员工。

(2)以正面线索塑造为重要手段

主题是体验的基础,若想塑造令人难忘的印象,就必须制造强调体验的线索,而且每个线索都必须支持主题与主题相一致。不同的体验建立在不同印象的基础之上。制度的下发、解读和宣讲,制度文件等相关材料在加油站的宣传板上展示,相关标志在办公室、休息室、走道墙壁上有序张贴,每一个小细节都可以成为线索,都能对员工进行引导,可以帮助其创造独特的体验。

(3)充分利用载体,延续员工体验

如果公司经过制定明确主题、制造线索等过程,设计出精致的体验,那么,借助于载体,将加深员工的体验感知,让员工继续回味体验,使得体验效果延续化。这里的载体指的是活动的奖励,包括有形奖励和无形奖励。

每个人都渴望被人尊重,希望得到他人的赏识和高度评价。加油站的员工与顾客接触频繁,遇到的顾客更是形形色色,并不是每一次真心的服务提供都能得到顾客的礼貌回馈。在这样的工作环境下,一线员工对于尊重的需要,对于地位和身份认可的需要,表现得更为强烈,特别是对于个性张扬的 80 后、90 后新生代员工而言。以荣誉体系建设为例,特殊设计的名牌的佩戴、荣誉墙、荣誉证书,甚至是总经理嘉奖令,都能让员工引起愉快的感受,强化员工的体验。当然载体的设置需要根据员工的情况而定,只有员工所渴望的奖励,才能真正起到作用,例如,比起本地员工,外地员工往往更青睐于带薪休假。

(4)体验形式多样,提高员工感知

体验中的感官刺激应该支持、增强主题,但是感官感受不是越多越好,而是要相对强烈,要正面引导。让员工看到和听到制度实施的过程及效果,超出员工的期望,刺激员工的体验;同时,不论是物质奖励还是有形展示等精神奖励,都应该超出员工的期望,强度相对较高,否则就如同隔靴搔痒,将削弱员工的接受程度和体验感知度。

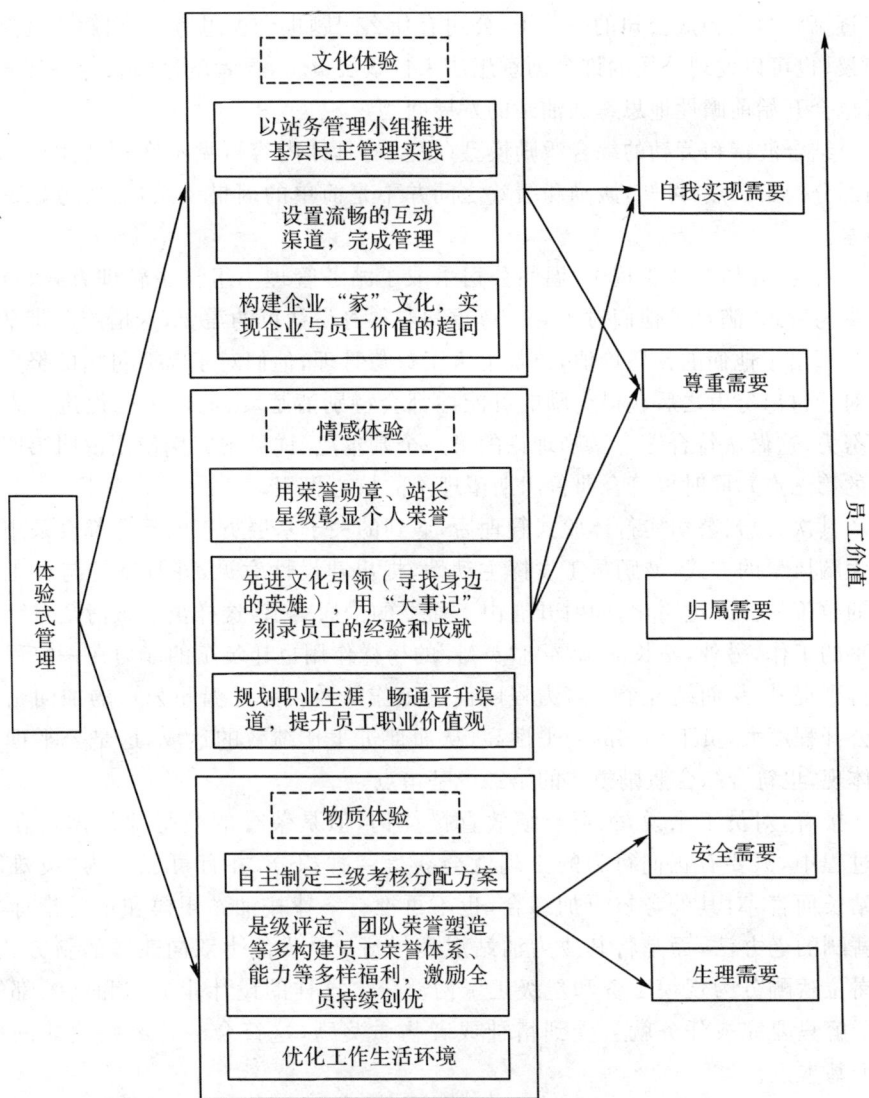

图 4　体验式管理的管理路径图

3.接着,说明实施体验式管理的效果如何。结合理论说明为什么会取得效果。

效果:①量化效果,各指标改善情况具体可见案例正文附录 5;②质化效果:一方面是管理者角色发生转变,管理质量明显提升,在体验式管理下,管理者不再是简单的命令指挥者,而是问题的发现者、员工能力的提升者和工作推进的支持者。另一方面是员工关系管理和谐健康,参与度增强,内部营销成效显著,员工逐渐将自己当成公司的一分子,公司有什么问题也会去思考,提出解决问题的建议,也可以发现公司的许多创意想法来自基层员工,再者就是站长等基层管理者也会开始前瞻性地思考加油站的发展问题。

结合波特和劳勒的综合激励模型(模型的具体内容可见本案例使用说明第四部分的第二点)可知,激励和绩效之间并不是简单的因果关系,需要考虑综合因素。

首先,在体验式管理中,温州公司采取了站务管理小组自主管理方式,员工能参与管理,满足了他们对于寻求尊重和获得身份认可的需要,这措施所带来的满足超出了他们的预期价值,再加上由于参与管理,他们对于需要付出的努力以及对于付出努力之后获得奖励的可能性都会特别清楚,由此便可能促进个人做出努力,这做法符合综合激励理论的第一个基本点(详见本案例使用说明第四部分的第二点),同时也符合弗鲁姆期望理论的核心思想。

其次,温州公司实行体验式管理后,遇到的关于基层员工的问题都会采用类似大脑风暴的方式,鼓励员工发挥主动性,提出建设性意见,并且坚持与员工相关的政策的公开透明化,同时开通由下而上的沟通渠道,这样员工很清楚自己所从事的工作,另外,站长的引导和"英雄"的榜样作用也让员工的能力在一定程度上得到提升,从而结合个人努力程度促进工作绩效。另外温州公司的加油站事务公开程度大,员工感知的公平性高,从而促进工作绩效的达成,这是公平理论的体现,也符合综合激励模式的第二个基本点。

接着,对员工来说,工资与绩效直接挂钩,但是荣誉的获得却是体现在日常过程中,只要有正向行为的出现就会获得荣誉积分,并且可能成为"英雄"。对站长而言,对其的考核更加综合,也不再推行一律按油站规模和销量指标核定薪酬的老办法,而是将其改为油站规模与站长个人能力双向兼顾的新方式,且岗位薪酬分为规模工资和星级工资两部分。这样的设计让员工和站长都能够了解只要完成任务就会受到精神或者物质奖励,这符合综合激励模式的第三个基本点。

然后,由于自主管理的信息公开透明化,受激励者感到公平的程度大,则对结果的满意度大,这正好体现了综合激励模式的第四个基本点。

最后,在体验式管理中,站务管理小组的设计使公司的相关政策公开透明,荣誉体系的建设使员工们深切感知收益,微信平台以及"油 PIN"都是基于员工的需求来设计,这些多样化的激励形式从本质上来看都是激励理论在实践中的体现。

综上所述,我们可以用激励理论来解释体验式管理所取得的效果。

四、理论依据及分析

1. 经典激励理论：马斯洛的需要层次理论、奥尔德弗的 ERG 理论、麦克利兰的三种需要理论、赫兹伯格的双因素理论、期望理论、公平理论、强化理论。

2. 建议参考波特和劳勒的综合激励模式。

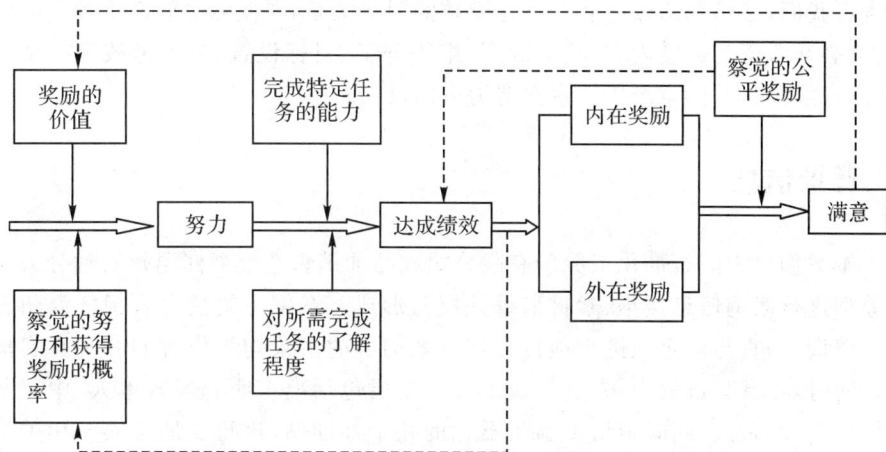

图5　波特和劳勒的综合激励模式图

从图 5 中可以归纳出五个基本点：

1. 个人是否努力以及努力程度不仅仅取决于奖励的价值，还受到个人察觉出来的努力和受到奖励的概率的影响。个人察觉出来的努力是指其认为需要或者应当付出的努力，受到奖励的概率是指其对于付出努力之后得到奖励的可能性的预测。很显然，过去的经验、实际绩效及奖励的价值将会对此产生影响。如果有人有较确切的把握完成任务或者曾经完成过并获得相当价值的奖励，那么他将乐意付出相当程度的努力。

2. 个人实际能达到的绩效不仅仅取决于其努力程度，还受到个人能力的大小以及对任务的了解和理解程度的影响。特别是对于比较复杂的任务如高难度技术工作或者管理工作，个人能力以及对此任务的理解较其付出的努力所能达到的影响更大。

3. 个人所应得到的奖励应当以其实际达到的工作绩效为价值指标，尽量剔除主观评估因素。要使个人看到：只有完成了组织的任务，才会受到精神和物质上的奖励。不应该先有奖励，后有努力和成果，而应当先有努力的结果，再给予相应的奖励。

4.个人对于所受到的奖励是否满意以及满意的程度如何,取决于受激励者对所获报酬公平性的感觉。如果受激励者感到不公平,则会导致不满意。

5.个人是否满意以及满意的程度将会反馈到其完成下一个任务的努力过程中。满意会导致进一步的努力,而不满意会导致努力程度的降低甚至离开工作岗位。

综上所述,波特和劳勒的激励模式是对激励系统的比较全面和恰当的描述。它告诉我们,激励和绩效之间并不是简单的因果关系,要使激励能产生预期的效果,就必须考虑到奖励内容、奖励制度、组织分工、目标设置、公平考核等一系列的综合性因素,并注意个人满意在努力中的反馈。

五、背景信息

本案例以中国石油化工股份有限公司成品油销售企业浙江温州石油分公司为原型进行案例信息搜集、素材采编并撰写形成。案例主要撰写者担任温州石化的咨询,一直与该企业进行项目合作。案例中的情景均为作者的客观真实描述。同时,在撰写过程中,先后访谈了公司高层包括冯东明总经理本人、中层及基层员工 20 余人,同时走访了温州石化的几个加油站,进行实地考察。相关访谈人对事件的真实性负责。本案例为教学讨论使用,并无意暗指某种企业行为是否具有普适性。

六、关键要点

1.本文展现的问题是传统国有企业的基层管理中存在的普遍现象。

2.激励方式的创造有着广阔的空间,而且创意的来源可能就是基层员工。

3.体验式管理不仅是对基层普通员工的激励,还有对基层管理者的激励,因为团队凝聚力和管理风气往往在很大程度上取决于基层管理者,这样才能完全激发基层组织的活力,从而促进企业发展。

七、建议课堂计划

本案例可以作为专门的案例讨论课来进行。如下是按照时间进度提供的课堂计划建议,仅供参考。

整体课程时间控制在 120 分钟左右(三个标准课时),具体安排如下:

1.课前计划。

(1)提前一周发放案例,请学员在课前完成阅读;

(2)请学员在课前完成案例相关背景材料的查阅;

(3)请学员针对授课教师提出的课后启发思考题进行初步思考。

2.课中计划。

(1)教师首先提出一些基本问题来引出本案例。比如,新生代员工有什么特点?他们的需求发生了什么变化?中国石化温州公司的人员分布有什么特点?对其管理有什么要求?其管理遇到了什么问题?为什么会遇到这样的问题?这些问题对应的是思考题1(10—15分钟)。

(2)接下来让学生讨论如果你是温州公司的总经理,遇到这样的问题你会怎么做?温州公司又是怎么做的?是否碰到问题?有什么基本原则?你如何评价?这些问题对应的是思考题2(20—25分钟)。

(3)然后进行分组讨论:温州公司实行体验式管理取得怎么样的效果?取得这样效果的内在原因是什么?有什么理论支持?你们的创新想法有哪些?这些对应的是思考题3(60—70分钟)。

(4)最后由教师进行归纳总结(15分钟)。

3.课后计划。

如有必要,可要求学员根据课堂讨论的内容进行分析总结,并以小组为单位提交案例分析的书面报告。

浙江老年电视大学简介

1998 年，浙江老年电视大学经浙江省教育委员会批准，由浙江省老龄工作委员会、浙江省人事厅、浙江省总工会联合创办。目前，学校隶属于浙江省卫生健康委员会。

浙江老年电视大学是一所"没有围墙的大学"。办学以来，学校始终贯彻"增长知识，丰富生活，陶冶情操，促进健康，服务社会"的办学宗旨，坚持"学无止境，乐在其中"的办学理念，通过电视节目、网络视频点播与下载、第二三课堂、讲师团送课等形式开展老年教育，为广大老年人讲授适应现代生活的社会科学文化知识，帮助老年人实现老有所学、老有所教、老有所为、老有所乐的目标。

学校开设有身心健康、家庭和谐、社会交往、快乐休闲、文化修养等方面课程，邀请浙江省内高等院校、医院、科研院所的专家授课。讲课内容通俗易懂，采用案例化教学，实用性、科学性强。每年分春、秋季学期，每个学期有两门电视课程。八门课程考查合格者，颁发"浙江老年电视大学毕业证书"。

入学方式：社会和农村老人到当地的社区（村）教学点或基层老龄组织报名；各地离退休干部、职工可到系统或部门建立的教学点报名，也可就近就便到住所地教学点报名。

学习方式：老年学员可根据自己的需求爱好，选择居家收视学习或教学点集中收视学习。

浙江老年电视大学联系地址：杭州市环城西路 31 号（310006）

联系电话：0571-87052145 87053091

电子邮箱：60edu@zjwjw.gov.cn

2021 年春季课程："国学经典新读"共 15 讲，分 15 周播出，具体安排：

日期（周五）	课 次	教 学 时 间
3 月 12 日	第一讲	8:30 ～ 9:00
3 月 19 日	第二讲	8:30 ～ 9:00
3 月 26 日	第三讲	8:30 ～ 9:00
4 月 2 日	第四讲	8:30 ～ 9:00
4 月 9 日	第五讲	8:30 ～ 9:00
4 月 16 日	第六讲	8:30 ～ 9:00
4 月 23 日	第七讲	8:30 ～ 9:00
4 月 30 日	第八讲	8:30 ～ 9:00
5 月 7 日	第九讲	8:30 ～ 9:00
5 月 14 日	第十讲	8:30 ～ 9:00
5 月 21 日	第十一讲	8:30 ～ 9:00
5 月 28 日	第十二讲	8:30 ～ 9:00
6 月 4 日	第十三讲	8:30 ～ 9:00
6 月 11 日	第十四讲	8:30 ～ 9:00
6 月 18 日	第十五讲	8:30 ～ 9:00

本课程由浙江电视台公共新闻频道播出。

同时在浙江华数电视"爱爸妈"、东方老年网（www.zj60.com）和"乐学堂"微信号提供视频点播。